Máquinas de vanguardia:

Tecnología, arte y literatura en el siglo XX

Máquinas de vanguardia: Tecnología, arte y literatura en el siglo xx

Rubén Gallo

Traducción de Valeria Luiselli

sextopiso

Copyright © Massachusetts Institute of Technology, 2005

Traducción
Valeria Luiselli

Primera edición: 2014

Fotografía de portada
Tina Modotti, *Cables de teléfono* (1925),
sinafo-Fototeca Nacional, México, D.F.

Coedición: Editorial Sexto Piso, S.A. de C.V./
      Consejo Nacional para la Cultura y las Artes-
      Dirección General de Publicaciones

D.R. © 2014, Editorial Sexto Piso, S.A. de C.V.
  París #35-A
  Colonia Del Carmen,
  Coyoacán, C.P. 04100, México, D.F.
  www.sextopiso.com

D.R. © 2014, Consejo Nacional para la Cultura y las Artes
  Dirección General de Publicaciones
  Avenida Paseo de la Reforma 175, Col. Cuauhtémoc
  C.P. 06500, México, D.F.
  www.conaculta.gob.mx

Diseño
Estudio Joaquín Gallego

Formación
Quinta del Agua Ediciones

ISBN: 978-607-7781-75-2, Sexto Piso
ISBN: 978-607-516-803-6, Conaculta

Impreso en México / *Printed in Mexico*

ÍNDICE

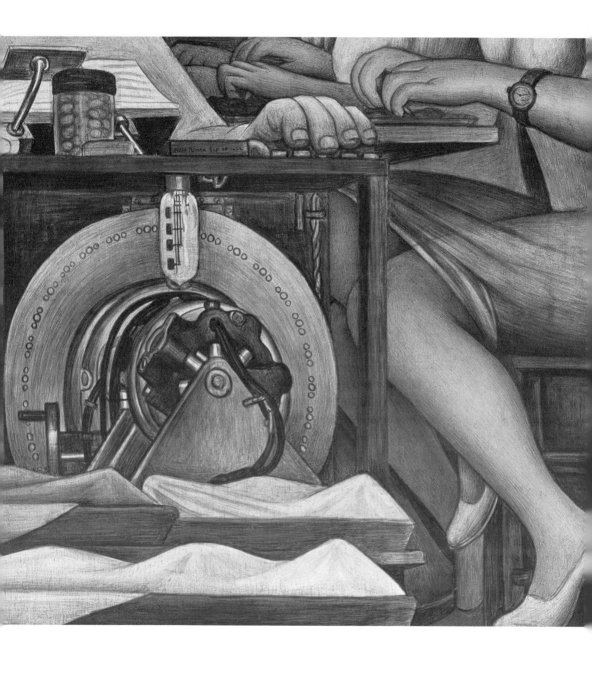

LOS MEDIOS DE LA MODERNIDAD

Este libro trata sobre la *otra* Revolución Mexicana: las transformaciones culturales que siguieron al conflicto armado de 1910-1920, y que fueron propulsadas por la aparición de nuevos medios tecnológicos. Los revolucionarios que protagonizan estas páginas no son soldados ni bandidos, sino escritores y artistas. Sus armas: la cámara fotográfica, la máquina de escribir, la radio. Su propósito: derrocar la dictadura de los ideales estéticos decimonónicos que todavía dominaban el medio artístico y literario en las primeras dos décadas del siglo veinte. La suya fue una lucha por liberar las palabras y las imágenes, por sincronizar la producción cultural con el vértigo de la modernidad.

Como todos los proyectos revolucionarios, éste fue un sueño utópico: los soldados rasos de la tecnología estaban determinados a cambiar el mundo; querían construir una sociedad nueva, compuesta sólo de individuos plenamente modernos. El suyo fue un proyecto internacionalista: los revolucionarios de la tecnología rechazaban las obsesiones nacionalistas que dominaban la época y se pronunciaban a favor de cierto cosmopolitismo de vanguardia, y del diálogo con sus contemporáneos en Moscú, Nueva York, París y Sao Paulo.

Pero, ¿por dónde comenzar el análisis de esta otra Revolución? ¿En la ciudad de México? ¿En el norte del país? Quizá lo mejor sea encontrar un punto externo. No hay, en efecto, mejor lugar para empezar que Detroit, Michigan.

En 1932 el muralista mexicano Diego Rivera se mudó a Detroit para trabajar en una serie de murales dedicados al tema que se había vuelto una de las preocupaciones centrales de su obra: la tecnología y sus efectos en la sociedad. El mural *Industria de Detroit* lo había financiado Edsel Ford —hijo de Henry Ford y más tarde presidente de la Ford Motor Company—, y fue pintado en las paredes que encerraban el patio central del museo de arte más importante de la ciudad, el Instituto de Artes de Detroit.

Diego Rivera pasó varios meses en la ciudad, estudiando la planta de la Ford en Rouge –que en ese momento era el complejo industrial más grande del mundo–, para tratar de entender cómo se fabricaban los automóviles, esas máquinas asombrosas que mecanizaban el movimiento del ser humano. Acompañado de ingenieros de la Ford y con un cuaderno de dibujo en mano, el pintor recorrió la planta y estudió los mecanismos de las filas de ensamblaje, los procesos de estampado, las calderas y los hornos abiertos –elementos que más adelante aparecerían en el gran mural.

Rivera terminó el proyecto en 1933. El mural contenía una representación exacta de cada paso de la manufactura de un automóvil. En el muro norte se representaba la producción de las partes internas de las máquinas, como los motores y los transmisores, mientras que en la pared opuesta figuraba el proceso de estampado de las carrocerías y el ensamblaje final de los automóviles (ver figuras 1 y 2). El procedimiento estaba tan bien documentado que aun los expertos en materia automovilística se maravillaron ante la sofisticación y la profundidad que mostraba Rivera en su comprensión de la planta. William Valentiner, el director del Instituto de Artes de Detroit, recordó que «Edsel Ford estaba fascinado por la interpretación detallada de la maquinaria en movimiento y por lo limpio de la composición». También los administradores de la Ford se pasmaban ante la precisión detallada del mural: «La función de cada máquina estaba tan bien comprendida que cuando los ingenieros vieron el mural terminado, pudieron reconocer cada parte del engranaje».[1]

Pero *Industria de Detroit* era más que una mera representación detallada del proceso de la manufactura de automóviles: era un tributo a la industria, una celebración de las máquinas, y un homenaje apasionado a la tecnología moderna. El mural representa una fábrica llena de obreros entusiastas de todas las edades y razas, todos cooperando, uniendo fuerzas para el común objetivo de la producción de automóviles. Sus vidas están consagradas a la construcción de máquinas, y viven en un mundo mecánico, rodeados de motores y prensas. Su existencia misma ha sido completamente mecanizada, y los efectos de esta industrialización abrazadora no podrían ser mejores: los obreros viven en perfecta armonía entre ellos y entre las máquinas, y sus rostros revelan esa seriedad y sentido de propósito tan característica del que se encuentra en perfecto compromiso con su oficio; todos están sanos y motivados, y conviven en un mundo pacífico, mecanizado, que no muestra un solo signo de discordancia, tensión laboral ni conflicto social. Los obreros del mural viven en una utopía tecnológica

Figura 1: Diego Rivera, *Industria de Detroit*, Muro sur (1932-1933).
© 2001, The Detroit Institute of Arts.

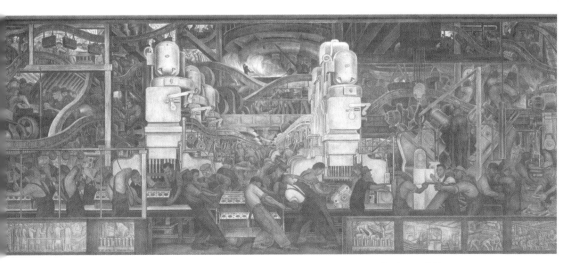

Figura 2: Diego Rivera, *Industria de Detroit*, Muro sur (1932-1933).
© 2001, The Detroit Institute of Arts.

—un nuevo mundo que confirma la creencia de Rivera, escrita tan elocuentemente en sus memorias, sobre cómo las máquinas traerían la «liberación de la pobreza y la pesadez» de la humanidad.[2]

El entusiasmo sin límites de Rivera por las máquinas y sus efectos sobre la sociedad estaba espoleado por innumerables artistas y escritores mexicanos de la era posrevolucionaria. Las décadas de los veinte y los treinta fueron una época de nueva paz y estabilidad después de un periodo de casi diez años de guerra civil. Había una sensación de nuevo comienzo, especialmente marcado por los esfuerzos gubernamentales por ponerse al día con el siglo veinte, modernizando el país a pasos vertiginosos. Durante estos años, una cantidad sin precedentes de intelectuales utilizaron su obra como medio para examinar el impacto que tenía la tecnología en la sociedad y la cultura de la época. La presencia de las máquinas no era completamente novedosa —Porfirio Díaz había sido un entusiasta de la tecnología moderna y durante su régimen financió la construcción de un sistema ferroviario, la importación de automóviles, y la comercialización de máquinas de escribir y sumadoras. Pero el interés que los nuevos aparatos ejercían sobre los escritores y artistas sí lo era.

A pesar de que durante el Porfiriato habían abundado las máquinas, hasta entonces la mayoría de los intelectuales las habían tratado con cierto desdén. Las consideraban, quizá, un síntoma de la decadencia de una sociedad que se había alejado de los ideales del modernismo decimonónico, que tan vehementemente defendía la naturaleza y la antigüedad clásica, y que de algún modo había petrificado el arte en lo alto de un pedestal marmóreo, situándolo lejos de los problemas y preocupaciones de la vida cotidiana. En una declaración emblemática de la visión de toda una generación, Manuel Gutiérrez Nájera, quizá el modernista mexicano más importante, lamentaba, bajo el pseudónimo «El Duque de Job», que las máquinas —esas creaciones vulgares de la sociedad moderna— no fueran más que unas cosas ruidosas y contaminantes que distraían a los escritores de su misión divina. La vida en México, escribió en 1881, se había arruinado por la «tos asmática de las locomotoras, el agrio chirriar de los rieles y el silbato de las fábricas» —irrupciones de la modernidad que dificultaban cada vez más el imperativo de que los escritores se pudieran dedicar a hablar «de los jardines de Academus, de las fiestas de Aspasia, del árbol del Pireo, en el habla sosegada y blanda de los poetas».[3] Para los modernistas, la literatura ofrecía una escapatoria de la realidad al mundo ideal de la antigüedad clásica, con sus estatuas de mármol y jardines apacibles.

En ese contexto, las máquinas no eran más que irritantes «chirridos» que interrumpían el trabajo del poeta. Octavio Paz explica sucintamente la relación conflictiva e incómoda entre los modernistas y la modernidad: «no les fascina la máquina, esencia del mundo moderno, sino las creaciones de *art nouveau*. Para ellos, la modernidad no es la industria sino el lujo. No la línea recta sino el arabesco de Aubrey Beardsley».[4]

Entrados los años veinte, la situación cambió radicalmente. La presencia de máquinas e innovaciones tecnológicas —automóviles, aviones, cámaras, radios, máquinas de escribir— no sólo se había normalizado a lo largo y ancho del país, sino que de pronto éstas máquinas se convirtieron en un motor para la creatividad de una nueva generación de artistas y escritores. Si Gutiérrez Nájera había desdeñado las máquinas como meras distracciones ruidosas, Manuel Maples Arce, por ejemplo, las celebró como el modelo para la literatura moderna en su «Manifiesto estridentista» de 1921 —un documento que exaltaba las estridencias de la vida moderna y la «aristocracia de la gasolina» como elementos cruciales para la renovación de la literatura mexicana. Y el joven poeta no estaba solo. Había otros artistas y escritores igualmente entusiastas con respecto a los nuevos mecanismos de la modernidad. Estaba, por ejemplo, Kyn Taniya, que publicó colecciones de poesía dedicadas a los aviones y la radio; Salvador Novo, que escribió innumerables textos sobre la radio y los automóviles y contribuyó en *El Chafirete*, un semanario dedicado a las preocupaciones de los choferes; Xavier Villaurrutia, que compuso un poema al fonógrafo y la reproducción mecánica del sonido; Jaime Torres Bodet, que escribió novelas experimentales donde figuraban máquinas de escribir, fonógrafos, cámaras y automóviles; la fotógrafa Tina Modotti, que se paseaba por las calles de la capital tomando fotos de los complejos industriales y los proyectos urbanos emprendidos por los gobiernos de Álvaro Obregón y Plutarco Elías Calles. Había, incluso, figuras conservadoras como José Vasconcelos —Secretario de Educación durante el periodo de Obregón—, que dedicó su obra más importante, *La raza cósmica* (1925), a imaginar un futuro donde las máquinas y las innovaciones tecnológicas conducirían a América Latina a triunfar sobre los Estados Unidos.

Junto con estas figuras, Diego Rivera se había montado en la ola de entusiasmo por la tecnología moderna que se expandió a través de México en las décadas de los veintes y los treinta. Su fascinación por la tecnología había comenzado mucho antes de su viaje a Detroit en 1932. Rivera había celebrado las máquinas de la industria moderna en la mayor parte de sus obras, empezando por los murales que pintó en las paredes de la Secretaría de Educación Pública, en donde se representaba el surgimiento de la industria moderna —fábricas y chimeneas humeantes— como causa del triunfo de las revoluciones en México y en Rusia. Este utopismo tecnológico aparece más claramente en uno de los paneles del mural de la Secretaría titulado *El arsenal* (1928), que muestra a revolucionarios zapatistas y bolcheviques, hombro con hombro, uniendo fuerzas en un paisaje dominado por maquinaria industrial. Esta alianza era un tema recurrente en muchos de los murales de Rivera. Las revoluciones políticas y tecnológicas, según el muralista, iban de la mano, y estas dos fuerzas en algún momento liberarían a la humanidad de la opresión y el sufrimiento.

El interés de Diego Rivera por la tecnología surgió tras sus primeros proyectos en Estados Unidos. Su *Alegoría de California* (1931), pintado en los muros del Pacific Stock Exchange, celebra la tecnología como el más poderoso catalizador de la prosperidad de California. El mural muestra una serie de aviones, ingenieros, complejos industriales, y grandes estructuras modernas que coexisten armoniosamente con un paisaje agrícola idealizado. En *Construcción de un fresco*, pintado el mismo año en el San Francisco Arts Institute, Rivera muestra a un grupo de hombres de diversas razas, trabajando conjuntamente en la operación de maquinaria pesada para construir una ciudad moderna cuajada de rascacielos.

La pasión de Diego Rivera por la maquinaria industrial creció durante su estancia en Detroit, y llegó a su clímax en 1933, durante la creación del malhadado mural que hubiera decorado las paredes de la R.C.A. en el Rockefeller Center de Nueva York. Como ya se sabe, el mural de nombre imposible —*Hombre en la encrucijada mirando con esperanza y altura el advenimiento de un nuevo y mejor futuro*— fue destruido en 1934 cuando Rivera insistió en incluir un retrato de Lenin; el mural se recreó en la ciudad de México al año siguiente. En el mural se representa a un hombre transformado en una especie de operador técnico del universo. Desde su posición en el centro de la imagen este ingeniero gobierna un mundo plenamente mecanizado y habitado por transformadores eléctricos, microscopios, telescopios, un aparato de rayos x, tanques, engranajes, y demás artefactos de la índole. El hombre de Rivera se ha vuelto uno y el mismo con las máquinas que lo rodean; es un androide que se ha adueñado plenamente de su mundo.

Como se puede concluir de este breve repaso de sus murales, Rivera le tenía una fe casi religiosa a la tecnología. Concebía la suma de las manifestaciones modernas de la tecnología –las fábricas, los complejos industriales, las máquinas, la ingeniería y la investigación científica– como una fuerza todopoderosa que conduciría a la humanidad a un mejor futuro. La tecnología, además, materializaría los propósitos del socialismo, produciendo una sociedad más fraternal y bondadosa, donde hombres y mujeres, más allá de sus diferencias raciales y de credo, vivirían en armonía unidos por el común propósito de construir un mejor mundo. Y en este proyecto utópico, el muralismo jugaba un papel esencial, ya que el objetivo de los frescos de Rivera era educar a las masas sobre la importancia de la tecnología para México (y para el mundo).

Sin embargo, a pesar de su entusiasmo por las máquinas y sus efectos positivos en todo cuanto existía, desde la agricultura hasta la conciencia social, Rivera parecía hacer poco uso de la tecnología moderna en la creación de su propia obra. En un momento en donde los artistas tanto en México como en el resto del mundo estaban experimentando con la mecanización de la producción artística a través del uso, por ejemplo, de la fotografía, el cine, la radio, las grabaciones o la adopción de técnicas como el *collage*, que imitaban procesos industriales, Rivera prefirió un medio –el mural– que parecería más adecuado para la representación de escenas bíblicas que para el despliegue de virtudes de la industria del siglo veinte.

Rivera escogió el muralismo por encima de técnicas más modernas de pintura, y su decisión era un modo de privilegiar las formas artísticas del pasado. Cuando el artista regresó a México en 1921, después de una estancia larga en Europa durante la cual había experimentado con el cubismo, Vasconcelos le encargó una serie de murales históricos en el recién construido edificio de la Secretaría de Educación Pública, y lo envió a Italia para estudiar los muros de las iglesias y monasterios. Al parecer, a Rivera le gustó lo que vio y no quiso incorporar procedimientos más modernos a la vieja técnica italiana. Por el contrario, decidió indagar más a fondo en el pasado para encontrar una técnica ideal para sus murales. Rivera se inspiró no sólo en el Renacimiento sino también en el arte precolombino. En un intento de recrear las técnicas de los aztecas, mezclaba su pintura con jugo de nopal, por ejemplo. Declaraba orgullosamente que estaba «usando el mismo proceso para decorar las paredes de la Secretaría de Educación que los aztecas habían usado en Tenochtitlan».[5]

Pero para cuando llegó el momento de irse a Detroit, Rivera ya había abandonado el uso del jugo de nopal en sus mezclas. El experimento había resultado desastroso. La mezcla se pudría y manchaba los murales, dejándolos en el mismo estado en que se encontraban las antiguas pinturas de los aztecas que Rivera tanto admiraba. Pero el artista permaneció enredado en la misma contradicción entre su tema –la tecnología y sus efectos positivos en el desarrollo de la humanidad– y su medio –el fresco, que sin duda era una técnica del pasado.

Según argumenta Walter Benjamin en su ya clásico ensayo «La obra de arte…», escrito más o menos al mismo tiempo en que se estaban pintando los murales de Detroit, el muralismo es una de las formas artísticas mejor provistas de «aura». El crítico alemán argumenta que el muralismo era la antítesis de la fotografía y los otros medios modernos. Si los murales tenían un carácter único, la fotografía era reproducible *ad infinitum*; si los murales producían cierto asombro y generaban una distancia en el espectador, la fotografía era accesible y tangible; si los murales eran una técnica artística del pasado, la fotografía pertenecía al futuro. Los murales, al fin y al cabo, eran entidades fijas, inamovibles, mientras que una fotografía era un objeto portátil, capaz de moverse en el tiempo y en el espacio, como los aviones, los automóviles y demás máquinas de la edad moderna.[6]

La decisión de Rivera de dedicarse a los murales y no a la fotografía o a otras formas artísticas prototípicas del arte moderno, como el cine o el *collage*, era francamente anómala para un artista de su generación. Entrada la década de los treinta, los artistas de todo el mundo –desde los estridentistas mexicanos hasta los modernistas en Brasil, o desde los ultraístas en España hasta los futuristas rusos– estaban escribiendo o habían ya escrito un número de tratados, manifiestos y declaraciones sobre las técnicas artísticas y los procesos mecánicos e industriales que empezaban a marcar la tendencia del nuevo siglo. Aunque sus posturas variaban, muchas de estas figuras pensaban que la tecnología transformaría inevitablemente no sólo los procesos artísticos sino la vida cotidiana en general. La pregunta –como argumentaban Leon Trotsky, Walter Benjamin y Theodor Adorno– no debía ser si la tecnología era o no era un tema adecuado para el arte, sino cómo transformaría ésta la nueva producción artística.

Una de las voces más distinguidas del momento era la del poeta peruano César Vallejo. Vallejo argumentaba que los poetas no debían meramente escribir sobre las máquinas sino explorar la influencia de los procesos mecánicos en los procedimientos poéticos. La tecnología debía ser «asimilada» al proceso creativo, y no simplemente mentada o utilizada como tema –gesto superfluo aquél de «llenarnos la boca con palabras flamantes».[7]

El llamado de Vallejo a asimilar la influencia de la tecnología e integrarla a los procesos creativos era precisamente lo que hacía falta en los murales de Rivera. En sus obras brillan «imágenes flamantes» y los últimos modelos de la Ford, pero la influencia de la tecnología, en cambio, brilla por su ausencia. El artista parece ignorar el hecho de que los procesos mecánicos e industriales pueden incidir en el arte mucho más allá de ser meros objetos o temas de representación.

Pero, ¿cuál hubiera sido la alternativa al tratamiento que hace Rivera de la tecnología? ¿Cómo pudo haber asimilado, como recomendaba Vallejo, los procesos mecánicos a sus propias técnicas? ¿Cómo habría sido un mural con inflexiones tecnológicas? Irónicamente, las respuestas a estas preguntas están en la obra del mismo Rivera. Uno de los paneles de *Industria de Detroit* (el panel de las «vacunas», que causó un escándalo gracias a que en él se representa a un doctor y a una enfermera vacunando a un niño y el triángulo que forman las tres figuras se puede interpretar como una versión moderna de la sagrada familia) muestra a un científico mirando a través de un microscopio (figura 3). Un panel más pequeño, abajo del panel central, muestra lo que el científico está viendo a través de su aparato: figuras normalmente invisibles para el ojo desnudo, un universo microscópico de células y embriones, repentinamente iluminados gracias a los avances de la ciencia. La tecnología, como muestra el panel, había transformado nuestra comprensión visual del mundo.

En muchos de sus murales, Rivera celebra las nuevas tecnologías visuales posibilitadas por la ciencia moderna. En *Hombre en encrucijada*, el operador técnico que controla el universo está encuadrado por dos lentes gigantescos de forma elíptica que ofrecen una vista microscópica y otra macroscópica del universo: el lente telescópico revela un panorama cuajado de planetas y constelaciones estelares, mientras que su contraparte microscópica muestra células, bacterias u otros microorganismos. Los microscopios y telescopios —así como las máquinas de rayos x, que también aparecen con frecuencia en los murales de Rivera— contribuyen al dominio del hombre sobre el mundo, parece decir el muralista. Estas tecnologías ópticas posibilitan una nueva visión, más poderosa, más compleja, y más sofisticada que las formas antiguas de observación. La facultad de la visión jugó un papel central en el utopismo tecnológico de Rivera. Las máquinas podrían generar un mejor mundo, en parte, introduciendo nuevos modos de ver. Así, habría una garantía de una comprensión más vasta y profunda de los secretos del universo tanto macroscópico, como microscópico.

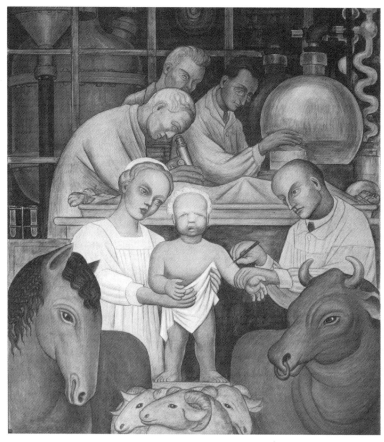

Figura 3: «Vacunación», detalle del mural *Industria de Detroit* (1932-1933) de Diego Rivera. © 2001, The Detroit Institute of Arts.

Rivera no estaba solo en su concepción del avance tecnológico como el principal motor de una revolución visual. Durante las décadas de los veinte y los treinta muchos artistas alrededor de todo el mundo se dedicaron a exaltar las nuevas formas de ver posibilitadas por los avances tecnológicos. En Alemania, el húngaro László Moholy-Nagy publicó un libro anticipando el surgimiento de una «nueva visión» en las artes; en la Unión Soviética, Aleksandr Rodchenko instaba a los artistas a «revolucionar» su «razonamiento visual»; y en México, David Alfaro Siqueiros celebraba el potencial que tenía la tecnología para producir representaciones más «exactas» de la realidad.[8] En una afirmación que hace eco del entusiasmo que mostraba Rivera por los microscopios y los telescopios, el crítico Walter Benjamin argumentaba que las tecnologías ópticas, al revelar los detalles del mundo que hasta entonces habían permanecido ocultos, nos permitía vislumbrar un «inconsciente óptico», cuyos misterios sólo eran comparables con los del inconsciente psíquico.

Pero, a diferencia de Rivera, los entusiastas de la «nueva visión» apuntaban hacia la fotografía –y no hacia los microscopios y telescopios– como la tecnología óptica por excelencia que revolucionaría nuestra manera de ver el mundo. «La vida moderna ya no es concebible sin la fotografía», escribió Albert Renger-Patzsch.[9] Rodchenko, por su parte, argumentaba que los artefactos de la modernidad –los rascacielos, antenas de radio, torres industriales– sólo podían ser apreciados en todo su esplendor a través del ojo mecánico de la cámara: la gran escala de los inventos modernos había «redirigido la psicología acostumbrada de la percepción visual» y «sólo la cámara [podía] reflejar el mundo contemporáneo».[10]

Quines defendían la «nueva visión» compartían el utopismo tecnológico de Rivera, pero llevaron su entusiasmo por la revolución óptica hacia otra dirección. Concluyeron que en el mundo moderno, la fotografía reemplazaría finalmente a la pintura. Esta aseveración parecería un tanto exagerada si no hubiera sido hecha por artistas que habían cambiado sus pinceles por cámaras fotográficas. Rodchenko, por ejemplo, desdeñaba la pintura porque le parecía un arte obsoleto, incapaz de capturar la complejidad de la vida moderna;[11] Moholy-Nagy fue aún más radical en este sentido: «Mi conciencia se interroga constantemente –confesaba–, ¿tiene sentido ser pintor en épocas de una revolución social?».[12]

Rivera, en cambio, estaba convencido de su labor como muralista. Al parecer, nunca consideró que su pasión por la tecnología –sus efectos utópicos en la sociedad y su capacidad de revolucionar la facultad de visión misma— implicaba de cierto modo que la fotografía fuera un medio más lógico y adecuado a la época que los murales. Pero aun siendo un defensor apasionado de los telescopios, microscopios y máquinas de rayos x, el muralista nunca intentó experimentar con una cámara para revolucionar su propio horizonte visual. Este hecho no resulta tan sorprendente, sin embargo, si uno considera su trayectoria como «tecnólogo»: a pesar de su fascinación por los automóviles, su amistad con Edsel Ford, y su estancia prolongada en la capital automotriz del mundo, Diego Rivera nunca aprendió a conducir un vehículo (Edsel Ford, incluso, le regaló un automóvil y le prestó un chofer).[13] El muralista nunca modernizó su mirada ni su locomoción; amaba la tecnología pero prefería mantener su distancia; celebraba la transformación de la sociedad a través de los avances tecnológicos, pero no le interesaba dejarse transformar por ellos.

Pero, ¿no resulta absurdo pensar que Rivera debería haber adoptado la fotografía? Después de todo, el hecho de que algunos pintores hayan reemplazado sus pinceles por cámaras no quiere decir que todos los artistas tuvieran que sumarse a esa ola de entusiasmo transformador. Había muchos pintores, tanto en México como en el resto del mundo, que permanecieron apegados a sus técnicas durante la revolución fotográfica, y muchos de ellos produjeron obras innegablemente modernas. ¿No será excesivo afirmar que la fotografía era el único medio capaz de capturar la era moderna? ¿El muralismo, más allá de sus orígenes premodernos, no podía presentar una visión revolucionaria del mundo? O, en efecto, ¿habrá aspectos del mundo que sólo se pueden mirar a través del lente de una cámara?

Sería sin duda exagerado sugerir que un muralista de la talla de Diego Rivera debió haber aprendido a utilizar una cámara (o a manejar un automóvil), si no fuera por el hecho de que Rivera pintó muchas de las escenas de *Industria de Detroit* utilizando fotos de la planta de la Ford tomadas por Charles Sheeler en 1927 (el fotógrafo había sido contratado para documentar las máquinas que se estaban utilizando en el complejo de River Rouge para fines promocionales de la compañía). Así pues, los murales de Rivera están concebidos a partir de material fotográfico.[14] El procedimiento de trabajo del muralista confirma la aseveración de Rodchenko de que las estructuras de la modernidad —los rascacielos, plantas industriales y grandes torres— tienen que ser vistas a través del ojo mecánico de la cámara y no a través del ojo desnudo. Para poder *ver* la maquinaria pesada de la planta de la Ford, Rivera dependía de una cámara y su lente.

Algún lector podría objetar que esta afirmación le otorga demasiada importancia a las fotos de Sheeler. Después de todo, Rivera también había visto las máquinas de la Ford con sus propios ojos, sin la mediación de un aparato mecánico, y quizá estaba utilizando las fotos, junto con sus numerosos bosquejos, como un apoyo mnemotécnico. Y aun si el muralista había usado fotografías, ¿no estaba simplemente pintando lo que veía? ¿Qué diferencia hay entre utilizar una fotografía, un bosquejo, o notas escritas a mano para reconstruir los escenarios mecánicos que se habían desplegado ante su horizonte visual?

Rivera, sin embargo, no siempre pintaba lo que había visto con sus propios ojos. La prensa de estampado representada en el mural al sur del cuadrángulo del mural de Detroit, por ejemplo, no era la máquina que el muralista había visto en la planta en 1932, sino un modelo anterior que el pintor sólo había visto en las fotografías de Sheeler de 1927. Rivera prefirió el modelo antiguo porque su apariencia exterior era más dramática. Como explica Linda Bank Downs en su libro *Industria de Detroit*, la estructura de la vieja prensa era «más vistosa, más dramáticamente antropomorfa» (ver figuras 4, 5 y 9).[15] La decisión de Rivera al respecto es reveladora, ya que muestra que estaba menos interesado en la eficiencia tecnológica (la nueva prensa era obviamente más productiva que la anterior) que en la apariencia externa de las máquinas (la nueva prensa tenía un aspecto «más mecánico»). Y éste no es el único ejemplo de la dependencia del muralista de las fotografías de Sheeler. Como escribe Downs, «Rivera dependió ampliamente del uso de fotografías para muchas de las secciones del mural, aun cuando él mismo había hecho numerosos esbozos de las mismas máquinas y los mismos obreros».[16]

En muchas de las escenas de *Industria de Detroit*, Rivera no pintó lo que había visto sino lo que Sheeler había fotografiado. Y en su traducción de imágenes fotográficas a pintura mural, algo se perdía. Una de las razones por las cuales fotógrafos como Tina Modotti o Moholy-Nagy insistían en la superioridad de la fotografía sobre la pintura y su sentido político «en tiempos de revolución social», era la capacidad que tenía el medio para producir una copia exacta de la realidad. Siempre y cuando la fotografía fuera «directa» —es decir, ni adulterada ni retocada en el cuarto oscuro—, produciría una huella fotoquímica idéntica a la escena que se desplegaba frente a la cámara.[17] Diversos críticos subrayaban la «veracidad» y «exactitud» de la fotografía —características que la convertían en una herramienta perfecta para los activistas políticos de la ciudad de México,

Figura 4: Charles Sheeler, *Prensa metálica en la fábrica Ford* (1927). Fotografía. © The Lane Collection. Cortesía del Museum of Fine Arts, Boston.

Figura 5: Fotografía de la prensa metálica utilizada
en 1932 en la fábrica Ford. Colección Henry Ford,
Dearborn, Michigan.

Berlín, Nueva York o Moscú. Pero es precisamente el carácter de la fotografía como «huella» o como un índice lo que se pierde en la traducción de imágenes en los murales de Rivera. Las escenas en *Industria de Detroit*, a diferencia de las fotografías de Sheeler, están lejos de ser un documento exacto de la planta de la Ford tal como era en 1932.

Mientras que los fotógrafos modernos aspiraban a producir copias o documentos fiables del mundo real, Rivera pintaba murales que modificaban ligeramente la realidad del Detroit de 1932. Su representación de la prensa de estampado que ya no existía cuando visitó la planta es sólo uno de muchos ejemplos. A lo largo de todo el proceso que documenta el mural, Rivera modificó lo que de hecho había visto para embellecer el retrato de la fábrica automotriz y su relevancia social y política. Si se compara el mural de Rivera con las fotografías de la planta en los años treinta, resulta clarísimo que Rivera se tomó muchas libertades, sobre todo en su representación de los obreros. En las figuras 6 y 7, por ejemplo, se puede observar que el mural representa una fila de ensamblaje donde trabajan muchos obreros al unísono, mientras que en una fotografía tomada por W.J. Stettler, un fotógrafo comercial contratado por Ford, revela que había sólo dos hombres a cargo de esa misma función. La foto, un documento histórico, muestra que aun las fábricas masivas como la planta de la Ford tuvieron que reducir su número de empleados tras la Gran Depresión. Donde habían trabajado doce hombres, ahora sólo quedaban dos. Rivera, en cambio, no pinta la dura realidad que presenció en la planta, sino una fantasía utópica: una fábrica dinámica y exitosa que continúa su producción como si la depresión económica no hubiera diezmado a sus obreros.

Rivera también alteró la vestimenta de los obreros para adecuarlos a su concepción de cómo debía ser el proletariado. La foto de Stettler muestra a los obreros con un abrigo sencillo, pero en el mural aparecen de overol, quizá más *ad hoc* para un obrero de fábrica, según Rivera.[18] Pero más allá de estos detalles menores, el mural de Rivera muestra un panorama completamente diferente al de la situación de las fábricas en el Detroit de los años treinta. Mientras *Industria de Detroit* representa un mundo armonioso donde hombres de todas las razas trabajan hombro con hombro para construir un nuevo y mejor mundo, el Detroit de 1932 era una ciudad devastada por la crisis económica, abatida por el crimen organizado, y a menudo paralizada por las protestas y manifestaciones callejeras contra las injusticias laborales de la Ford. A pesar de que los problemas de la

Figura 6: Detalle del ensamblaje final en el mural *Industria de Detroit* de Diego Rivera, muro norte (1932-1933). © 2001, The Detroit Institute of Arts.

Figura 7: Fotografía del ensamblaje final, Fábrica Ford. Fotografía. © 1932, The Detroit Institute of Arts.

ciudad estaban muy bien documentados por la prensa del momento, que entre otras cosas publicaba fotos de las manifestaciones de los obreros, Rivera ignoró los hechos y pintó la planta de la compañía como una utopía tecnológica.

Desmond Rochfort ha descrito la diferencia entre el mural de Rivera y las condiciones sociales reales del Detroit de los treintas:

> Siguiendo los estándares y criterios de su propia ideología marxista radical, la visión de Rivera de los complejos masivos de producción capitalista en Detroit no era crítica, sino paradójicamente celebratoria. La dura realidad cotidiana de la Gran Depresión que había devastado Detroit, como otros lugares en Estados Unidos, no figuraba en el panorama de Rivera en absoluto. Detroit, en 1932, era una ciudad abatida por la mafia, por el racismo, y por un virulento anticomunismo. El desempleo se había generalizado, y la producción en la Ford se había reducido a una quinta parte de lo que había sido en 1929. Las huelgas y las largas filas para obtener un mero pedazo de pan eran la realidad diaria, y Henry Ford había resumido en su famoso dictum el antagonismo de su compañía hacia el trabajo sindicalizado: «nunca es más probable que las personas estén equivocadas que cuando están organizadas».[19]

A pesar de todo el entusiasmo de Rivera por la tecnología moderna y su potencial para revolucionar la experiencia humana, el pintor no parece haber detectado el impulso profundamente antitecnológico de *Industria de Detroit*. En una época dominada por un entusiasmo generalizado entre los artistas por una «nueva visión» fotográfica, Rivera insistía en seguir trabajando con una técnica tan premoderna como el fresco. Pero el pintor no sólo se resistía a la fotografía: al transformar las imágenes fotográficas en pinturas murales «mejoradas», Rivera estaba subvirtiendo las propiedades de la fotografía —su carácter de «índice» y su reproducibilidad técnica— que la caracterizaban como un medio radicalmente moderno y políticamente revolucionario.

No obstante la obsesión de Rivera con el futuro —y su afirmación paradójica de que el muralismo era la «técnica artística de la sociedad industrial del futuro»[20]—, de alguna manera él estaba retrocediendo en el tiempo por medio de su propia obra al transformar un medio tecnológico y mecánico en uno manual. Los aspectos mecánicos de la fotografía se desvanecen en cuanto el medio se pone al servicio de una técnica artística transterrada de un pasado mítico y remoto. La prensa que aparece en *Industria de Detroit* ilustra claramente este «procedimiento paseísta» de Rivera. La representación de la prensa no sólo está basada en la foto de 1927 de Sheeler, sino también en una imagen que se remonta a un pasado aún más lejano –la estatua de piedra de la Coatlicue (figuras 8 y 9). Rivera concebía la prensa de estampado más como una reminiscencia del tiempo de los aztecas que como un símbolo del futuro industrial. Y si los experimentos del pintor con el jugo de nopal en la Secretaría de Educación Pública no hubieran resultado desastrosos, es perfectamente posible que su obsesión con el mundo precolombino hubiera permeado también las representaciones de la Ford. La suya era una visión de la modernidad mediada no por los ojos mecánicos de las cámaras sino por una cierta nostalgia premoderna.

El proyecto de Rivera en Detroit está lleno de contradicciones: celebra el futuro mientras se vuelca hacia el pasado; promueve nuevas tecnologías ópticas mientras emplea métodos tradicionales de observación y representación; glorifica una industria diezmada por tensiones laborales. Algunos críticos han hecho un esfuerzo por explicar esta serie de incongruencias: Max Kozloff y Laurance Hurlburt, por ejemplo, sugieren que la

Figura 8: La Coatlicue. Museo de Antropología, Ciudad de México.

Figura 9: Diego Rivera, prensa metálica. Detalle de *Industria de Detroit*, muro sur (1932-1933). © 2001, The Detroit Institute of Arts.

representación idealizada de la Ford que hace Rivera estaba en contradicción con su postura marxista y que el artista fracasó en su intento de mostrar la explotación característica de la industria capitalista; otros argumentan que la incongruencia entre la realidad y su representación era una estrategia política consciente por parte de Rivera. Terry Smith, por ejemplo, opina que Rivera estaba perfectamente consciente de las duras condiciones laborales en la planta automotriz, pero que *Industria de Detroit* pretende deliberadamente mandar un mensaje esperanzador mostrando un modelo de trabajo más humano, en el cual los trabajadores y sus necesidades ocupan un lugar central.[21]

Todos estos críticos se enfocan en el contenido temático del mural de Rivera y subrayan la contradicción entre la realidad del Detroit y su representación idealizada en el mural. Sin embargo, hay un elemento clave que hasta ahora no se ha discutido: el uso que hace Rivera de los nuevos medios tecnológicos.

Al muralista le causaban fascinación no sólo los automóviles, fábricas y microscopios, sino también los otros medios y objetos que constituyen el tema de este libro: cámaras, máquinas de escribir, radios, y estructuras de cemento. El panel sobre la industria farmacéutica (figura 10), por ejemplo, muestra a un hombre operando una serie de máquinas. Su mano derecha oprime los botones de una máquina de escribir que a su vez está encima de un radiorreceptor y no muy lejos de un teléfono negro. Hay una bocina debajo de su escritorio y una serie de lentes frente a sus ojos. Es un sujeto moderno arquetípico con extensiones prostéticas: habla, escucha y escribe a través de artefactos modernos.

La obra de Rivera celebra la manera en que estos artefactos modernos transformaron nuestra manera de entender la realidad, pero lo hace —como he intentado mostrar a lo largo de estas páginas— sólo a través de su temática. La pregunta más evidente de cómo los avances tecnológicos transformaron las posibilidades de la representación artística está sospechosamente ausente en sus murales —era, de algún modo, el punto ciego de su rango de visión.

Es precisamente esta ceguera del muralista lo que este libro trata de dilucidar. A través de un examen pausado de la transformación tecnológica en el México posrevolucionario, intento ocuparme de las muchas preguntas que Rivera dejó sin contestar. Mi discusión, sin embargo, se ocupará menos de obras como *Industria de Detroit*, en la que la tecnología aparece como un asunto meramente temático, y más de las obras en las cuales los

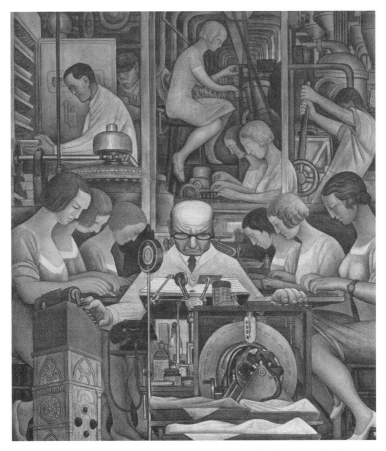

Figura 10: Diego Rivera, «Farmacéuticos», detalle del mural *Industria de Detroit* (1932-1933). © 2001, The Detroit Institute of Arts.

artistas y escritores de la época exploraron los efectos de la modernidad en los medios artísticos que estaban utilizando.

Como bien ha mostrado Friedrich Kittler en sus dos influyentes volúmenes, *Discourse Networks 1800/1900* y *Gramophone, Film, Typewriter*, la transformación tecnológica de los medios en los albores del siglo veinte fue un proceso complejo que tuvo repercusiones culturales y políticas insoslayables. Antes de Kittler, la mayoría de los estudios sobre las respuestas estéticas a la modernización —hay que pensar, por ejemplo, en *The Machine in the Garden* de Leo Marx o en *A Dream of Arcadia* de Lily Litvak— asumieron que la tecnología podía entrar en la literatura sólo como un tema de discusión o de representación, y sus discusiones se enfocaban en la pregunta un tanto simplista de si tal o cual autor representaba las máquinas modernas en su obra y si lo hacía de manera positiva o negativa. Kittler, por el contrario, dio un giro al enfoque tradicional. Se dejó de preocupar por la pregunta temática y se concentró en el problema de los medios mismos, y argumentó que, independientemente de los temas tratados, cualquier obra tocada por la tecnología lleva las huellas de la mecanización del mundo moderno. Es el medio mismo —y no el mensaje— el que merece atención. Siguiendo a Kittler y a otros teóricos como Hans Ulrich Gumbrecht, mi propio análisis se enfocará en tres características fundamentales de algunos medios tempranos.

Para empezar, argumento que las nuevas tecnologías de representación introdujeron una percepción radicalmente distinta de la realidad misma. No sólo se veía el mundo de modo distinto cuando se observaba a través del lente de una cámara, no sólo cambiaba el sonido cuando era escuchado a través de un radio, sino que existen imágenes y sonidos que simplemente no pueden ser percibidos sin la mediación de estos aparatos. Entrada la década de los veinte, los artistas más diestros con los nuevos medios comenzaron a interesarse por modalidades de la percepción que hasta entonces habían sido inaccesibles. En sus escritos sobre la fotografía y el cine, Walter Benjamin argumentaba que la cámara hacía visible aspectos de la realidad que eran imperceptibles al ojo. Acercamientos extremos, o *close-ups*, la cámara lenta, y otras técnicas fotográficas y cinematográficas permitían vislumbres de lo que el crítico llamaba el «inconsciente óptico», un territorio desconocido que, como su contraparte psíquica, encierra innumerables secretos. En la foto de Tina Modotti de un papel de aluminio arrugado (figura 11), por ejemplo, la cámara captura los atributos detalladísimos de un material que normalmente pasarían inadvertidos. La

Figura 11: Tina Modotti, *Papel aluminio* (1926).
SINAFO-Fototeca Nacional, México, D.F.

foto de Modotti revela los patrones geométricos que forman los pliegues, los destellos de luz y las sombras profundas. Estas características visuales existen en un nivel óptico inconsciente, pero es sólo a través del lente fotográfico que emergen a la superficie de la conciencia visual. Como la cámara de Modotti, los nuevos medios funcionaban como prótesis para sondear el inconsciente sensorial del mundo que habitamos.

La foto del pedazo de aluminio de Tina Modotti es la contraparte exacta de los murales de Rivera en donde aparecen las nuevas tecnologías de la óptica. A Rivera le fascinaban, como ya se ha dicho, los microscopios, telescopios, y demás artefactos que propulsaran al ojo hacia regiones normalmente inaccesibles, pero sus pinturas sobre la vida celular o el mundo interplanetario no ofrecen sino imágenes inexactas de lo que mostraría un lente. Modotti, por el contrario, convierte el lente de su cámara en un microscopio. Frente a ese pedazo de aluminio el espectador experimenta una revelación del inconsciente óptico idéntica a la que experimentó la fotógrafa. En él, se encuentran la mirada de la artista y la del espectador.

Las máquinas jugaron un papel importante en la exploración del inconsciente óptico de la modernidad. En México, fotógrafos como Tina Modotti, Agustín Jiménez y Manuel Álvarez Bravo descubrieron que la cámara se adecuaba particularmente bien a la contemplación de las máquinas modernas. Los acercamientos extremos a las cosas, el enfoque prístino, y el tipo de cortes que se hacían de una imagen permitieron a la fotografía revelar los detalles visuales de las máquinas y espacios modernos que el ojo era incapaz de capturar. La mejor manera de ver los artefactos mecánicos, concluyeron estos fotógrafos, era a través del lente de una cámara —que era otro tipo de máquina. Diego Rivera llegó a una conclusión similar —decidió ver la planta industrial de la Ford a través de la cámara de Sheeler— pero en el producto final —el mural— negó su deuda con la fotografía.

En segundo lugar, resulta importante entender que los medios tecnológicos no son meros instrumentos al servicio de la representación: al contrario, moldean, definen y determinan las posibilidades mismas de la representación. «Los medios —escribe Kittler en *Gramophone, Film, Typewriter*— determinan nuestra situación». Kittler recurre al ejemplo de la relación de Nietzsche con su máquina de escribir. Cuando el filósofo alemán comenzó a utilizar una de estas máquinas, su estilo literario sufrió una transformación. Nietzsche dejó los tratados largos y optó por el aforismo, por el pulso telegráfico.[22] «Nuestros materiales de escritura contribuyen a su manera a nuestro pensamiento», decía el filósofo en una carta mecanografiada. De algún modo, Nietzsche estaba perfectamente consciente de que la máquina de escribir mecanizaba la escritura no sólo en el sentido de que producía textos distintos a los textos manuscritos, sino que además obligaban al escritor a adaptar el ritmo de su pensamiento al de la máquina.[23] El filósofo Theodor Adorno lo dice en pocas palabras: «la transición de la producción artesanal a la producción industrial modifica no sólo las tecnologías de la distribución sino también el producto que se distribuye».[24]

La afirmación de Kittler sobre cómo los medios determinan las posibilidades mismas de la representación le da una vuelta de tuerca a las tensiones tradicionales entre la fotografía y la pintura que Rivera eludió por completo en su *Industria de Detroit*. Más allá de su objeto o temática, una fotografía siempre lleva la huella del proceso mecánico gracias al cual existe. Así como en un disco de vinilo hay surcos –huellas físicas de la grabación del sonido–, cada representación producida mecánicamente registra el proceso tecnológico de su producción. Así, cualquier fotografía en donde se representa un objeto, incluso uno aparentemente ajeno a los procesos tecnológicos –como el aluminio de Modotti–, demuestra mucho más claramente que los murales de Rivera cómo la mecanización transforma la representación –aun si los murales del pintor mexicano tienen por objeto la exaltación de la tecnología.

En tercer lugar, argumento que los medios están determinados históricamente. No es mera coincidencia que las máquinas fotográficas, las cámaras de cine, los fonógrafos, y las máquinas de escribir hayan aparecido más o menos al mismo tiempo, durante las últimas décadas del siglo diecinueve. El surgimiento de estos nuevos medios iba de la mano con un cambio en el discurso general de la época que Kittler ha llamado «la red discursiva del siglo veinte». Las innovaciones tecnológicas no surgen de la nada; son la culminación de un proceso histórico y cultural. Como ejemplo, Kittler señala las repercusiones que tuvieron en las esferas estética y tecnológica las transformaciones políticas del siglo diecinueve. Entre 1800 y 1900, mientras Europa estaba cada vez más industrializada, los intelectuales se comenzaron a alejar de las preocupaciones metafísicas del romanticismo y se acercaron a la estética materialista de la modernidad, y las técnicas de producción y representación dejaron de ser manuales para convertirse en procesos mecanizados. «Alrededor de 1800 –escribe Kittler– la poesía se convirtió en literatura. Las letras estandarizadas ya no pretendían transmitir la sangre de Keller o las figuras interiores del mundo de Hoffman, sino una nueva y elegante tautología de técnicos».[25] Los textos escritos a máquina –y la literatura de la era de las máquinas en general– ya no podían comunicar los grandes problemas metafísicos («la sangre de Keller o las figuras interiores del mundo de Hoffman») y se empezaron a preocupar por representar la realidad tecnocratizada de la edad moderna. En conjunto, estos cambios históricos, culturales y tecnológicos constituyen la transición de «la red discursiva del siglo diecinueve, basada en el símbolo, a la red discursiva basada en la tecnología, propia del siglo veinte».[26]

En su análisis de la cultura europea, Kittler localiza el cambio más profundo en el discurso alrededor de principios del siglo veinte. Un cambio parecido ocurrió en México, pero la fecha decisiva fue el año 1920 –el año en que la Revolución Mexicana por fin terminó, Álvaro Obregón ocupó la silla presidencial, y el gobierno se embarcó en una campaña de modernización sin precedentes, que englobaba todas las esferas, desde la educación hasta los proyectos de planificación urbana. La red discursiva del Porfiriato –marcada por la estética antitecnológica del modernismo– fue reemplazada por un discurso posrevolucionario caracterizado, en la esfera política al menos, por la veloz modernización del país y, en el área cultural, por la aceptación entusiasta de los nuevos medios y el interés generalizado por la estética maquinística.

Durante las dos décadas posteriores a la Revolución, el país se modernizó a una velocidad vertiginosa. Durante los gobiernos de Álvaro Obregón y Plutarco Elías Calles, el gobierno construyó caminos –planeó, de hecho, una red de carreteras que «atravesaran el país de mar a mar, de frontera a frontera»–, pavimentó las calles de las ciudades y se propuso reconstruir un país devastado por una década de guerra civil. En la capital, el gobierno de la ciudad publicaba anuncios fastuosos en *El Universal Ilustrado*, el semanario de mayor circulación, sobre sus obras públicas y proyectos urbanos: demoliciones de barriadas, la prohibición de mercados al aire libre que no cumplieran con las condiciones de higiene, la inauguración de la Secretaría de Salud Pública (ubicada en un edificio que Tina Modotti fotografió), el ensanchamiento de bulevares y avenidas, el cableado en zonas urbanas rezagadas, la inauguración de los servicios de tranvía y autobús. Si el México de 1920 era un lugar más bien provinciano amenazado por constantes asaltos armados de caudillos, en 1940 se había convertido en una metrópolis bulliciosa y llena de contrastes. Carleton Beals, el corresponsal de *New Masses*, describe los bemoles de la modernización en un texto de 1951:

> No es una ciudad de una sola textura, sino una ciudad de amplias latitudes –desde las casuchas y ranchos en la Colonia Vallejo hasta la subdivisión del Hipódromo, tan moderna como Forest Hills; desde los mercados al aire libre, zumbantes con conversaciones entre indios, hasta los altos centros comerciales que cubren cuadras enteras; desde el humilde altar improvisado a un lado del camino, hasta la Catedral más monumental de Occidente; desde el burro apesadumbrado por su carga hasta las limusinas último modelo y los aviones de Valbuena [*sic*]; desde las curanderas hasta el Doctor Herrero, quien ha logrado crear vida artificial en su laboratorio; desde el puesto de banqueta con su guiso color ladrillo, hasta el Sanborns de los azulejos y el elegante Sylvaine.[27]

La modernidad más deslumbrante y la tradición bien arraigada, la mecanización y la labor manual –todo coexistía, aunque no siempre tan armoniosamente como relataba Beals, en las calles de la ciudad de México.

La modernización dispareja de México trajo consigo cientos de artefactos tecnológicos nuevos. La cantidad de líneas telefónicas instaladas en casas privadas creció exponencialmente después de la Revolución. La Compañía de Luz y Fuerza llevaba electricidad a nuevos barrios semanalmente. Los ciudadanos más ordinarios descubrieron la fotografía y los placeres tanto de mandarse a hacer su retrato como de tomar sus propias fotos. En 1923 salieron al aire las primeras estaciones de radio de la ciudad de México y en cuestión de unos meses miles de capitalinos estaban ya sintonizando sus radios a los nuevos noticieros y programas de música. Las máquinas de escribir –que alguna vez fueron el privilegio exclusivo de los ejecutivos y sus secretarias– llegaron a todas las casas, y los escritores modernos, en contraste con los que escribieron durante el Porfiriato, celebraban las novedades de la mecanografía en sus novelas y poemas. En 1924 la compañía Ford entró al mercado mexicano y pronto todos empezaron a soñar con su coche último modelo. Cementos Tolteca, que a pesar de su nombre era una compañía inglesa, popularizó el uso de un nuevo material, el «cemento Portland», y hacia mediados de los años veinte, los arquitectos e ingenieros comenzaron a erigir barrios enteros, como la Colonia Condesa, utilizando estructuras de concreto armado.

A diferencia de los intelectuales del Porfiriato, que desdeñaban todo lo moderno, los escritores y artistas de las décadas de los veinte y los treinta recibieron los nuevos medios tecnológicos con los brazos abiertos, e incluso escribieron crónicas entusiastas sobre sus primeros encuentros con las máquinas modernas. Tina Modotti utilizaba la fotografía para representar la mecanización creciente de la vida cotidiana; los novelistas Mariano Azuela y Martín Luis Guzmán cambiaron sus plumas por máquinas de escribir y produjeron los primeros textos mecanografiados en la historia de las letras mexicanas; los poetas estridentistas Manuel Maples Arce y Kyn Taniya compusieron poemas sobre la radio y leyeron sus textos al aire; Juan O'Gorman y sus colegas funcionalistas promovieron el cemento como la quintaesencia de la construcción moderna y erigieron decenas de edificios –incluyendo, por ejemplo, el estudio de Diego Rivera y Frida Kahlo en San Ángel– que celebraban la nueva «estética del cemento»; e incluso José Vasconcelos, una figura más bien conservadora y poco asociada con las tecnofilias de la época, cierra *La raza cósmica* con una apología de las tecnologías modernas. Ni siquiera en la esfera más armoniosa de la música dejó de penetrar la locura tecnofílica. En 1926 el compositor Carlos Chávez participó en un «ballet mecánico» instrumentado para campanas eléctricas y turbinas de avión, y una década después publicó un tratado en el que hacía una especie de llamado a la «nueva música», que estuviera inspirada en la electricidad y los aparatos eléctricos.[28]

En sus escritos sobre la tecnología, Kittler asocia cuatro artefactos con la configuración de una red discursiva del siglo veinte: la cámara, el gramófono, la radio y la máquina de escribir. El crítico elige estas cuatro máquinas no sólo porque son las responsables de la mecanización de las formas visuales, auditivas y textuales de representación, sino porque también inspiraron numerosos textos –desde el «Sonido primigenio» de Rilke hasta *La máquina de escribir*, la obra teatral de Jean Cocteau. El inventario culturalmente significativo de artefactos en México era, sin embargo, un poco diferente –tal vez porque la modernidad y las respuestas de los intelectuales a las nuevas tecnologías evolucionaron de modo muy diverso y en un contexto completamente distinto al de la Europa del siglo veinte. El gramófono, por ejemplo, suscitó pocas discusiones entre los intelectuales mexicanos, mientras que otros inventos modernos que no aparecen en el estudio de Kittler, como el cemento, produjeron intensos debates en el medio artístico e intelectual.

Mi argumento en torno a las respuestas culturales a los nuevos medios y tecnologías se enfoca en cinco artefactos: las cámaras, las máquinas de escribir, la radio, el cemento, y los estadios. Como las cuatro máquinas de Kittler, estas tecnologías contribuyeron a la mecanización de la producción cultural: las cámaras mecanizaron la visión e introdujeron nuevas tecnologías visuales; la máquina de escribir mecanizó la escritura e inspiró una estética literaria que buscaba liberarse de los modelos tradicionales del modernismo; la radio mecanizó la percepción del sonido y trajo consigo un nuevo arte auditivo; el cemento mecanizó la arquitectura al reemplazar los materiales de construcción fabricados manualmente con los componentes del concreto armado, fabricados industrialmente; y los estadios, por último, mecanizaron el espectáculo de la política al construir una plataforma para las ceremonias y encuentros masivos, en donde los procesos industriales se encarnaban en cuerpos humanos. Los cinco capítulos que componen este libro examinan las repercusiones culturales de cada uno de estos artefactos en el México posrevolucionario.

En el capítulo primero se analizan las fotografías industriales de Tina Modotti y su relación con los debates contemporáneos sobre el papel de la fotografía en la edad moderna. Con sus representaciones de tanques de petróleo, cables telefónicos y máquinas de escribir, Modotti fue la primera fotógrafa en México que exploró el potencial de la fotografía como una tecnología de representación radicalmente distinta. A diferencia de Diego Rivera, por ejemplo, Modotti hacía representaciones de máquinas y escenas industriales al tiempo que incorporaba los nuevos desarrollos tecnológicos a sus técnicas fotográficas. En un momento en el que casi todos los fotógrafos mexicanos hacían fotos «artísticas» que imitaban las convenciones de la pintura —la toma fuera de foco y los retoques manuales imitaban las escenas pintorescas de los impresionistas—, Modotti prefería las técnicas propias de la cámara, como el enfoque cerrado, los ángulos oblicuos y los *close-ups*. Utilizando estas estrategias novedosas para capturar imágenes industriales, Modotti subrayó las semejanzas entre la fotografía y las otras tecnologías de la época. Mientras que los fotógrafos artísticos querían disimular los orígenes mecánicos de la fotografía y disfrazarla de pintura clásica, Modotti celebró el hecho de que la cámara, como los tanques o las máquinas de escribir que fotografiaba, fuera un producto plenamente moderno.

En el capítulo dedicado a las cámaras quiero, además, detenerme en un aspecto de la fotografía de Modotti que hasta hoy ha sido ampliamente ignorado. Me refiero, por supuesto, a la historia de los artefactos tecnológicos que aparecen en sus fotos. Modotti fotografió algunos de los proyectos públicos más importantes de la época de Obregón y Calles, como el Estadio Nacional y la Secretaría de Salud. Estas construcciones, piezas clave de las campañas de modernización del gobierno, estaban diseñadas para ser símbolos de la ideología posrevolucionaria. La obra de Modotti sugiere semejanzas entre la fotografía y los proyectos de modernización posrevolucionarios: la revolución de la óptica iba de la mano con la revolución de la infraestructura del país. Al igual que los estadios, las escuelas, y los edificios de oficinas que se alzaron en la década de los veinte, la fotografía era un componente crucial del México futuro que imaginaron los gobiernos de Obregón y Calles.

Si la cámara mecanizó las facultades visuales, la máquina de escribir mecanizó la producción literaria. En el capítulo segundo relato la historia de algunos escritores que utilizaron la máquina de escribir y de las repercusiones de la mecanografía en una nueva estética literaria. Así como la cámara generó un debate entre los fotógrafos pictorialistas y los fotógrafos modernos como Modotti, entre los entusiastas y detractores de la mecanización de las técnicas visuales, la maquina de escribir suscitó reacciones similares entre los escritores que habían elegido la mecanografía y los que preferían la pluma.

Irónicamente, el surgimiento de la máquina de escribir en México coincidió con el estallido de la revolución. El primer escritor que utilizó abiertamente una de estas máquinas fue Mariano Azuela, que escribió parte de *Los de abajo* en una máquina Oliver. Esta novela arquetípica de la Revolución Mexicana refleja las condiciones mecánicas de su producción en un pasaje inquietante: después de saquear un pueblo del Norte, una banda armada de revolucionarios analfabetas se roba una Oliver flamante para luego interrogarse sobre los posibles usos de una máquina de aquella índole en medio de una guerra civil. Con ello Azuela sugiere, de algún modo, que la revolución tecnológica no siempre está bien sincronizada con las revoluciones políticas. Pero Azuela no era el único escritor mexicano que utilizaba una máquina de escribir. Estaba también Martín Luis Guzmán, el otro gran novelista de la Revolución, que también estaba obsesionado y fascinado con la máquina de escribir e incluso le dedicó un cuento, «Mi amiga la credulidad». Este texto aborda algunos temas cruciales. En él, Guzmán plantea una serie de preguntas fundamentales: ¿Qué efectos tenía el acto de mecanografiar sobre la escritura? ¿Los textos mecanografiados registraban las condiciones de sus métodos de producción, como sugería Nietzsche? ¿Qué lugar ocupaban los textos escritos a máquina en la estética literaria moderna?

En el capítulo tercero exploro el surgimiento de la transmisión radiofónica y su influencia en la poesía vanguardista. Entre los primeros en experimentar con el medio en México estaban los jóvenes poetas estridentistas, que de algún modo emulaban el futurismo de Marinetti. Como Marinetti, los estridentistas veían en la radio el modelo perfecto para un proyecto poético completamente nuevo: era un medio caracterizado por su capacidad de trascender las fronteras nacionales, por el poder de transmitir, simultáneamente, una cantidad enorme de programas, por la posibilidad de emitir los sonidos mismos de la modernidad –incluyendo la estática y la interferencia–, y por el potencial de inspirar en las personas una «imaginación inalámbrica», capaz de revolucionar la literatura.

En el capítulo dedicado a la radio, examino los experimentos de los estridentistas con la creación de una literatura «radiogénica» –una literatura que no sólo recurría a la radio como un tema de discusión sino que utilizaba las técnicas de la radio y las incorporaba a los procesos de escritura. Quisiera discutir en este capítulo los poemas radiogénicos de dos escritores estridentistas, Manuel Maples Arce y Kyn Taniya, en relación a los debates en torno a la radio y la literatura lanzados por autores como Rudolf Arnheim y André Coeuroy.

Mientras podría resultar fácil entender por qué las cámaras, las máquinas de escribir y la radio son medios –estos artefactos tecnológicos se utilizan para la comunicación visual, textual y auditiva–, la naturaleza mediática del cemento y los estadios, tratados en los capítulos cuatro y cinco, es menos evidente. Pero al igual que la fotografía y la radio, el cemento y los estadios eran dispositivos importantes para la transmisión de mensajes. Durante las presidencias de Obregón y Calles se erigieron edificios de cemento en general y estadios en particular, como estructuras públicas diseñadas para comunicar una visión de la modernidad posrevolucionaria a los habitantes de la ciudad de México. Como ha escrito Beatriz Colomina, la arquitectura es un medio y la arquitectura moderna tiene una serie de afinidades con los nuevos medios del siglo veinte.[29] A diferencia de los artefactos que se discuten en los primeros tres capítulos, los edificios y estadios hechos de cemento eran espacios que se podían utilizar y ocupar, e incorporaban a los habitantes del país en las nuevas tecnologías de representación. Como los dispositivos que se utilizaban en la fotografía, la escritura y la transmisión, el cemento y los estadios mecanizaron ciertos procesos de representación. El cemento era un material fabricado industrialmente que estandarizó la arquitectura del mismo modo en que la máquina de escribir estandarizó la escritura. Los estadios construidos en los años veinte, además, estaban diseñados para acoger miles de cuerpos que, por la estructura misma de estas construcciones, se alineaban en formaciones que imitaban las líneas de ensamblaje de una fábrica.

El cuarto capítulo explora lo que he llamado aquí «la estética del cemento» y traza la evolución de este material desde su aparición como un poderoso símbolo literario y artístico en los años veinte hasta su decadencia y completo fracaso como material de construcción en los años cuarenta. Los artistas y escritores progresistas habían defendido el cemento como una nueva tecnología que tenía el potencial de transformar el mundo: el «polvo mágico», como lo llamó un entusiasta del cemento, era un material de construcción producido mecánicamente que permitía una nueva arquitectura. Como la fotografía moderna o las producciones radiogénicas, la nueva arquitectura de cemento –conocida en México como el funcionalismo– explicitaba tanto los sustratos mecánicos de su origen como su parentesco con otros artefactos modernos.

El cemento y la nueva arquitectura fueron una rica fuente de inspiración para los artistas y escritores de la época. Si los estridentistas celebraban la «imaginación inalámbrica» de la radio, Federico Sánchez Fogarty y sus colegas cementófilos defendieron la «estética del cemento». La búsqueda de una literatura inspirada en este material empezó con la novela *Cemento* –obra maestra del realismo socialista, escrita por Fyodor Gladkov y traducida al español en 1929. Muchos intelectuales mexicanos vieron la novela como una celebración del cemento en tanto un invento que produciría una nueva cohesión social en un país devastado por los años de guerra civil. Dos revistas publicadas entre los veinte y los treinta, *Tolteca* y *Cemento*, invitaron a artistas y escritores a explorar el potencial simbólico del nuevo material –esfuerzo que culminó en 1931 cuando *Tolteca* organizó un concurso para elegir la mejor representación artística de su planta de cemento.

El capítulo quinto está dedicado a los estadios, el medio tecnológico más insólito del México posrevolucionario. En 1924, Vasconcelos mandó construir el Estadio Nacional, con capacidad para sesenta mil espectadores (casi el seis por ciento de la población de la capital en ese momento). Lo consideró el primer edificio de su utópica «Universópolis», que sería la capital de la raza cósmica. Después de su inauguración, Vasconcelos utilizó el estadio –anticipando los eventos masivos de los nazis en Núremberg– para transmitir sus mensajes políticos a las masas de espectadores. Si la fotografía era un nuevo medio para divulgar imágenes y la radio una nueva tecnología para transmitir contenidos sonoros, los estadios eran un nuevo medio para comunicar mensajes políticos y cautivar a un público masivo.

Pero, ¿qué mensajes transmitía Vasconcelos en el estadio? Un breve repaso de los eventos que se organizaban en el Estadio Nacional revela que la tecnología moderna no siempre estaba al servicio de la modernidad. Vasconcelos utilizó su estadio, un espacio construido con técnicas modernas, para promover teorías raciales profundamente antimodernas. A pesar de que Vasconcelos fue un entusiasta de la tecnología y del racionalismo científico que ésta encarnaba, defendía valores irracionales y un tanto metafísicos como la «raza» y el «espíritu», los dos pilares de su teoría de la «raza cósmica». La tecnología surge de una tradición intelectual que remonta a la Ilustración y que por lo tanto resulta, fundamentalmente incompatible con la ideología ultranacionalista, Vasconcelos quiso reconciliar ideologías contradictorias –las máquinas modernas y el nacionalismo, la industria y la raza. Fue, para citar un concepto de Jeffrey Herf, un «reaccionario moderno».

En los capítulos siguientes me ocuparé de las preguntas acerca de la tecnología que suscitaron y no respondieron los proyectos de Diego Rivera en Detroit. Discutiré también cómo fue que los nuevos medios tecnológicos dieron lugar a intensos debates sobre la representación misma de la tecnología, las transformaciones tecnológicas de la representación, y las repercusiones culturales de estos procesos. Vistas en conjunto, las historias culturales de la cámara, la máquina de escribir, la radio, el cemento y los estadios ofrecen un retrato apasionante de la cultura del México posrevolucionario en la era de la reproducción mecánica. Como veremos, la red discursiva que surgió durante esos años culminó en otra insurrección en México: una revolución estética cuyas armas fueron los artefactos de la modernidad.

CAPÍTULO PRIMERO

LA CÁMARA

Los nuevos medios transforman la manera en que experimentamos el mundo, y en ningún área ha sido esto tan evidente como en la fotografía. Tras la invención de la cámara fotográfica en el siglo diecinueve, y a medida que emergía una consciencia visual a partir del inconsciente óptico colectivo, el mundo comenzó a *verse* de forma distinta.

En México, la fotografía fue recibida con los brazos abiertos. A partir del Porfiriato, una gran cantidad de «artistas del lente», como se les conocía entonces, establecieron estudios en la capital. Muchos de ellos eran extranjeros, como los alemanes Hugo Brehme y Guillermo Kahlo. Estos fotógrafos combinaban el retrato con otros trabajos por encargo, como documentar edificios y monumentos históricos para el gobierno mexicano. Durante la Revolución, por ejemplo, Brehme utilizó su cámara para capturar las escenas estremecedoras y los paisajes de la absoluta devastación que dejaban las batallas de la guerra civil.

Antes de la llegada de dos fotógrafos extranjeros, en 1923, el mundo de la fotografía en la ciudad de México era bastante homogéneo y la mayoría de los artistas se ceñían a una estética pictorialista. Estos dos fotógrafos fueron Edward Weston y Tina Modotti: un estadounidense y una italiana, que utilizaron la cámara en formas radicalmente distintas y lanzaron una revolución fotográfica en México. La fotografía había modificado ya la manera en que los artistas miraban el mundo, pero con los experimentos de estas dos figuras vino aún otra transformación: una nueva forma de observar el México posrevolucionario, que marcó un cambio profundo en la red de discursos de la cultura visual.

A pesar de que Modotti comenzó su carrera como discípula de Weston, sus experimentos fotográficos en la ciudad de México fueron mucho más revolucionarios que los de su maestro. Durante la estancia de Weston en la capital, éste prestó nula atención a los productos de la modernización posrevolucionaria que lo rodeaban: estructuras funcionalistas, máquinas industriales, o grandes fábricas. A Modotti, al contrario, la cautivaba la rápida transformación del país, y utilizó su cámara para documentar el paso de México hacia la modernidad —un tipo de modernidad, no obstante, en donde la tradición estaba en constante pugna con la tecnología. Modotti introdujo, a lo largo de los siete años que vivió en la capital, una alternativa a la estética fotográfica dominante que encontró a su llegada a la ciudad de México.

En una serie de anuncios publicados en *El Universal Ilustrado* entre 1923 y 1925, la Kodak Mexicana promocionaba sus cámaras fotográficas como inventos tecnológicos verdaderamente maravillosos. Uno de los anuncios (figura 12) muestra a una pareja elegante, a bordo de un convertible último modelo, que se detiene a un lado de la carretera para contemplar una escena pintoresca: dos niños —uno con sombrero, el otro apretando su gorro contra el vientre en un gesto de respeto o pasmo— sujetan una liebre, el trofeo de su caza, para que la pareja la admire y fotografíe. El hombre, con una mano sobre el volante del automóvil, les sonríe; la mujer, de pie sobre el asiento del copiloto, apunta una cámara negra y voluminosa hacia los dos niños.

La fotografía, que de hecho es una foto de la toma de otra foto, va acompañada de una leyenda que promociona las virtudes tecnológicas de la cámara: «Todo lo que sus ojos ven, lo abarca el lente, y la anotación autográfica evita que se olviden datos importantes». El pie de foto exalta la cámara como una extensión no sólo del ojo —el lente captura todo lo que el ojo ve—, sino también de la memoria humana: su función «autográfica» fortalece las capacidades mnemónicas al asegurar que «[no] se olviden datos importantes». A diferencia de la memoria humana, imperfecta y proclive a ciertos accidentes, las impresiones fotográficas que recoge la cámara protegen cada detalle de la acción corrosiva del tiempo: «Si viaja Vd. con una Kodak —concluye el anuncio—, volverá a su hogar trayendo un recuerdo imperecedero de todos los gratos incidentes del viaje».

La capacidad de la cámara para producir memorias imperecederas está garantizada por las características autográficas del aparato: «Todas las Kodaks son autográficas», reza el eslogan reproducido en cada anuncio, utilizando un neologismo formado por la combinación de las raíces griegas αυτος y γραφειν («marcar» o «grabar»). La cámara es una máquina capaz de registrar todo de forma automática: con sólo presionar un botón, una serie de operaciones mecánicas produce instantáneamente un registro exacto e imperecedero de todo cuanto el ojo puede ver. El anuncio subraya la precisión de la fotografía resultante y, especialmente, la naturaleza

Lleve una Kodak consigo

Todo lo que sus ojos ven, lo abarca el lente, y la anotación autográfica evita que se olviden datos importantes. Con esto, las fotografías tomadas quedan identificadas para siempre. Si viaja Vd. con una Kodak, volverá a su hogar trayendo un recuerdo imperecedero de todos los gratos incidentes del viaje.

Todas las Kodaks son autográficas

Kodak Mexicana, Ltd., Independencia 37, México, D.F.

57

Figura 12: Anuncio de la Kodak en *El Universal Ilustrado*, 331 (13 de septiembre de 1923), p. 57. Hemeroteca Nacional, México, D.F.

Figura 13: Anuncio de la Kodak en *El Universal Ilustrado*, 436
(17 de septiembre de 1925), p. 9. Hemeroteca Nacional, México, D.F.

automática de su producción. Esta capacidad autográfica coloca la cámara en relación directa con el automóvil y con otros inventos automáticos y mecánicos de la modernidad. Como el convertible en el que viaja la pareja, la cámara que apunta hacia los niños cazadores es una máquina sofisticada, un producto de los avances tecnológicos del siglo veinte. Plenamente modernos, el hombre y la mujer representados en el anuncio han automatizado tanto su forma de desplazamiento como su memoria: viajan en un automóvil y toman fotos con una Kodak. La cámara, que también viaja en convertible, emerge como un artefacto doblemente moderno: es autográfico y a la vez automotriz.

Al proclamar que «Todas las Kodaks son autográficas», el anuncio sugiere, por sinécdoque, que todas las cámaras son máquinas autográficas. Sin embargo, aunque todas las cámaras utilizaban el mismo mecanismo y operaban según un proceso mecánico semejante, no todos los fotógrafos querían concebir su instrumento de trabajo como una máquina. En los años veinte hubo en México, como en otros lugares, un apasionado debate sobre el papel de los procesos mecánicos en la fotografía, y muchos fotógrafos se esforzaron por demostrar que la cámara no era una máquina cualquiera, sino un instrumento artístico refinado.

Las ideas de los fotógrafos sobre su instrumento de trabajo —y sobre las características de su oficio— variaron enormemente a lo largo de los años veinte, como resulta claro si se comparan los retratos de Edward Weston y Tina Modotti con sus respectivas cámaras. Ambos retratos fueron tomados en la ciudad de México en 1924, y ambos representan a dos personas que vivían de fotografiar a las personas y lugares que los rodeaban. El primer retrato (figura 14) muestra a Edward Weston posando muy serio junto a su cámara: fuma pipa y sujeta una placa fotográfica en su mano izquierda. El segundo (figura 15) muestra a Tina Modotti cargando su cámara portátil y hablando con un amigo —los dos recargados sobre una pared no muy alta, de ladrillo, en una azotea de la Condesa desde donde se ven los volcanes.

A pesar de que las cámaras de los dos fotógrafos son iguales —ambas funcionan por el mismo mecanismo fotográfico, aunque sus respectivas dimensiones sean diferentes—, la actitud de cada uno de ellos hacia su instrumento no podría ser más distinta. Weston está erguido, alto y orgulloso, junto a su cámara, sujetando una de las palancas con la mano derecha y la placa fotográfica con la izquierda. Está vestido formalmente: lleva saco y corbata, como si asistiera a un evento importante, y posa junto a su cámara

Figura 14: Tina Modotti, *Edward Weston con su cámara* (1923-24).
SINAFO-Fototeca Nacional, México, D.F.

como lo haría un hombre junto a su mujer para un retrato familiar. La compostura de Weston –posada para otra cámara– obedece las convenciones de los retratos de artistas que abundan en la pintura europea: el fotógrafo se exhibe frente a su instrumento con el mismo talante serio y orgulloso que exudaría un pintor frente a su caballete.

Modotti, en cambio, sostiene su cámara con plena naturalidad. El aparato simplemente cuelga de su mano izquierda mientras ella platica. Al contrario de Weston, Modotti está vestida con ropa de calle: un vestido sencillo de algodón blanco. En su retrato, Weston aparece solo junto a su instrumento –imagen que evoca el ideal romántico del artista solitario frente a su creación. Modotti, en cambio, sostiene su cámara durante un encuentro amistoso. La cámara de Modotti, al contrario de la de Weston, no ocupa el centro del retrato; aparece como un mero accesorio social. El instrumento de Weston exige la soledad y la atención íntegra del artista; el de Modotti es un objeto cualquiera que no le impide hacer vida social. La

Figura 15: Edward Weston, *Tina Modotti y Miguel Covarrubias* (1924).
© 1981 Center for Creative Photography, Arizona Board of Regents.

cámara de Weston era un aparato inmanejable que, dadas sus dimensiones, debía permanecer estacionado en el estudio del fotógrafo; la de Modotti era más pequeña y plenamente portátil (en una carta a Manuel Álvarez Bravo, ella confiesa su predilección por las cámaras pequeñas).[1] Como demuestra la foto, Modotti podía salir con su cámara a la calle; podía elevarla, bajarla, balancearla; incluso, si la conversación tomase un giro desagradable, podía lanzarla contra su interlocutor. Al fin y al cabo, «Photography as Weapon» («La fotografía como arma») fue el título de uno de los textos de Modotti sobre la función política de la cámara.[2]

Weston concebía su cámara como un instrumento propiamente artístico —posa junto a ella como lo haría un pintor junto a su caballete para un retrato—, mientras Modotti —absorta en la conversación, la fotógrafa olvida mirar hacia la cámara en el momento de la foto— la trata como un mero instrumento de trabajo, un objeto cualquiera. De hecho, Modotti no se concebía a sí misma como una «artista», y no creía que las cámaras debían utilizarse para fines artísticos. «Siempre que se emplean las palabras *arte* o *artístico* en relación a mi trabajo fotográfico —explicó Modotti— me quedo con una impresión desagradable, debida seguramente al mal uso y abuso que se hace de ellas. Me considero una fotógrafa y nada más».[3]

Estos dos retratos exhiben, por supuesto, cierta ironía: fue Weston quien tomó la foto de Modotti cargando su cámara portátil, y fue ella quien lo retrató en su pose señorial. Ambos tenían concepciones divergentes —casi antagónicas— de la fotografía, y estos dos retratos les permitieron caricaturizar sus respectivas posturas. Modotti, que más tarde se convertiría en una aguerrida activista política, presenta a Weston como un artista burgués de la vieja escuela; y Weston —artista moderno por excelencia— retrata a Modotti más como una habladora que como una verdadera fotógrafa. A través de este juego hiperbólico, estas dos caricaturas revelan dos visiones radicalmente distintas sobre el papel que empezaba a jugar la fotografía en la sociedad.

¿Puede la cámara ser, al mismo tiempo, una máquina autográfica —como diría la Kodak— y un instrumento artístico, como pretendía Weston? Al contrario del anuncio de la Kodak, la actitud de Weston frente a su instrumento vincula la cámara no con los automóviles u otros inventos automáticos de la época, sino con la pintura en su sentido más clásico: el caballete, el pincel, la paleta. Aunque el porte solemne y señorial del retrato de Weston haya sido, probablemente, una forma de caricaturizarse a sí mismo, el fotógrafo sí estaba muy lejos de la visión que tenía Modotti de la fotografía como una forma de activismo político. La actitud que Modotti le atribuye a Weston era, de hecho, bastante común en el México de entonces: a pesar de que los periódicos insistían en anunciar la cámara como un aparato moderno y autográfico, la mayoría de los fotógrafos en la década de 1920 se resistían a concebir su instrumento de trabajo como un aparato mecánico, y preferían la visión que relacionaba la cámara con los útiles tradicionales del pintor.

En un artículo de 1926 titulado «Conversaciones sobre el arte en la fotografía» y publicado en *El Universal Ilustrado*, un escritor que publicaba bajo el pseudónimo de «Snapshot» argumenta que las preocupaciones artísticas y las preocupaciones mecánicas de la fotografía se excluyen mutuamente. A pesar de que la fotografía depende de procedimientos mecánicos, argumenta el autor, los buenos fotógrafos deben trascender el «automatismo» vulgar del medio para crear fotografías verdaderamente artísticas. «La fotografía artística –dice– es el opuesto exacto del automatismo documental».[4]

Contrariamente a los anuncios de la Kodak, Snapshot concibe el automatismo de la cámara –su función autográfica–, no como una maravilla tecnológica, sino como un obstáculo para la creación artística:

Hay que distinguir, pues, en la fotografía, sus dos grandes aspectos, esencialmente distintos, y que comprenden por un lado la parte mecánica… y por otro, la artística, que pone en juego… los conocimientos estéticos, imprimiéndole al cuadro la personalidad que transforma sus condiciones primitivas, hasta elevarla por el camino de la sensibilidad a una verdadera emoción estética.[5]

Desde el punto de vista de Snapshot, el dispositivo mecánico de la cámara era capaz de producir tan sólo un objeto vulgar que debía ser «transformado» y «elevado» a la categoría del arte por un fotógrafo dotado de «sensibilidad» y «conocimiento estético».

La declaración del crítico mexicano corresponde, casi al pie de la letra, con el manifiesto publicado en 1899 por el fotógrafo norteamericano Alfred Stieglitz, «Pictorial Photography». Preocupado por el hecho de que en vísperas del siglo veinte la fotografía fuera considerada «como la hija bastarda del arte y la ciencia», Stieglitz delineó los requisitos que los fotógrafos debían seguir para alcanzar un «verdadero arte». Más que nada, decía, los fotógrafos se deben alejar lo más posible de los procesos mecánicos: «En la infancia de la fotografía… se suponía comúnmente que después de la selección de los sujetos, las posturas, luces, exposición, revelado, cada paso posterior era puramente mecánico y requería poco o nulo razonamiento. El resultado de esto fue el inevitable estigma, en cada foto así producida, de la marca del mecanismo, de la cruda rigidez de cromos y de otras producciones similares».[6]

Stieglitz consideraba el automatismo de los procesos mecánicos como algo «vulgar» y «crudo», y trató de minimizar la dependencia del fotógrafo hacia la máquina. Enemigo expreso de lo mecánico, Stieglitz enalteció los procesos creativos que podían hacer de la fotografía la sucesora de medios tradicionales como la pintura, el dibujo y el grabado. «La fotografía pictorialista –escribe– evolucionó gracias a aquellos que amaban el arte y buscaban un medio distinto del pincel o el lápiz para materializar sus ideas».[7] El fotógrafo, insiste Stieglitz, se rige por los mismos estándares estéticos que el pintor o el dibujante: «El fabricante [de fotografías] tiene que estar tan familiarizado con las leyes de la composición como el retratista o el paisajista».[8] Asimismo, «a la hora de producir una fotografía, el fotógrafo, como el pintor, depende de su capacidad para observar y sentir la naturaleza».[9]

La concepción que tenía Stieglitz de la cámara no podría estar más lejos de aquella que la Kodak anunciaba en su propaganda. Para él, la cámara no era un aparato autográfico, sino un instrumento gráfico. El automatismo –«crudo» y «vulgar»– debía ser evitado a toda costa, y el fotógrafo debía tener la misma actitud hacia su cámara que el pintor hacia su pincel y el dibujante hacia su lápiz. Es decir, como un instrumento para la expresión artística.

A pesar del rechazo del crítico Snapshot a la visión de la cámara como una máquina autográfica, y sus protestas a favor de la fotografía como un arte a la altura del dibujo o la pintura, podríamos concluir que, a fin de cuentas, estas opiniones alteraron poco o nada el resultado final: la impresión fotográfica, después de todo, es el producto de una serie de procesos mecánicos, independientemente de si el fotógrafo considera su trabajo como una actividad artística o como un procedimiento mecánico.

Éste, sin embargo, no fue siempre el caso. Entusiasmados por los preceptos pictorialistas de Stieglitz, los fotógrafos mexicanos de los años veinte interfirieron con los procesos mecánicos de sus cámaras con el fin de darle a sus fotografías una cualidad artística. Se puede pensar, por ejemplo, en el caso de Gustavo Silva, retratista que era, además, dueño de un estudio fotográfico en el centro de la ciudad y colaborador asiduo en *El Universal Ilustrado*. Cuando Modotti llegó a México, el trabajo de Silva era emblemático de la estética fotográfica prevaleciente en la ciudad: los reporteros lo presentaban como «ese artista genial de la cámara oscura» y «el brujo del lente».[10] Como otros pictorialistas, Silva retocaba sus fotos para darles un «toque artístico», adornando las imágenes en blanco y negro con colores y texturas. Un artículo publicado en *El Universal Ilustrado* (figura 16) describe detalladamente el proceso de retocado que seguía Silva:

> Obtenida la positiva, Silva, como un alquimista medieval, echa mano a frascos y redomas de diversos tamaños y contenidos. Vacía un poco de rojo, de amarillo, de azul, negro… Mejor que la más experta artista de un «Beauty Parlor», su mano sabe hacer el «maquillage». El «rouge» se esfuma sobre las mejillas, repartiéndose sabiamente mientras cae el «kohl» sobre los párpados, alargándolos y avivando el fuego de los ojos. Luego la pátina del tiempo −otro de los secretos de Silva− da al conjunto el carácter de un cuadro viejo de un maestro antiguo.[11]

Tras revelar la impresión («la positiva»), Silva embellece la imagen: pinta sobre la foto con pigmentos coloridos, como lo haría un maquillista con cosméticos femeninos. Este proceso no podría ser más antitético a la naturaleza de la fotografía. Como presumían los anuncios de la Kodak, la cámara es un instrumento primordialmente mecánico, pero el retoque de Silva era una actividad manual, casi artesanal: aplica pigmentos meticulosamente y, como los pintores y dibujantes del pasado, utiliza pinceles y lápices para adornar la imagen. Pero en cuanto el pincel de Silva tocaba la impresión, se desvanecía la característica más fascinante de la fotografía: su estatus como un producto de procesos automáticos y −para citar un término teórico de la historia de la fotografía− como un «índice». Las imágenes de Silva ya no pueden ser consideradas autográficas; no son producto de una máquina que capta indexicalmente la realidad, sino creaciones artesanales más cercanas al dibujo y a la pintura. Como apunta el reportero de *El Universal Ilustrado*, la obra de Silva parecía «un cuadro viejo de un antiguo maestro». Tales fueron los mismos simulacros que llevaron a Walter Benjamin a referirse a los negativos retocados como «la venganza del mal pintor hacia la fotografía», y a describir el retoque como una estrategia para «simular el aura» de una imagen.[12]

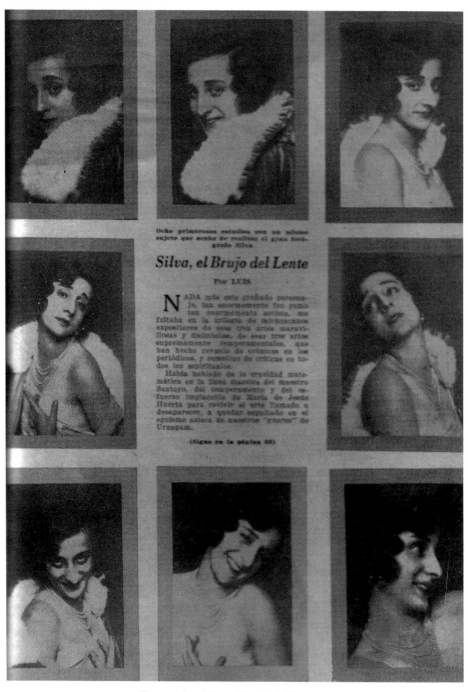

Figura 16: «Silva, el brujo del lente».
El Universal Ilustrado, 541 (21 septiembre de 1927), p. 21.

Figura 17: Retrato de Gustavo Silva y nota necrológica.
El Universal Ilustrado, 674 (10 de abril de 1930), p. 10.

El retoque de la imagen fotográfica no era un proceso utilizado exclusivamente por Silva. La mayoría de los fotógrafos pictorialistas de la época hacían lo mismo. Hugo Brehme utilizó este método, como lo hicieron muchos otros —incluyendo a Smarth, Rafael Carrillo, Rafael García, Luis Márquez y Ricardo Mantel— de los fotógrafos que colaboraban en *El Universal Ilustrado*. La fotografía de Brehme *Hombre con sombrero* (figura 18), de 1920, es emblemática entre las imágenes retocadas. Para elaborarla, el fotógrafo tomó una impresión en blanco y negro y la trató como si fuera un lienzo, utilizando pinceles y lápices para colorear la imagen. El resultado es una pintura donde la *impresión* de una imagen fotográfica sirve como soporte para la elaboración artística.

El *Hombre con sombrero* funciona no sólo como ejemplo de la técnica manual del retoque, sino que muestra otra característica de la fotografía pictorialista mexicana. Los fotógrafos pictorialistas representaban, invariablemente, temas tradicionales: retratos de campesinos vestidos con sus trajes típicos, paisajes pintorescos del campo mexicano, y otras escenas similares cuya característica esencial bien puede resumirse en el título del libro de Hugo Brehme, *México pintoresco* (1923). A pesar de que la mayoría de estas imágenes fueron creadas en una época en la que México estaba en plena expansión económica e industrial, la modernidad brilla por su ausencia en estas obras. Las cámaras, los radios, las máquinas de escribir, los estadios y las grandes construcciones de concreto que fascinaron a las figuras artísticas de las vanguardias en las primeras décadas del siglo veinte no tienen cabida en estas fotografías idílicas. Silva y Brehme, siguiendo el mismo impulso que los llevó a ocultar el automatismo de la cámara bajo el maquillaje del retoque, desterraron de sus fotografías cualquier referencia al México moderno.

En su empeño por transformar lo automático en manual, las fotografías pictorialistas —como el *Hombre con sombrero* de Brehme— sugieren las mismas paradojas que están presentes en el mural *Industria de Detroit* de Diego Rivera. Como Rivera, los fotógrafos pictorialistas crean representaciones que confunden lo tecnológico con lo antitecnológico. Sin embargo, en el caso de las fotografías pictorialistas, el proceso opera a la inversa de *Industria de Detroit*. Mientras Rivera utilizó un medio premoderno —el fresco— para plasmar un tema plenamente moderno —una fábrica automotriz—, fotógrafos como Brehme utilizaban el medio moderno de la fotografía para representar escenas y paisajes premodernos, como los retratos de campesinos o los pueblos pintorescos. Si Rivera quiso transformar la antigua

Figura 18: Hugo Brehme, *Hombre con sombrero* (1920).
Throckmorton Fine Art, Nueva York.

técnica del fresco en una forma artística del futuro, los pictorialistas trataban de asimilar el medio moderno de la fotografía a las formas artísticas del pasado; y si el mural de Rivera presenta un mundo más moderno que el verdadero Detroit de 1932, los fotógrafos pictorialistas presentan la imagen de un país mucho menos moderno y más «pintoresco» que el México de los años veinte. Dados estos paralelismos, no sorprende el hecho de que Rivera tuviera una visión pictorialista de la fotografía. En uno de sus pocos textos sobre la fotografía, el muralista minimiza la naturaleza mecánica del medio fotográfico y lo compara con la pintura: «La cámara y las manipulaciones del trabajo fotográfico son una TÉCNICA, como lo son el óleo, el lápiz o la acuarela».[13]

Al igual que el mural de Rivera, el pictorialismo estaba lleno de paradojas: los fotógrafos pictorialistas dependían del entonces reciente invento de la cámara, pero su objetivo era crear imágenes que evocaran el trabajo de los viejos maestros; se valían de un instrumento de trabajo automático, pero ellos mismos saboteaban el proceso autográfico del medio al retocar manualmente las fotografías. Como si les avergonzara el estatus de la cámara como artefacto tecnológico, los pictorialistas se empeñaban en presentar impresiones mecánicas como si se tratara de creaciones manuales.

Silva, Brehme, y otros fotógrafos rechazaron el estatus de la cámara como la nueva tecnología de la representación, y se dedicaron a buscar los medios para transformar su oficio en un arte manual. Es significativo que no existan retratos de ninguno de los fotógrafos pictorialistas posando con sus cámaras, como los de Weston y Modotti. Los pictorialistas no se sentían orgullosos de su instrumento de trabajo y lo más probable es que hubiesen preferido ocultarlo –del mismo modo que ocultaban las huellas de sus crímenes autográficos–, y posar, en vez, con caballete, pincel y paleta para su retrato.

A pesar de que el pictorialismo dominó el mundo de la fotografía mexicana de los años veinte, no todos pensaban que esta forma de arte debía imitar a la pintura o que las cualidades autográficas de la cámara debían maquillarse por medio del retoque manual. Irónicamente, uno de los grandes promotores de la fotografía como tecnología fue un pintor. En una reseña de una exposición en Guadalajara de Weston y Modotti en 1925, el muralista David Alfaro Siqueiros reprueba el retoque de fotografías: «La inmensa mayoría de los fotógrafos (me quiero referir particularmente a aquellos que quieren ser considerados como *fotógrafos serios* o *fotógrafos artísticos*) desperdician, de hecho, esos mismos elementos. Esto es, los factores físicos que son consustanciales a la fotografía misma: los sacrifican en pos de un carácter "pictorial": asumen que las fotografías pueden responder a las mismas necesidades que tiene la pintura, y se dedican a hacer falsificaciones de italianos primitivos, retratistas decadentes, aristócratas europeos, pintores impresionistas y malos pintores de los últimos cincuenta años».[14] Siqueiros estaba pensando, seguramente, en Silva y Brehme cuando escribió estas frases. En su texto, les recuerda a los pictorialistas que la pintura y la fotografía son dos medios distintos (que no «responden a las mismas necesidades»), y que los fotógrafos que imitan a los pintores terminarán produciendo, inevitablemente, meras «falsificaciones». Siqueiros tacha de retrógradas las estrategias pictorialistas: los fotógrafos de esta calaña no sólo imitaban la pintura; aún peor, copiaban los cuadros anticuados de «italianos primitivos» y «retratistas decadentes». Según Siqueiros, todo esto culminaba en un «desperdicio» y un «sacrificio» de los «factores físicos que son consustanciales a la fotografía misma».

La crítica de Siqueiros propone la fotografía moderna como alternativa al pictorialismo. Señala el trabajo de Weston y Modotti –dos fotógrafos que rechazaron los preceptos del pictorialismo y defendieron una estética moderna– como una exaltación deslumbrante de estos «factores físicos» inherentes al medio fotográfico:

Con los mismos elementos fotográficos, o quizá con aun menos trucos «artísticos» que aquellos que utiliza la mayoría de los fotógrafos para engañar a los demás y engañarse a sí mismos, Weston y Modotti crean verdadera belleza fotográfica. Las cualidades materiales de las cosas y objetos que retratan no podrían ser más exactas: lo que es áspero es áspero; lo que es liso es liso; lo que es carne, está vivo; lo que es de piedra, duro… en el sentido de realidad que las obras de estos dos grandes maestros imponen al espectador, es necesario buscar… [una] estética fotográfica –que no sólo es distinta de [una] estética pictorialista por su misma naturalidad, sino que es diametralmente opuesta a ella. Uno de los valores más importantes de la fotografía es la perfección orgánica de los detalles, un valor que, con la excepción de los pintores de la época más detestable, no ha preocupado a ningún pintor de las buenas escuelas. En una sola palabra, la belleza que rodea los trabajos de [estos] fotógrafos… es, simplemente, belleza fotográfica; belleza que es absolutamente moderna y que está destinada a un desarrollo futuro sorprendente.[15]

En su elocuente crítica de los «trucos» pictorialistas, Siqueiros celebra una de las propiedades que hacen de la fotografía un medio mecánico moderno: su indexicalidad, o, para utilizar la jerga publicitaria de la Kodak, su capacidad de producir registros autográficos. Celebra las reproducciones «exactas» de Weston y Modotti: «lo que es áspero» en la realidad «es áspero» en la impresión; «lo que es liso es liso; lo que es carne, está vivo». Este simple hecho hace de sus fotografías algo «absolutamente moderno», una antítesis del engaño pictorialista.

La estética fotográfica que Siqueiros celebra en el trabajo de Weston y Modotti representa una vuelta al carácter autográfico de la cámara. Al evitar el retoque manual del pictorialismo, sus fotografías emergen como representaciones indéxicas producidas a través de procedimientos mecánicos. Ni la mano ni el pincel del artista eclipsan la representación vívida y detallada que captura la cámara. Más aún, las fotografías de Weston y Modotti no son obras hechas a mano sino objetos producidos mecánicamente. A diferencia de las impresiones retocadas, que aspiran a la autenticidad de la pintura, éstas son reproducciones mecánicas hechas a partir de un solo negativo. Desde el punto de vista de Siqueiros, esto es exactamente lo que le da el carácter «moderno» a las fotografías de Weston y Modotti. Siqueiros señala, también, la semejanza entre la fotografía y la tecnología industrial: «Creo fervientemente —escribe— que la comprensión y la observación de la fotografía industrial —especialmente las admirables fotografías de maquinaria industrial— fueron útiles para los fotógrafos Weston y Modotti. Así, pudieron estos dos fotógrafos encontrar la ruta exacta de la fotografía como una MANIFESTACIÓN GRÁFICA Y AUTÓNOMA».[16]

Tina Modotti compartía la opinión de Siqueiros: también ella rechaza el pictorialismo a favor de una fotografía no adulterada y «directa». En su ensayo «Sobre la fotografía», publicado en 1929 en *Mexican Folkways*, escribió: «...si mis fotografías se diferencian de lo generalmente producido en este campo, es por que yo precisamente no trato de producir arte, sino fotografías honradas, sin trucos ni manipulaciones, mientras que la mayoría de los fotógrafos aún buscan los "efectos artísticos" o la imitación de otros medios de expresión gráfica, lo cual resulta en un producto híbrido y no logra impartir a la obra que producen el rasgo más valioso que debería tener: LA CALIDAD FOTOGRÁFICA».[17] Como Siqueiros, Modotti pensaba que «el arte» y «la fotografía» eran términos antagónicos. También ella censura a los fotógrafos que «buscan efectos *artísticos*, imitando otros medios de expresión gráfica», y considera que estos empeños van en contra de la «calidad fotográfica». Para Modotti, la calidad fotográfica presupone conservar las características indéxicas del medio. El fotógrafo en busca de calidad fotográfica no debe interferir en absoluto en el proceso autográfico del medio, sino limitarse a producir «fotografías honradas».

Modotti expresó su disgusto por los pictorialistas más abiertamente en una carta del 18 de septiembre de 1928, dirigida a Edward Weston, en la que cuenta su participación en la Exposición de Arte Fotográfico Nacional en la ciudad de México. En aquella exposición se mostraron fotografías de Modotti junto a las obras de Hugo Brehme, Smarth, Rafael García, Antonio Garduño, Roberto Turnbull, Ricardo Mantel y un jovencísimo Manuel Álvarez Bravo. En la carta, Modotti se queja de haber sido puesta en la misma sala que los pictorialistas de México:

> ¿...ya te había contado que aquí hubo una exposición de fotografía? En fin, me hubiera encantado que la vieras: ¡fue un verdadero desastre! También expuse yo; primero me había negado, pero gente amable como [Antonio] Garduño insistió y me di cuenta de que interpretarían mi negativa como esnobismo, así que acepté y me terminé ganando un premio. Pero no te entusiasmes, fue sólo una quinta parte del primer premio, pues hubo cinco primeros lugares; una forma encantadora de complacer a varios a la vez, sin mostrase parciales, ¿no crees?...[Una de las fotos mostraba] la cabeza de un viejo con una barba larga, una cosa terrible, del estilo de lo que haría Jane Reece y lo llamaría «El hijo del hombre». [Sobre esto] un futuro crítico de arte dijo: «La técnica con la que se hizo la barba recuerda a las pinceladas de Cezanne». ¡No se diga más!, ¿no crees, Edward?[18]

¡No se diga más! La «terrible» obra a la que se refiere Modotti fue, de hecho, la gran galardonada: una fotografía de un anciano, tomada por el fotógrafo pictorialista Antonio Garduño, que luego fue publicada en la *Revista de Revistas*. Modotti caricaturiza la temática anticuada –hombres barbudos, emblema de la sabiduría y la tradición– que tanto atraía a pictorialistas como Jane Reece. Pero también es especialmente crítica con aquellos que –como el crítico que veía las «pinceladas de Cezanne» en la fotografía de Garduño– recurrían al lenguaje de la pintura para evaluar la fotografía. Por un lado, Modotti descalifica a quienes utilizan la fotografía para representar temas anticuados: por otro, critica a quienes buscan asimilar la fotografía a la estética de la pintura, negando así el estatus de la fotografía como un medio mecánico.

Las diferencias entre la visión que tenía Modotti de la fotografía y aquella que sostenían los pictorialistas mexicanos no podrían haber sido mayores: mientras éstos trabajaban duro –y a mano– para ocultar el automatismo del medio, Modotti insistía en dejar al descubierto el proceso autográfico de la cámara. Las diferencias entre estos dos tipos de fotógrafos llevaron a una confrontación violenta. En 1924, durante la exposición de Weston en la Galería Aztecland, Tina Modotti fue testigo de la furia que causaban las fotografías modernas en los pictorialistas. Encolerizado, Gustavo Silva se acercó a una de las obras de Weston que mostraba un torso femenino y, en un acto de vandalismo, la destrozó. Modotti describió el incidente en una carta, ahora perdida, que Weston resumió en su diario:

> 22 de octubre [1922] Ese desquiciado fotógrafo mexicano [Gustavo Silva] vino ayer, cuenta Tina y, desvariando, manoteando y jalándose los pelos, se acercó a cierto «Torso», exclamando «Ah, esto es mío –fue hecho para mí– yo podría» y con eso le enterró las uñas a la foto y la rasgó de arriba abajo, destrozándola completamente… grabó «Propiedad de Silva» en el marco.[19]

Este pequeño acto de vandalismo revela claramente el horror con que los pictorialistas veían la fotografía de Weston. Como artista, Silva se había vuelto loco –«desvariando, manoteando y jalándose de los pelos»– al encontrarse frente a obras que eran meros productos de un proceso mecánico, y en las cuales no existía el mínimo esfuerzo por ocultar la condición autográfica de su origen. Irónicamente, el acto vandálico de Silva terminó transformando el *Torso* de Weston en una obra pictorialista: había que regenerar lo mecánico y darle un toque artístico con una intervención manual. Al rasgar la fotografía de arriba a abajo, Silva efectivamente la retocó. Al final, los rasguños de Silva produjeron el mismo efecto que los procedimientos de los pictorialistas: le dieron a la impresión una cualidad difusa, borrosa. Para subrayar su transformación del *Torso* moderno de Weston en una verdadera y artística obra maestra, Silva firmó el marco con la insignia «Propiedad de Silva».

Así como la ambición pictorialista de hacer de la fotografía un arte llevó a estrategias concretas, como el retoque manual de Silva y Brehme, la búsqueda de los fotógrafos modernos de una estética fotográfica independiente de la pintura condujo también a técnicas novedosas. Si la fotografía de Brehme, *Hombre con sombrero*, era emblemática de muchos de los ideales del pictorialismo –la representación de escenas mexicanas tradicionales, lejanas de la tecnología, que se adherían a las convenciones del retrato pintado–, *Cables de teléfono* (1925; figura 19), de Modotti, es el ejemplo perfecto de la estética que preferían los fotógrafos modernos.

A pesar de que tanto *Hombre con sombrero* como *Cables de teléfono* fueron tomadas en el México de los años veinte, las dos fotografías son tan distintas que parecieran representar países y momentos históricos diferentes. Ningún rasgo en la fotografía de Brehme sugiere que fue tomada en un país donde el desarrollo tecnológico, desencadenado por los proyectos gubernamentales de modernización, había comenzado a transformar profundamente la vida cotidiana. La fotografía de Brehme es la imagen de un campesino –representación de un México tradicional que parecía

Figura 19: Tina Modotti, *Cables de teléfono* (1925).
Fondo Tina Modotti, sinafo-Fototeca Nacional, México, D.F.

63

haber cambiado poco desde los primeros años de la colonia. La foto de Modotti, en cambio, que muestra un poste y una maraña de cables telefónicos suspendidos en lo alto, es el retrato de una de las muchas tecnologías que empezaron a transformar el paisaje urbano a partir de 1920. A diferencia de otros fotógrafos –Weston, entre ellos–, que consideraban que los artefactos tecnológicos del México moderno no eran dignos de la fotografía, Modotti dedicó una buena cantidad de obras a la modernización mexicana de la década de los veinte. Modotti fotografió cables de teléfonos y telégrafos, fábricas e industrias (*Tanque no. 1*, 1927; figura 26), edificios en construcción (*Labor 2*, 1927 y *Estadio*, 1927; figura 23), y máquinas modernas (*La técnica*, 1928; figura 27).

Se puede pensar, por ejemplo, en la imagen conocida como *Edificio, ciudad de México* (figura 20), una foto de un edificio de la Secretaría de Salud en la Avenida Chapultepec. La salud pública fue una de las máximas prioridades en la agenda del gobierno posrevolucionario. Tanto así que

Figura 20: Tina Modotti, *Edificio, Ciudad de México*. También conocida como *Secretaría de Salud*. Fondo Tina Modotti, SINAFO-Fototeca Nacional, México, D.F.

Obregón designó una secretaría entera para atender los enormes problemas de salud que asolaban al país –desde erradicar infecciones tropicales hasta bajar el altísimo índice de mortalidad infantil. El edificio fue diseñado por el arquitecto Carlos Obregón Santacilia, y presenta una metáfora arquitectónica de los ideales del nuevo gobierno sobre la higiene y la salud: tiene la forma de un cuerpo humano, con dos alas que se extendían como enormes brazos hacia un jardín apacible. Equipado con laboratorios modernos, las paredes del edificio fueron decoradas por Diego Rivera, que pintó una batalla heroica de células rojas contra bacterias y otros microorganismos: la lucha de clases había cedido paso a la guerra microbiológica.

Al fotografiar este edificio en particular, inaugurado en 1929, Modotti utilizó su cámara para celebrar el discurso posrevolucionario del nuevo régimen. Modotti fotografió otras obras públicas de la época –entre ellos, el notable Estadio Nacional que comisionó José Vasconcelos (que se discutirá en el capítulo quinto). Todas las decisiones que tomó Modotti representaban un verdadero deslinde de los temas que tradicionalmente prefirieron los fotógrafos de la época.

El interés que tenía Modotti en documentar la modernidad mexicana contrasta tajantemente con la visión más tradicional que tenía Weston del país. Antes de llegar a México, Weston había retratado algunos complejos industriales en Estados Unidos, como la planta de acero registrada en *Armco Steel* (1922) –una foto que en 1923 se reprodujo en *Irradiador 3*, la publicación estridentista. Pero después de su llegada a la ciudad de México, el fotógrafo se negó a retratar la modernización del país, que acusaba de «arruinar» los paisajes mexicanos. Varias entradas en su diario sugieren que Weston hizo un esfuerzo consciente por evitar en su trabajo las escenas de la tecnología emergente, y que optó, al contrario, por ese México de paisajes y retratos convencionales que fotografiaban los pictorialistas. «Debería estar retratando más siderúrgicas o fábricas de papel –escribió en su diario–, pero aquí estoy en el México romántico y, aunque sea contra mi propia voluntad, me veo influenciado por mi entorno… aquí hay muros iluminados por el sol y texturas fascinantes –¡hay nubes!».[20] En términos de la técnica, Weston hacía lo contrario que los pictorialistas, pero no ocurrió lo mismo con el tema de sus fotos. Al igual que Silva o Garduño, Weston siempre prefirió el México pintoresco y «virgen». Tina Modotti, al contrario, rechazó tanto la técnica del pictorialismo como su temática.

Los pictorialistas hubiesen rechazado, sin duda, la idea de fotografiar edificios gubernamentales, y no se diga una maraña de cables telefónicos:

los hubieran considerado completamente vulgares y antiestéticos –contaminación visual que eclipsaba la belleza prístina de los paisajes mexicanos. Los pictorialistas hacían lo posible por impedir toda intrusión tecnológica en sus fotos. Modotti, en cambio, fotografía los cables telefónicos y encuentra en ellos lo que Siqueiros llamó «belleza fotográfica». Al retratar los cables desde un ángulo oblicuo y elegir un encuadre innovador, Modotti transforma la maraña en una composición sorprendente, en una abstracción de líneas paralelas.

Cables telefónicos representa un experimento ingenioso con la perspectiva. La perspectiva que utilizó Brehme en *Hombre con sombrero* obedece a las convenciones de la pintura y utiliza el mismo punto de vista –una perspectiva frontal, centrada en el pecho del hombre– que se encuentra en cualquier cuadro. Modotti, en cambio, emplea una perspectiva poco usual: tomó la foto desde la calle apuntando hacia arriba y presentando una perspectiva vertical del poste. Modotti produjo varias imágenes de esta índole, tomadas desde ángulos poco convencionales. La foto *Manifestación de trabajadores* (1926; figura 21) y *Campesinos leyendo* El Machete (1929; figura 22) fueron tomadas desde el ángulo opuesto. En estas imágenes Modotti mira verticalmente de arriba abajo –efecto que distorsiona las figuras humanas, reduciéndolas a los patrones geométricos que forman sus sombreros.

A pesar de que Modotti nunca escribió sobre sus experimentos con la perspectiva, el uso que hace de los ángulos oblicuos recuerda al trabajo del fotógrafo constructivista soviético Aleksandr Rodchenko. *Estadio* (1927; figura 23), por ejemplo, muestra los escalones de un estadio desde un ángulo oblicuo, lateral. Esta figura es similar a *Steps* (1930; figura 24) de Rodchenko, que también hace uso de un punto de vista oblicuo para subrayar los patrones geométricos que aparecen en unos escalones de concreto. Modotti comenzó a experimentar con la perspectiva alrededor de la misma época, y utilizó muchas de las mismas técnicas que Rodchenko. Aunque no hay evidencia de que estos dos fotógrafos hayan estado en contacto, las similitudes entre las obras de ambos resultan asombrosas. *Manifestación de trabajadores* de Modotti, por ejemplo, utiliza la misma estrategia de *Assembling for a Demonstration* (1928-1930) de Rodchenko: ambas fotos presentan una manifestación callejera vista desde arriba, y ambas hacen uso de una verticalidad exagerada que distorsiona la figura humana. Tanto en *Campesinos leyendo* El Machete de Modotti, como en *At the Telephone* (1928) de Rodchenko, la perspectiva vertical se enfoca en el objeto –sea un teléfono o un periódico–, pero oculta los rasgos de las figuras humanas en la imagen.

Figura 21: Tina
Modotti, *Desfile de
trabajadores* (1926).
Fondo Tina Modotti,
SINAFO-Fototeca
Nacional, México, D.F.

Figura 22: Tina
Modotti, *Campesinos
leyendo* El Machete
(1929).
Fondo Tina Modotti,
SINAFO-Fototeca
Nacional, México, D.F.

Figura 23: Tina Modotti, *Estadio* (1927).
Fondo Tina Modotti, sinafo-Fototeca Nacional, México, D.F.

Figura 24: Aleksandr Rodchenko, *Steps* (1930).
Archivo A. Rodchenko y V. Stepanova, Moscú.

En un texto de 1928, Rodchenko asegura que en la fotografía la perspectiva es una forma de rebelión contra la pintura. «Todas las pinturas —escribe Rodchenko— han sido pintadas desde el nivel del ombligo, o bien, desde el nivel del ojo».[21] Con cierto sentido del humor, Rodchenko se refiere al tipo de perspectiva frontal, centrada, que se utilizan en retratos como el *Hombre con sombrero* de Brehme, como «el punto de vista del ombligo». Esta alusión se refiere a la forma en que colgaban las viejas cámaras —del cuello del operador hasta su ombligo—, y con ella Rodchenko apunta que aquel enfoque tradicional era anticuado y debía ser completamente descartado por los fotógrafos. Las nuevas formas de arte, sugiere, deben encontrar formas igualmente novedosas de mirar.

Rodchenko exhorta a los fotógrafos a experimentar con enfoques poco comunes y, especialmente, con ángulos oblicuos: «Los puntos de vista más interesantes para la fotografía moderna son desde arriba hacia abajo y desde abajo hacia arriba, y cualquier otro, menos desde el nivel ombligo».[22] Dado que las perspectivas oblicuas sólo pueden lograrse con la cámara, Rodchenko explica que la fotografía constituye un rechazo implícito a las convenciones de la pintura: cualquier fotógrafo que las utilizara «se ha movido un paso más allá de la pintura».[23]

Rodchenko argumenta que las perspectivas tradicionales del pictorialismo estaban «desfasadas de los tiempos modernos» —y presentan una imagen del mundo obsoleta—, mientras que los puntos de vista alternos por los que él aboga iban acorde con el siglo veinte. «La ciudad moderna —escribe—, con sus edificios de múltiples pisos, las fábricas y plantas especialmente diseñadas, las vitrinas de las grandes tiendas departamentales, los tranvías, automóviles, anuncios iluminados y espectaculares, los barcos trasatlánticos y los aviones —todas estas cosas… han dado una dirección distinta… a la psicología conocida de las percepciones visuales… Parecería que sólo la cámara es capaz de reflejar la vida contemporánea».[24] El desarrollo tecnológico del siglo veinte —la «ciudad moderna», las fábricas, los automóviles y los espectaculares— reclamaba nuevas formas de mirar. «Tenemos que revolucionar nuestro entendimiento visual», declaraba Rodchenko —revolución que sólo la tecnología fotográfica podía llevar a cabo.

Rodchenko termina su exhortación con un ejemplo curioso. Si uno fotografiara la torre Eiffel utilizando la perspectiva tradicional del pictorialismo, dice, el resultado sería francamente desastroso: «La perspectiva del ombligo te ofrece la misma mancha negra que se ve reproducida en todas las postales *ad nauseam*».[25] Sólo una perspectiva oblicua —una foto tomada de abajo hacia arriba o de arriba hacia abajo— puede capturar el poder y la fuerza imponente de esa gran estructura, de ese monumento a la estética industrial.

El ángulo oblicuo en los *Cables de teléfono* de Modotti reproduce todos los efectos que Rodchenko le atribuía a las perspectivas alternas. En primer lugar, distancia la obra de la pintura y, especialmente —para utilizar un término del mismo Rodchenko—, de la fotografía *pintoresca* de los pictorialistas; ofrece, por otro lado, un enfoque que sólo puede ofrecer la cámara —ejemplo de la estética fotográfica que alentaba Siqueiros; y, más significativamente, subraya el parentesco de la cámara con el teléfono y con otros medios modernos.

La relación entre la cámara y otros artefactos tecnológicos se hace aún más patente en *Cables de telégrafo* (1925; figura 25). Para sacar esta imagen, Modotti utilizó un medio autográfico —la cámara— para retratar un mecanismo telegráfico. El telégrafo y la cámara fueron dos inventos que revolucionaron el registro gráfico de la información: el primero extendió el alcance de la escritura a grandes distancias, y la segunda introdujo un modo de escritura automática («fotografía» significa, literalmente, «escribir con luz»). La representación autográfica de los cables del telégrafo demuestra las estrategias complejas que Modotti utilizó en sus obras; usó un artefacto tecnológico —la cámara— para retratar otro aparato tecnológico —el telégrafo—, a través de una perspectiva informada por la tecnología —el ángulo oblicuo—: tres productos de la modernidad condensados en una sola imagen. En *Cables de telégrafo* —como en otras fotos del México moderno— Modotti esquivó las contradicciones que tanto abrumaban a Diego Rivera. A diferencia del muralista, cuya materia moderna desentonaba con el medio premoderno que utilizaba, Modotti encontró un medio de representación tan moderno como sus temas. Como su cámara, su mirada era un producto de la modernidad tanto como los artefactos y las escenas que fotografiaba.

Además de las estrategias visuales que utilizaba en las imágenes con un claro referente tecnológico, como *Cables de telégrafo*, Modotti recurrió a otros métodos para subrayar el estatus de la fotografía como la nueva tecnología de la representación. Muchas de sus obras hacen referencia al grado en que la fotografía revolucionó la relación entre las imágenes y la escritura.

Entre 1926 y 1930 Modotti envió la foto *Manifestación de trabajadores* a diversas publicaciones alrededor del mundo. Haciendo lo que hoy sería considerado como un verdadero experimento fotoconceptual, no incluyó

Figura 25: Tina Modotti, *Cables de telégrafo* (1925).
Fondo Tina Modotti, SINAFO-Fototeca Nacional, México, D.F.

títulos ni pies de foto, dejando el componente textual de la imagen enteramente a la discreción de los editores que la recibieron. La fotografía se publicó por primera vez en 1926 como *Worker's Parade* (*Desfile de trabajadores*) en *Mexican Folkways*, una revista dedicada «al arte, la arqueología, leyendas, festivales y canciones», y unos meses más tarde se reprodujo, aunque esta vez sin título, en las páginas de *Horizonte*, la publicación estridentista. En 1928, *New Masses*, una revista de izquierda con sede en Nueva York, publicó la misma imagen y la tituló *May Day in Mexico* (*Día del trabajo en México*), y al año siguiente, la revista neoyorquina *Creative Art*, la tituló *A Peasant's Manifestation* (*Una manifestación de campesinos*). La foto seguía siendo la misma, pero su contenido cambiaba –y, en el último ejemplo, los trabajadores se habían convertido en campesinos.

La fotografía de Modotti continuó su desfile por el mundo y en 1930 apareció en las páginas de BIFUR, la publicación de los surrealistas franceses y otras figuras de vanguardia. Esta vez se llamó simplemente *Mexique*, sacrificando las especificidades sobre los individuos fotografiados a una exoticidad anónima, que transformaba a los trabajadores en una sinécdoque del país entero. La foto de Modotti llegó incluso a *transition* —la prestigiosa publicación vanguardista que dirigía Eugène Jolas y entre cuyos colaboradores figuraban James Joyce y Virgina Woolf—, donde se le dio el título de *Strike Scene* (*Escena de huelga*). Al parecer, en este caso, al editor le pareció que los individuos fotografiados eran trabajadores y no campesinos y que, como tales, tenían que ponerse a hacer huelgas y no desfiles.[26]

Pero, ¿cómo se relaciona este vaivén de títulos y cambios de nombre con la naturaleza propiamente tecnológica de la cámara? El experimento de Modotti señala un atributo curioso de las imágenes fotográficas: la información visual no puede traducirse fácilmente a una descripción textual. Cuando se vieron enfrentados a la sencilla tarea de escribir unas cuantas palabras para acompañar la imagen, los editores que recibieron la foto de Modotti eligieron títulos contradictorios: uno describía a los hombres como «campesinos», mientras otro los identificaba como «trabajadores»; uno creía que los hombres estaban en un desfile, cuando otro más aseveraba que se trataba de una manifestación. La foto era siempre la misma, pero los títulos ofrecían una traducción distinta y contradictoria de la misma imagen.

Las aventuras textuales de *Manifestación de trabajadores* se vuelven tanto más sugestivas cuando se comparan con otra serie de fotos tomadas por Modotti en la década de los veinte, que muestran distintos tipos de textos —desde un letrero que identifica un tanque industrial como el «no.1», hasta un párrafo recién tecleado en una máquina de escribir. Imágenes como *Tanque no. 1* (figura 26), *La técnica*, *Trabajador leyendo* El Machete y *Campesinos leyendo* El Machete funcionan en dirección contraria a la de *Manifestación de trabajadores*. Mientras que una fotografía sin título enviada a distintas publicaciones puso a aquellos editores frente al reto de traducir una imagen fotográfica a una leyenda textual, estas fotos de tanques y periódicos traducen un texto a una imagen fotográfica. Como bien anota Carleton Beals, Modotti prefería colocar textos dentro y no fuera de sus fotografías.[27]

Existe, no obstante, una diferencia importante entre estos dos actos de traducción. Como resulta claro en el caso de *Manifestación de trabajadores*, el paso de la imagen al texto resultó en una serie de títulos contradictorios. En contraste, la traducción que hace Modotti de textos a imá-

Figura 26: Tina Modotti, *Tanque No. 1* (1927).
Fondo Tina Modotti, SINAFO-Fototeca Nacional, México, D.F.

genes fotográficas tenía un resultado claro y preciso: las palabras «no. 1» que se ven en *Tanque no. 1* son tan inteligibles como aquellas pintadas sobre el tanque real, y leer esta leyenda impresa en la fotografía equivale a leer el letrero pintado sobre el tanque. A diferencia del paso de la imagen al texto, el del texto a la imagen no genera ninguna ambigüedad.

Walter Benjamin defendió la traducción de imágenes a textos pues temía que las fotos que no iban acompañadas de leyendas textuales podrían ser malinterpretadas por los espectadores. En su ensayo «La obra de arte en la época de su reproducción mecánica» analiza cómo las revistas ilustradas colocan una «señal» para el lector o espectador: «Por primera vez, se vuelven obligatorias las leyendas. Y resulta claro que éstas tienen un papel completamente distinto que el que tienen los títulos en las pinturas».[28] Benjamin veía el título de una fotografía como una «señal» o una «directriz» que guiaba al espectador a una lectura correcta –le preocupaba especialmente la corrección *política*– de la imagen. Sugiere que el componente textual es un componente fundamental de la imagen: «¿No se volverá el título la parte más importante de la fotografía?»,[29] pregunta. La traducción textual era, para Benjamin, como una «señal» o una «indicación» que orientaba al espectador hacia la interpretación políticamente correcta de la imagen.[30]

En la opinión del crítico alemán, sólo una leyenda escrita podía darle valor revolucionario a una imagen. Como escribe Eduardo Cadava, Benjamin consideraba que el valor de una foto dependía del «lazo entre la fotografía y la escritura, entre la fotografía y el predominio de una inscripción».[31] La opinión de Benjamin era común entre otros críticos con cierta conciencia social, como muestra Leah Ollman: «Fotógrafos obreros y, especialmente, los editores del AIZ [la publicación obrera *Arbeiter-Illustrierte-Zeitung*] reconocieron la maleabilidad y la ambigüedad de la fotografía y la necesidad subsiguiente de dirigir su significado con fotosecuencias y combinaciones de fotografías y textos».[32] Bertolt Brecht y Willi Münzenberg tuvieron las mismas sospechas. Según Ollman, Münzenberg defendía «el efecto político final producido por una combinación de varias fotografías con sus respectivas leyendas y pies de foto… De esta manera un editor capaz puede revertir el significado de cualquier fotografía e influenciar de cualquier modo a un lector que carece de sofisticación política». Brecht, por su parte, también temía que las fotos que no iban acompañadas de alguna leyenda pudieran mentir: «La cámara puede mentir –escribió–, como cualquier linotipo».[33]

Modotti, por otro lado, no tenía interés alguno en proveer los «letreros» de los que hablaba Benjamin. Como vimos claramente en la trayectoria de *Manifestación de trabajadores*, no consideraba que los pies de foto o los títulos fueran «obligatorios», ni mucho menos «la parte más importante de la fotografía», y podía prescindir de ellos. De hecho, su idea de la relación entre la foto y el texto era exactamente opuesta a la de Benjamin. «Nada resulta más persuasivo y elocuente –escribió en 1932– que lo que el ojo mismo puede ver. Por más que las palabras describan fielmente lo que ocurrió durante una redada de policías armados en una manifestación obrera, el cuerpo de un obrero destrozado por un policía a caballo, o un negro linchado por criminales brutales, ningún reporte o forma escrita será tan convincente como... una fotografía [que] será entendida en todos los países, por todas las naciones, tal como las imágenes del cine, más allá del idioma en que estén las leyendas o los títulos que se le agreguen».[34] Mientras Benjamin argumenta que la leyenda es la parte más significativa de una imagen fotográfica, Modotti sostiene la imagen visual como el componente más importante de la fotografía. Las imágenes fotográficas son, para ella, más precisas, más persuasivas, más elocuentes y más universales –serán, a fin de cuentas, entendidas «por todas las naciones»– que las palabras o cualquier otro substituto textual.

A pesar de que una foto no siempre se entiende tan fácil y universalmente como piensa Modotti –y en efecto, las interpretaciones disímiles de *Manifestación de trabajadores* demuestran lo contrario–, su breve ensayo sí señala un punto crucial que Benjamin no consideró en su ensayo: las fotografías y los pies de foto, las imágenes visuales y los textos, representan dos sistemas de signos completamente diferentes, cada uno dotado con un conjunto de atributos distintos. Modotti distingue entre las «palabras», que pueden ser persuasivas y elocuentes, y las «fotografías», que poseen una fidelidad de representación a la cual el texto no puede nunca aspirar: «Un fotógrafo es el más objetivo de los artistas gráficos. Registrará sólo aquello que se presenta ante su lente en el momento de exposición», escribe.[35]

La observación de Modotti de que la cámara registra «objetivamente» lo que está frente al lente, es afín a las ideas de Rosalind Krauss o Denis Hollier, críticos que han escrito sobre la fotografía como un «índice». Según el filósofo C.S. Peirce, un índice –una clase particular dentro de su teoría de los signos– es un tipo de signo que es, en sí mismo, un rastro físico de su referente. O bien, en palabras de Denis Hollier, el índice es:

«menos una representación de un objeto que el efecto de un evento».[36] Ejemplos claros de un índice son las huellas digitales o las huellas que dejamos al caminar sobre la arena; los moldes de yeso o, incluso, las sombras. En todos estos casos, el índice es un rastro que apunta hacia su referente, una marca física del proceso de significación. Como explica Rosalind Krauss, las fotografías son índices: «Toda fotografía es el resultado de una impresión física transferida por las reflexiones de la luz en una superficie sensible. La fotografía es entonces un tipo de… símil visual, que porta una relación indéxica con su objeto».[37] Es esta misma característica de la fotografía como índice la que la distingue de otros medios de representación visual —como la pintura o el dibujo, que pertenecen a una segunda clase de signos que Peirce llama íconos. Los íconos tienen un parecido con la apariencia externa de un objeto, pero, a diferencia de los índices, no tienen ninguna conexión física con su referente. A pesar de que una pintura pueda representar un tanque por semejanza visual, difiere significativamente de una fotografía como *Tanque no. 1* de Modotti, que es, una huella fotoquímica del tanque real. «Es el orden del mundo real —escribe Krauss— el que deja su huella en la emulsión fotográfica y, subsiguientemente, en la impresión fotográfica. Esta cualidad de transferencia o de residuo le confiere a una fotografía su estatus de documento, su innegable veracidad».[38]

Al igual que Benjamin, Krauss y Hollier se preocupan fundamentalmente por las diferencias entre la pintura y la fotografía —entre representaciones icónicas e indéxicas. Existe, sin embargo, un tercer tipo de signo en la semiótica de Peirce, que parece haber sido soslayada en la mayoría de las discusiones sobre los índices: la clase de signos llamada símbolos. Un símbolo, explica el filósofo en su ensayo «Teoría de los signos», es un signo «cuya interpretación depende de… procesos intelectuales abstractos». A diferencia de los íconos e índices, un símbolo apunta hacia su referente por medio de un parecido, o del contacto físico, sino meramente a través de un proceso mental de asociación, «por virtud de la idea de… la mente, sin cuya existencia no habría una conexión tal».[39] Las palabras pronunciadas, como los textos escritos, son ejemplos de símbolos, ya que producen significados por medio de procesos intelectuales abstractos de significación lingüística. Si el *Tanque no. 1* de Modotti es un índice y un dibujo de un tanque es un ícono, entonces las palabras «tanque no. 1» —tanto las que se encuentran pintadas sobre el tanque como aquellas dentro de la fotografía–, constituyen un símbolo.

Toda leyenda, todo título, todo texto es un símbolo, y las fotografías de Modotti revelan diferencias importantes entre dos tipos de signos: símbolos e indices. Como muestra el extraño recorrido editorial de *Manifestación de trabajadores*, las imágenes fotográficas no pueden traducirse fácilmente a símbolos textuales: la riqueza de los detalles visuales registrados fotoquímicamente por una cámara no logran ser reproducidos de manera fidedigna por las palabras. Un índice, por definición, rinde una representación fiel de la realidad −una «veracidad innegable», en palabras de Krauss−, mientras que nada impide que un símbolo haga una aseveración falsa o una declaración ilógica. Los pies de foto asignados por los distintos editores a la foto de Modotti pueden errar cuando nos dicen que lo que estamos viendo es un «desfile de trabajadores», una «manifestación de campesinos», o una «escena de una huelga», pero en cada una de estas publicaciones, la imagen fotográfica presenta, innegablemente, los mismos detalles visuales que aparecieron ante la cámara de Modotti en México en el año de 1926. Los índices, como demuestra la aventura de *Manifestación de trabajadores* no pueden ser traducidos a símbolos −o a íconos−, sin sacrificar la «veracidad innegable» que caracteriza a las fotografías y a otros índices.

Estos problemas no surgen cuando la traducción va en dirección opuesta. Como sugieren el *Tanque no. 1* de Modotti y otras fotografías de textos, los símbolos pueden ser traducidos a índices sin menoscabar la precisión de su significado. El «no. 1» pintado sobre el tanque de la foto de Modotti es tan legible como aquel que estaba pintado sobre el tanque real, de la misma forma que el encabezado del periódico en *Trabajador leyendo* El Machete es tan inteligible como el mismo que fue impreso ese día en la publicación proletaria. La traducción simbólica de los índices puede fallar, pero la representación indéxica de un texto es invariablemente exitosa.

A pesar de que Walter Benjamin hizo un gran esfuerzo para demostrar que los procesos mecánicos de la fotografía funcionan de acuerdo con una lógica enteramente distinta de la que subyace al proceso de la pintura −en otras palabras, que la reproducción de un índice difiere de la de un ícono−, nunca consideró el hecho de que las fotos y los textos son clases distintas de signos. Exhortar a la traducción de imágenes fotográficas a «señales» textuales, contradice su propia teoría, puesto que la época de la reproducción, mecánica transformó el estatus no sólo de la pintura icónica, como mostró Benjamin, sino también de los símbolos textuales, como demuestra la obra de Modotti. En la época moderna, la fotografía transformó la representación en un proceso automático e indéxico que permite reproducción, instantánea y precisa, de textos impresos.

Además de su forma de jugar conceptualmente con las distintas clases de signos, los experimentos de Modotti con la relación entre las fotografías y los textos señalan otro hecho importante: la indexicalidad de la fotografía está estrechamente relacionada con su estatus de «nueva tecnología». Como vimos, los anuncios de la Kodak celebran las cámaras como máquinas autográficas, como mecanismos capaces de registrar automáticamente. «Todo lo que sus ojos ven, lo abarca el lente, y la anotación autográfica evita que se olviden datos importantes», decía el anuncio, relacionando así el automatismo de la cámara con su producción de registros autográficos o índices.

Fue precisamente esta cualidad indéxica de la fotografía la que los pictorialistas desarticulaban al intentar ocultar el automatismo que caracterizaba el medio. Una foto retocada, como el *Hombre con sombrero* de Brehme, ya no puede ser un índice: es un ícono. En el momento en que un pincel o un lápiz toca la superficie de una fotografía, ésta pierde su carácter de índice; cesa de ser un rastro fotoquímico puro del referente y se transforma —como una pintura o un dibujo— en mera representación visual del objeto.

En contraste con este afán pictorialista por retocar las fotos, despojándolas así de su característica de índices, obras como el *Tanque no. 1* de Modotti subrayan tanto la especificidad del medio fotográfico, como el origen del índice en la tecnología moderna. La representación indéxica está estrechamente relacionada tanto con la reproducción mecánica como con los procesos industriales, y especialmente con la producción masiva y serial de objetos a partir de un solo molde. Al igual que las fotografías, los artículos y objetos producidos masivamente, que abundan en la modernidad, son huellas de reproducciones indéxicas.

El lugar central que ocupan los índices en los medios modernos aparece claramente en la foto de Modotti *La técnica* (1928; figura 27). Como lo evidencia su nombre, la máquina de escribir es un aparato diseñado para la escritura. Y su mecanismo, como el de la cámara, se basa en la producción de índices. Cuando se presionan las teclas, las barras metálicas donde están grabados los caracteres golpean contra una cinta entintada que fija los caracteres sobre el papel. A través de este mecanismo, la escritura deja de ser un símbolo para convertirse en un índice.

Al dirigir el lente hacia textos o formas escritas, la cámara puede transformarse en una especie de máquina de escribir. La fotografía de Mo-

Figura 27: Tina Modotti, *La técnica* (1928).
Throckmorton Fine Art, Nueva York.

dotti de la máquina de escribir de Julio Antonio Mella —que se discutirá en detalle en el próximo capítulo—, hace uso de un proceso fotoquímico no sólo para «escribir» las palabras y números grabados en las teclas, sino también para reescribir el texto mecanografiado en la hoja que se asoma por el carro de la máquina. El texto que aparece en la fotografía fue escrito mecánicamente —mecanografiado—, y después reescrito mecánica y autográficamente por la cámara de Modotti. Tanto la cámara como la máquina de Mella escriben pero, como demuestra *La técnica*, la cámara es un artefacto más tecnológicamente avanzado que la máquina de escribir: una Remington escribe mecánicamente, pero sólo una Kodak puede hacerlo automáticamente. Cuando se utiliza para reproducir un texto, como en los casos de *Tanque no. 1* y *La técnica*, la cámara se convierte en una suerte de máquina de escribir automática, que puede copiar un texto completo con sólo presionar un botón.

Ahora podemos entender por qué Modotti prefería incluir textos dentro de sus fotografías en vez de añadirlos como pies de foto o títulos. Un pie de foto es un texto que debe ser escrito por la mano de un editor que debe lidiar con la tarea de traducir una imagen fotográfica a un par de palabras, mientras que un texto dentro de una fotografía es registrado autográficamente, presionando el botón de la cámara. Los títulos, leyendas o pies de fotos tienen que ser producidos manualmente, y esa naturaleza manual —como el retoque de los pictorialistas— se opone al automatismo de la cámara. Pero un texto dentro de una foto demuestra el poder de la cámara como una máquina de escribir automática.

Aunque todas las cámaras son máquinas autográficas, como proclamaban los anuncios de la Kodak, no todos los fotógrafos concebían su instrumento de la misma manera. Avergonzados del automatismo que caracterizaba su medio de trabajo, los pictorialistas, como Silva o como Brehme, intentaron hacer de sus fotos pinturas fabricadas manualmente. Por otro lado, los fotógrafos modernos, como Tina Modotti, enfatizaron el parentesco de la cámara con otras tecnologías modernas. A través de la triple estrategia de retratar artefactos tecnológicos, utilizar perspectivas oblicuas, y subrayar el carácter indéxico de la fotografía, la obra de Modotti muestra que la cámara, como las máquinas de escribir, los telégrafos o los teléfonos que aparecen en sus fotos, forma parte del automatismo que caracterizó la modernidad.

No es ninguna coincidencia el que las ideas políticas de Modotti fueran radicalmente distintas de aquellas que tenían pictorialistas como Silva y Brehme. Los pictorialistas eran completamente apolíticos, aunque el caso de Brehme sea especialmente paradójico, puesto que éste fotografió un sinnúmero de batallas y escenas de la Revolución Mexicana. Sin embargo, hay que recordar que las fotografías de Brehme siempre trataron sus temas, incluso los más políticos, en una forma estética que eludía por completo su contexto político y social. En suma, los pictorialistas no fabricaron más que escenas de un «México pintoresco», mientras que Modotti era una revolucionaria comprometida. En 1930 fue expulsada del país porque su activismo político era considerado una amenaza para el gobierno posrevolucionario, y dedicó el resto de su vida a trabajar para el Socorro Rojo Internacional.

Modotti insistía en tratar a la fotografía como un medio tecnológico precisamente porque le interesó el potencial revolucionario de este procedimiento mecánico. La reproducción mecánica abrió las puertas a la producción masiva y a propagación igualmente masiva de la información —contraste tajante con respecto a las técnicas anteriores de fabricación manual de objetos únicos, provistos de «aura» y destinados a un número limitado de espectadores. A diferencia de la pintura, la fotografía tenía el potencial de llegar a millones de espectadores y lectores (y éste era uno de los beneficios de la destrucción del aura de las obras de arte, según Walter Benjamin). Modotti mostró poco interés en exhibir su obra en museos o galerías –tuvo únicamente una exposición en una galería mexicana–, y decidió, en cambio, hacer circular sus fotografías en periódicos y revistas.

Modotti concebía la foto como un instrumento de activismo político, una idea muy parecida a la de Rivera (y a la de su maestro Vasconcelos) sobre el muralismo: un medio eficiente para propagar mensajes políticos. Pero como vimos antes en la sección sobre Rivera, a pesar del entusiasmo generalizado que suscitaba su proyecto, los murales aún estaban constreñidos por las limitaciones de un medio aurático. La fotografía, por el contrario, es revolucionaria porque enseña a los espectadores a mirar el mundo con una nueva mirada, y porque tiene el potencial de llegar a las masas. (De hecho, *New Masses* [*Nuevas Masas*] era el título de una de las publicaciones de izquierda en la que Modotti colaboraba regularmente).

Si volvemos a los anuncios de la Kodak que consideramos al comienzo de este capítulo, vemos que incluso si todas las cámaras eran autográficas, los fotógrafos tenían opiniones radicalmente distintas sobre la naturaleza de su instrumento de trabajo. Los pictorialistas y los modernistas participaron en largos debates acerca de la naturaleza del medio —debates que fueron tan intensos como aquellos que se dieron en Europa entre figuras como Walter Benjamin, Siegfried Kracauer y Georges Duhamel. Entre los fotógrafos y artistas visuales de la década de los veinte, Tina Modotti tuvo la comprensión más profunda y sofisticada de la fotografía como un medio revolucionario que estaba en perfecta consonancia con la época de la reproducción mecánica.

Si la cámara propició discusiones intensas que terminaron, como en el caso de la obra de Weston destruida por Silva, en actos de verdadero vandalismo, la máquina de escribir avivó debates aún más apasionados en torno a la relación entre el arte y las máquinas, entre la modernidad y la representación.

CAPÍTULO SEGUNDO
LA MÁQUINA DE ESCRIBIR

En el capítulo 1 vimos cómo *La técnica* de Modotti reveló las similitudes entre dos artefactos diseñados para la representación mecanizada: la cámara y la máquina de escribir. En este capítulo veremos cómo la mecanización de la escritura por medio de la máquina de escribir fue un proceso tan radical como la transformación que la cámara produjo en la dimensión visual. Así como la cámara inspiró a Modotti y a otros fotógrafos a experimentar con nuevas formas de ver, la máquina de escribir condujo a los escritores a probar técnicas literarias nuevas, que estuvieran en sintonía con las innovaciones de la modernidad. La tecnología transformó la manera como trabajaban los escritores, y en ningún otro espacio fue esto tan evidente como en el surgimiento de la cultura mecanográfica. Con la llegada de la máquina de escribir, la escritura dejó de ser un ejercicio manual para convertirse en un procedimiento mecanizado que exigía presionar teclas, mover palancas y apretar botones –un proceso no muy distinto del de la operación de la maquinaria industrial en las plantas y fábricas.

El impacto de la máquina de escribir en la escritura fue, evidentemente, más sutil que el de la cámara sobre la representación visual: las fotografías son claramente distintas de las pinturas, pero un texto publicado tiene siempre la misma apariencia, independientemente de si se transcribe a partir de un manuscrito o de un texto mecanografiado. Sea como fuera, la máquina de escribir revolucionó la escritura en el México posrevolucionario.

Las máquinas de escribir fueron inventadas en los primeros años de la década de 1870, y para el año de 1890 su uso ya se había generalizado, al menos en el mundo de los negocios. Estas máquinas, junto con los teletipos, dictáfonos y máquinas sumadoras pasaron a ser objetos comunes en las oficinas modernas de Chicago a Nueva York y de la ciudad de México a Buenos Aires. Los escritores, sin embargo, no aceptaron de inmediato la idea de la máquina de escribir como una herramienta que simplificaría su oficio. Al contrario, en un principio la miraron con sospecha y escepticismo. Como explica Friedrich Kittler, «Reconstruyendo lo mejor posible la historia literaria no escrita de la máquina de escribir, sólo periodistas y reporteros como Mark Twain y Paul Landau se deshicieron de sus plumas en los días pioneros de 1880».[1]

Una vez que los escritores comenzaron a utilizar máquinas de escribir, las reacciones entre ellos fueron muy diversas. Mark Twain se compró una máquina en 1874, se entusiasmó de inmediato, y se convirtió en el primer escritor en entregar un manuscrito mecanografiado a su editor: *Life on the Mississippi*.[2] Nietzsche se mostró menos entusiasta: en 1882 probó uno de los primeros modelos para redactar una serie de aforismos, pero desistió enseguida, diciendo que la máquina era demasiado aparatosa, poco confiable y que «escribir a máquina [era], desde un principio, más extenuante que cualquier otra forma de escritura».[3] Henry James, por el contrario, tuvo una buena experiencia. En vísperas del siglo, compró una Remington, contrató a una secretaria, y le dictó novelas enteras mientras se paseaba de un extremo a otro de su estudio, inspirado por el repiqueteo rítmico de la máquina.[4] T.S. Eliot hace aparecer la voz incorpórea de un mecanógrafo en *The Waste Land* (aunque es difícil decidir si se trata de un tributo o una crítica.) Un último ejemplo: en su seminario sobre Parménides, Heidegger se pronunció contra la máquina de escribir, denunciando que ésta «destierra a la escritura del espacio esencial de la mano», y es sintomática de la «creciente destrucción del mundo».[5]

A diferencia de los pronunciamientos explícitos de estos apologistas y detractores de la máquina de escribir, los escritores latinoamericanos decimonónicos no dejaron ningún testimonio escrito sobre sus primeros encuentros con el nuevo artefacto. Hay una explicación lógica para su silencio: la máquina de escribir llegó a América Latina en las últimas dos décadas del siglo diecinueve, cuando predominaba la estética del modernismo —movimiento que concebía toda máquina o aparato como un intruso moderno en un mundo literario modelado a partir de las ideas pastorales de la antigüedad clásica. Aunque los poetas del modernismo no escribieron explícitamente respecto a las máquinas de escribir, sí expresaron opiniones abrumadoramente negativas sobre las máquinas en general. Cuando Manuel Gutiérrez Nájera advirtió que los artefactos industriales de la modernidad distraían a los poetas de las fuentes de inspiración de los «Jardines de Academio», bien pudo haber tenido en mente la máquina de escribir.[6] Preocupados por los grandes temas de la naturaleza sublime, el amor romántico y el genio artístico, los poetas modernistas despreciaron la máquina de escribir y no le dedicaron ni siquiera una frase en sus ensayos y disquisiciones literarias. Para los modernistas, el nuevo artilugio era una máquina más, ruidosa y burda como el radio y el automóvil, que amenazaba con perturbar la paz de su idilio literario.

La máquina de escribir no penetró en la literatura mexicana hasta después de la revolución de 1910, cuando la agitación social volvió insostenibles los sueños poéticos de Academio y Aspasia. Después de 1917 los novelistas mexicanos dedicarían varios textos al examen de las implicaciones culturales de la máquina de escribir y, como veremos en las páginas que siguen, estas elaboraciones literarias fueron lo suficientemente específicas como para hacer la distinción de tres tipos de máquinas: la Oliver, la Remington y la Underwood.

La Oliver

La primera mención significativa en la literatura mexicana a una máquina de escribir aparece en la novela más conocida sobre la Revolución Mexicana: *Los de abajo* (1915), de Mariano Azuela. La máquina de escribir aparece en una de las muchas escenas que retratan el momento de absoluto caos y confusión durante la guerra civil. En un momento de la novela, una banda de revolucionarios dirigidos por Demetrio Macías saquea un pueblo, despojando las casas y, entre otros lujos, se llevan una Oliver nueva que pronto resulta demasiado pesada para llevar a caballo:

> —¿Quién me merca esta maquinaria? —pregonaba uno [de los revolucionarios], enrojecido y fatigado de llevar la carga de su «avance».
>
> Era una máquina de escribir nueva, a todos atrajo con los deslumbrantes reflejos del niquelado. La «Oliver», en una sola mañana, había tenido cinco propietarios, comenzando por valer diez pesos, depreciándose uno o dos a cada cambio de dueño… pesaba demasiado y nadie podía soportarla más de media hora.

Otro revolucionario termina comprando la máquina, pero pronto decide que aquel aparato tan pesado tiene poca utilidad en el campo de batalla:

> —Doy peseta por ella —ofreció la Codorniz.
>
> —Es tuya —respondió el dueño dándosela prontamente y con temores ostensibles de que aquél se arrepintiera.

La Codorniz, por veinticinco centavos, tuvo el gusto de tomar-
la en sus manos y de arrojarla luego contra las piedras, donde se rompió
ruidosamente.

La destrucción de la Oliver alienta a los demás revolucionarios a estrellar
todos los otros objetos inútiles, y sobreviene un holocausto de bienes:

Fue como una señal: todos los que llevaban objetos pesados o molestos comenzaron a deshacerse de ellos, estrellándolos contra las rocas. Volaron los
aparatos de cristal y porcelana; gruesos espejos, candelabros de latón, finas
estatuillas, tibores y todo lo redundante del «avance» de la jornada quedó
hecho añicos por el camino.[7]

Esta escena marca la primera aparición de la máquina de escribir en la
literatura mexicana, aunque su presencia en ella estaba condenada a ser
dramáticamente breve: un párrafo después de su debut, la máquina es es-
trellada contra unas piedras y desterrada definitivamente de la novela. Pero a pesar del desdichado destino de la máquina de escribir, el narrador la
describe como una invención maravillosa y enfatiza la fascinación que ésta
ejerce sobre los revolucionarios. La Oliver «a todos atrajo» y cautivaba a
los revolucionarios con «los deslumbrantes reflejos del niquelado». Uno
de los hombres se refiere a la Oliver como «esta maquinaria» –término
por lo común reservado para la maquinaria propiamente industrial. Esto
sugiere, de alguna manera, que los revolucionarios consideraban la Oliver como una suerte de espectáculo mecánico. El atractivo de la máquina
era de tal intensidad que los hombres de Demetrio no se contentan con
meramente observarla o tocarla: cada uno anhela ser el propietario de una
invención tan exótica, y llegan hasta el punto de comprarla para poder te-
nerla entre sus manos aunque sea por unos minutos.

La Oliver pasa por seis manos en un solo día, convirtiéndose así en el
objeto más intercambiado en toda la novela. Y a pesar de que el precio de
la máquina se devalúa vertiginosamente, ésta continúa embelesando a los
revolucionarios, quienes siguen intercambiándosela hasta que se ven físicamente incapacitados para soportar la carga. Aun mientras pierde valor
de cambio, la máquina retiene su valor simbólico.

Irónicamente, a pesar de su fascinación por la Oliver, esa deslumbrante pieza de maquinaria moderna, los revolucionarios son incapaces
de operarla. Los hombres de Demetrio son gente de poca educación,

Figura 28: La Oliver No. 5 (1907).
SINAFO-Fototeca Nacional, México, D.F.

campesinos analfabetas, a quienes les sirve de poco o nada una máquina de escribir. Y aun si supieran escribir, sería un enorme reto encontrarle un uso a una Oliver en pleno caos revolucionario, en medio de las batallas, ocupaciones y repliegues. La máquina de escribir podía ser útil en las oficinas de la ciudad de México, pero era completamente inútil –o como dice el narrador, «redundante»– en el mundo rural de la novela de Azuela.

Pero la Oliver no era solamente inútil: los saqueadores la describen como una verdadera «carga». A pesar de la fascinación que la máquina ejercía, su función había sido invertida. Las máquinas están diseñadas para simplificar y agilizar actividades que exigen ardua labor, pero la máquina de escribir de la novela provoca exactamente lo contrario: en vez de suavizar la labor revolucionaria de conquistar pueblos y aldeas, la inmanejable Oliver supone una carga más, que entorpece las actividades y complica innecesariamente el quehacer de los revolucionarios.

La máquina de escribir de la novela es un ejemplo perfecto de un fetichismo exacerbado por las posesiones; la máquina es deseable pero inútil, un bien anhelado pero al mismo tiempo un bulto pesado e innecesario. A pesar de que la máquina no tiene ningún valor de uso, parece rebosar de valor de cambio. Para subrayar el estatus de la Oliver como un bien valioso pero inútil, el narrador describe su destino trágico, seguido por la destrucción de otra serie de objetos robados, entre los cuales aparecen cristales y porcelanas, espejos y candelabros, estatuillas y demás bártulos que los revolucionarios abandonaron para aligerar su equipaje. Lo que tienen en común todos estos objetos es su absoluta falta de funcionalidad —todos son meras decoraciones sin propósito alguno, todos son inútiles para cualquiera, pero especialmente para una banda itinerante de revolucionarios.

La primera aparición de la máquina de escribir en el mundo de las letras mexicanas nos deja con un mensaje consternante: *Los de abajo* parece presentar la máquina de escribir como una tecnología inútil que cautiva a los revolucionarios por el solo mérito de su apariencia brillante. Irónicamente, en la novela la Oliver nunca escribe nada. No sabemos si la Oliver de Azuela escribe bien o mal, o si no funciona en absoluto, porque la máquina ni siquiera es utilizada. Bien podría estar descompuesta, condición que subrayaría aún más el absurdo que entraña la obsesión de los revolucionarios.

Esta caracterización de la máquina de escribir como un aparato capaz de ser seductor superficialmente, pero inútil en lo más fundamental, aparece en otros momentos en las novelas de Azuela. El escritor tuvo una larga fascinación con las máquinas de escribir en general, y con las Oliver en particular, las mencionará en varios episodios de sus libros. La primera Oliver de Azuela aparece en *Sin amor*, una novela publicada en 1912, durante la breve presidencia de Madero. Aquí, la máquina de escribir pertenece a la protagonista de la novela, una escritora de provincia llamada Escolástica Pérez. A diferencia de la Oliver malograda de *Los de abajo*, la máquina que aparece en *Sin amor* teclea, y de hecho teclea bastante bien:

> La flamante Oliver galopaba vertiginosamente sobre una blanca hoja de papel. Escolástica, absorta sobre los brillantes signos del teclado, no oía las fuertes llamadas en el zaguán, ensordecida por el ruido de las barras subiendo y bajando, el tintín periódico del timbre y el rumor de moscardón del carro retrocediendo para caer sobre una nueva línea.[8]

Como en *Los de abajo*, la Oliver ejerce su fuerza de atracción tanto sobre el personaje como sobre el narrador. Si los revolucionarios se embelesaban ante la apariencia deslumbrante de la máquina, Escolástica se deleita verdaderamente con los sonidos de la Oliver –la cacofonía mecánica de barras que suben y bajan, el repiqueteo de las teclas, el tintín del timbre y el zumbido del carro. Pero la relación de Escolástica con la Oliver va más allá de la mera fascinación: se encuentra tan absorta –incluso hipnotizada– por la máquina que llega a perder noción del mundo externo, y no escucha los fuertes golpes en su puerta que vienen de afuera.

A pesar del aparente entusiasmo que siente el narrador por la máquina de escribir, y aunque la Oliver de Escolástica pareciera ser una máquina útil, una lectura más atenta de *Sin amor* revela que esta Oliver no es muy distinta de aquella que aparece en *Los de abajo*. Ambas son ejemplo de una máquina cuyo atractivo superficial contrasta con la ausencia de su utilidad real. Lejos de servirle a Escolástica para escribir más eficientemente, la máquina la distrae de sus obligaciones: mientras la escritora se deleita en el espectáculo mecánico de la Oliver, la escritura se desvanece en el trasfondo. El tecleo entusiasta de Escolástica no era un uso eficiente de la máquina de escribir, sino un autoindulgente teclear por teclear.

En la trama de *Sin amor* se representa a Escolástica como una mujer poco práctica y distanciada de la realidad, y la relación con su Oliver acentúa lo absurdo de su situación. Azuela escribió esta novela como una crítica ostensiblemente sarcástica de las pretensiones intelectuales de la burguesía provinciana. Como lo sugiere su mismo nombre, Escolástica es la caricatura suprema de una intelectual provinciana: un ama de casa que edita la revista literaria *Páginas de oro* y escribe todos sus ensayitos, reseñas y opiniones en su máquina Oliver.[9] Para demostrar el absurdo de los empeños literarios de Escolástica, el narrador nos dice que el próximo artículo de la intelectual sería una propuesta dirigida al gobierno, recomendando estrategias «para elevar la vida cultural del proletariado a un nivel más decoroso». A esto responde otro personaje de la novela diciendo: «Ya conoces a Escolástica: ¡se vuelve loca con todo lo que tenga que ver con la educación y la cultura!».[10]

De todos los detalles que completan la caricatura de Escolástica como encarnación de la vida cultural provinciana, ninguno es tan atinado y elocuente como el de la Oliver. Las máquinas de escribir eran aún aparatos industriales diseñados para la vida agitada de las grandes ciudades –como bien decían los revolucionarios de *Los de abajo*, eran «maquinaria» pesada–, y la Oliver de Escolástica estaba risiblemente fuera de lugar en el pueblito de la novela de Mariano Azuela. Escolástica necesitaba una Oliver tanto como un poeta provinciano necesitaría hoy en día una computadora de último modelo. Como la máquina robada en *Los de abajo*, la Oliver de Escolástica es «redundante». Es una máquina cuya complejidad (nótese el aspecto industrial de la aparatosa Oliver en la figura 28) rebasa por mucho las necesidades de su operadora. En suma, la máquina de escribir contrasta con la sencilla tarea de escribir reseñas para una revista sensiblera de provincia, y sirve para caricaturizar las pretensiones de la pequeña burguesía provinciana.

Las Oliver de Azuela siempre parecen estar fuera de lugar. Aparecen, invariablemente, en escenarios donde realmente no hay un uso para ellas, como en el campo o en pequeños pueblos de la provincia. En estos lugares remotos, las máquinas de escribir se convierten en objetos extraños: los personajes que se enfrentan con ellas las encuentran exóticas, fascinantes, atractivas, pero simplemente no pueden imaginar cómo darles un uso práctico. En las novelas de Azuela, la máquina de escribir no es nunca funcional, nunca sirve para volver más eficiente el proceso de la escritura; al contrario, siempre aparece como una máquina disfuncional, un espectáculo tecnológico que impide a los personajes realizar sus labores normalmente.

Pero, ¿cómo se relacionan estas presentaciones poco favorecedoras de la máquina de escribir con la experiencia de Azuela? ¿Compartía el autor los prejuicios de sus personajes? ¿Concebía la máquina de escribir como un espectáculo mecánico elaborado? ¿Pensaba que ésta estaba fuera de lugar en el México del siglo veinte? Para responder a estas preguntas es necesario volver la mirada hacia el momento en que Azuela se encontró por primera vez frente a una máquina de escribir –encuentro que, como veremos, fue de suma importancia para el escritor.

Como sus personajes, Azuela tenía una fascinación por las máquinas de escribir. En gran medida, esta fascinación se debe al hecho de que fue gracias a una máquina de escribir que el escritor pudo terminar su novela *Los de abajo*. Azuela comenzó a escribir la novela en 1914, después de haberse incorporado al grupo de los villistas como doctor voluntario. Azuela acompañó a los villistas en su recorrido por el norte del país, donde escribía pequeñas notas a mano en medio de la caótica sucesión de batallas, ocupaciones y repliegues. En 1915, cuando se retiró del grupo insurgente y cruzó la frontera hacia Texas, había producido tan sólo «un puñado de hojas escritas a mano» que había ido cargando, bien escondidas, bajo su camisa de algodón.[11] Cuando por fin llegó a El Paso, el editor de *El Paso del Norte*, un periódico antihuertista publicado en español, puso una máquina de escribir a su disposición y lo incitó a terminar la novela, ofreciéndole publicarla por entregas en su periódico. Ya equipado con una máquina de escribir, Azuela comenzó a teclear y en pocas semanas terminó la novela. La tercera parte de *Los de abajo* fue escrita enteramente en la máquina de escribir de la imprenta de *El Paso del Norte*.[12]

La publicación de *El Paso del Norte* se financiaba, en parte, con los ingresos provenientes de la publicidad de un distribuidor local de máquinas de escribir Oliver (véase el anuncio reproducido en la figura 29). Así pues, es probable que Azuela haya tecleado la última parte de *Los de abajo* en una luciente Oliver como la de la figura 28. La estancia en El Paso permitió al novelista tener una experiencia de primera mano con una máquina y este encuentro transformó su método de escribir. A partir de ese punto Azuela se convirtió en un escritor a máquina, como él mismo dijo alguna vez a un entrevistador.[13]

Sin embargo, Azuela, como sus personajes, tenía sentimientos encontrados con respecto a las máquinas de escribir. Por un lado, como demuestran sus descripciones, sentía una gran fascinación por la tecnología sofisticada de las nuevas máquinas. Pero al mismo tiempo, sus novelas siempre tipifican la Oliver como un aparato notablemente fuera de lugar, una curiosidad tecnológica en pugna con la realidad desnuda del México de la década de 1910.

Un anuncio de la Oliver, que apareció en las páginas de *El Paso del Norte* (figura 29), puede quizá esclarecer el recelo que sentía Azuela ante las máquinas de escribir. El anuncio promueve «Typewriter & Office Supply Co.», un vendedor autorizado de máquinas Oliver en el norte de México. Después se enumeran otros artefactos, además de las máquinas de escribir, distribuidos por la compañía –cajas de hierro contra incendios y archivadores, entre otras cosas–, y el anuncio termina con una nota donde se declara que en la misma compañía también «se rentan, venden y reconstruyen toda clase de máquinas de escribir». Como podemos ver en este anuncio, en la década de 1910 las máquinas de escribir eran consideradas principalmente como equipo de oficina. Éstas se vendían en tiendas como la Typewriter & Office Supply Company, que se especializaba en archiveros y otros artículos igualmente prosaicos. Quienes más utilizaban la máquina de escribir no eran los escritores y los intelectuales, sino los

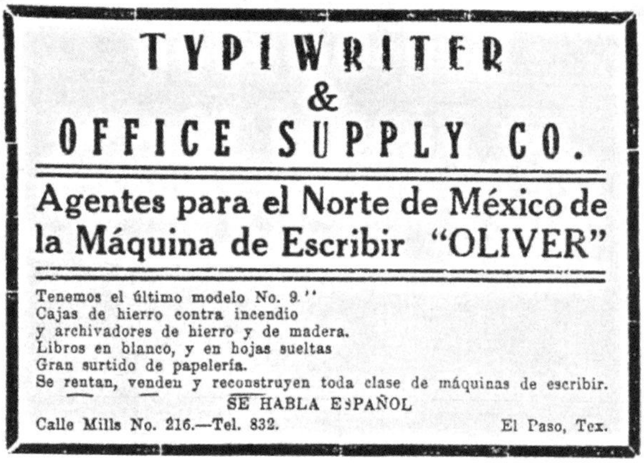

Figura 29: Anuncio de la Oliver
en *El Paso del Norte* (1915).
Stanley R. Robe, *Azuela and the
Mexican Underdogs* (Berkeley:
UC Press, 1979), 90.

hombres de negocios. Irónicamente, los comerciantes de establecimientos como el Typewriter & Office Supply Company concebían la máquina de escribir de forma no muy distinta a la de los bandidos de *Los de abajo*: utilizaban la máquina no para escribir sino como un mero producto que se compraba y vendía con fines de lucro. Además de a la compraventa, compañías como la que se anunciaba en aquel periódico también se dedicaban a reconstruir máquinas de escribir dañadas, generando ganancias a través de la reparación y reventa de Olivers como la que los revolucionarios destruyeron en *Los de abajo*.

La reconstrucción de máquinas de escribir se convirtió, de hecho, en un negocio lucrativo. Un historiador de las máquinas de escribir explica que «ya por la década de los veinte, había surgido una importante industria que se dedicaba a reconstruir máquinas de escribir… [de manera que] las empresas de todo el país desmontaban máquinas viejas hasta sus componentes más ínfimos –desde dos mil hasta cuatro mil piezas individuales–, las remojaban en ácido para limpiarlas, reemplazaban las piezas más desgastadas por piezas nuevas, resanaban el niquelado de las partes brillantes, volvían a pintar de negro los marcos y grababan en ellos las decoraciones de su diseño original».[14]

Azuela consideraba que el mundo de negocios representado por la Typewriter & Office Supply Company era terriblemente vulgar. Para él, la obsesión moderna con el intercambio, la compraventa y la búsqueda obsesiva de ganancias, era tan poco decorosa como los saqueos de los revolucionarios que denunciaba en sus novelas. En *La luciérnaga*, novela publicada en 1932, hace una descripción desdeñosa de los muchos negocios que habían inundado el centro de la ciudad de México desde el Porfiriato, abarrotando el Zócalo de oficinas, trabajadores y secretarias que pasaban el día entero frente a sus máquinas Oliver. Azuela lamenta la transformación de la capital en «ese mundo bullicioso femenino que impone su ambiente vital en trenes, coches, camiones y peatones convergentes y divergentes del Zócalo, a la hora de los clarines de Palacio: *el mundo de la Oliver*».[15] Evocando los prejuicios de modernistas como Gutiérrez Nájera, Azuela concibe la Oliver como un símbolo de esa atmósfera estridente, contaminada por automóviles y camiones, por secretarias frenéticas, y otros productos secundarios del comercio que él consideraba tan antitético a la paz y serenidad que necesitaban los escritores. El bullicioso «mundo de la Oliver», como él lo llama, era profundamente incompatible con las necesidades y exigencias de su actividad literaria.

Hay otra razón, de mayor peso, que explica el desdén que sentía Azuela por las Oliver. No sólo eran estas máquinas un símbolo de aquel vulgar mundo de los negocios, sino que también estaban asociadas a un episodio amargo de la política mexicana: el Porfiriato y su ideología. La historia de las Oliver coincide, tanto cronológica como conceptualmente, con la presidencia de Díaz. La primer máquina de escribir Oliver –la «Oliver No. 1»– apareció en Chicago en 1896, mientras Porfirio Díaz se encontraba en su segundo sexenio como presidente (había sido presidente del 1877 al 1880 y volvió a subir al poder en 1884, hasta que fue obligado a renunciar en 1911). La Oliver fue invento de Thomas Oliver, «un pastor de iglesia que se había cansado de escribir sus sermones a mano», y a la primer Oliver pronto le siguieron modelos nuevos y mejorados: el no. 2 en 1897 y el no. 5 en 1906 –el modelo Oliver más vendido en la historia.[16]

La Oliver no. 5 tenía una estructura de hierro fundido y pesaba más de catorce kilos –se entiende, pues, por qué los revolucionarios de *Los de abajo* se quejaban del peso de la máquina. Un historiador la describe como «lo más cercano que jamás haya existido, probablemente, a una máquina de escribir indestructible» (y por ello resulta aún más notable la destrucción de la misma por parte de los bandidos de la novela). Durante un tiempo, la máquina demostró ser inmensamente popular: se vendieron más de un millón de máquinas Oliver antes de 1910. Posteriormente, la empresa comenzó a perder terreno en el mercado hasta que cayó en bancarrota en los años veinte.[17]

La Oliver apareció en México en la década de 1890, cuando Porfirio Díaz había consolidado su poder absoluto y la máquina se convirtió en un éxito instantáneo. No es difícil imaginar que Díaz, quien se dedicó durante las últimas dos décadas de su mandato a fomentar la inversión extranjera y a adquirir tecnología moderna, haya aplaudido la aparición de la máquina de escribir y la haya recibido como un símbolo de la modernización que tanto deseaba para México. Díaz hubiese admirado, incluso, el origen de la Oliver. La máquina venía de Chicago, como los títulos de posgrado de los Científicos positivistas que integraban su gabinete, y la máquina tenía lazos con la iglesia (su inventor fue un pastor), institución que había servido de baluarte para su propio gobierno. Aunada a las ferrovías y los tranvías, a los teléfonos y la electricidad, la máquina de escribir era un símbolo más del «orden y progreso» que Díaz impuso e impulsó en México durante los últimos años de su régimen.

Una fotografía del archivo Casasola ilustra perfectamente la popularidad de las máquinas Oliver durante el Porfiriato. La figura 30 muestra la imagen de una escuela de mecanografía en el centro de la ciudad de México, donde decenas de mujeres jóvenes con los ojos vendados se encuentran sentadas, cada una, frente a una Oliver flamante. Esta extraña escena dice mucho sobre la vida bajo el mandato de Díaz. El comercio en la capital florecía, en parte, gracias a los cientos de empresas europeas y norteamericanas que habían sido atraídas a la ciudad por el presidente. También, se habían abierto miles de plazas para mecanógrafos y otros trabajadores, entre los cuales había, por primera vez, mujeres. Pero muchos mexicanos tenían los ojos vendados —como las mujeres de la foto— ante la realidad del país: la capital era una ciudad próspera, pero el resto del país languidecía en una pobreza atroz. Y fue esta misma ceguera, relacionada con lo que Azuela nombró «el mundo de la Oliver», la que condujo al estallido de la Revolución en 1910.

No nos sorprende, entonces, que Azuela, un defensor de la Revolución de Madero, sintiera cierta ambivalencia frente a una máquina que en muchos sentidos simbolizaba la obsesión porfiriana con una modernidad que tenía las miras puestas en el extranjero. La Oliver era una máquina plenamente porfiriana —cuestión que explica, en parte, el maltrato que ésta recibió en las novelas de Azuela.

Además de la relación de la Oliver con el mundo empresarial y con el repudiado régimen de Porfirio Díaz, existe una tercera razón que explica el desdén que sentía Azuela por esta máquina. La máquina de escribir era un símbolo de la literatura de las décadas de 1910 y 1920. En estos años surgió una escritura distinta, moldeada por la era industrial y adecuada a

Figura 3o: «El mundo de la Oliver»: Una escuela de mecanografía
en la capital durante el Porfiriato.
Fondo Casasola. SINAFO-Fototeca Nacional, México, D.F.

los ritmos frenéticos del mundo moderno —una verdadera revolución literaria a la que Azuela se resistía ferozmente.

Los novelistas modernos concebían la máquina de escribir como emblema de los nuevos procedimientos narrativos que inauguró la era moderna. Así como la máquina de escribir había mecanizado la escritura, las innovaciones tecnológicas del mundo moderno inspiraron nuevos procesos narrativos. Los escritores vanguardistas, en busca de nuevas formas narrativas sintonizadas con la era tecnológica utilizaban la máquina de escribir. Las novelas más anticuadas, al contrario, se escribían a mano y seguían las convenciones tradicionales de la narrativa decimonónica. La mayoría de los escritores que utilizaban la máquina de escribir también estaban involucrados en la experimentación modernista con nuevas formas y técnicas literarias. Entre los escritores adeptos a las nuevas máquinas, como explica Kittler, estaban Paul Landau, Blaise Cendrars, y T.S. Eliot —los mismos autores, precisamente, que lanzaron las revoluciones literarias de la modernidad.[18]

A pesar de que Azuela escribía a máquina, lo hacía muy a pesar suyo: hubiera preferido no depender de una máquina propia del mundo moderno

97

de los negocios. A diferencia de Cendrars, Eliot y otros escritores vanguardistas, Azuela era un tradicionalista que ridiculizaba todo intento de llevar la escritura a las filas de la modernidad tecnológica. En sus memorias, se describe a sí mismo como un escritor realista, comprometido con el modelo y los valores de la novela decimonónica. Apunta, repetidamente, hacia Balzac y Zola como las dos figuras que más influyeron en su trabajo.[19] A pesar de que Azuela vivió en un momento en que la modernidad literaria obsesionaba a escritores desde Moscú hasta México, él prefirió mirar siempre hacia el pasado: de éste derivaba su inspiración y miraba con recelo todo coqueteo con las formas literarias experimentales.

En sus memorias, Azuela lanza una invectiva contra los escritores modernos, diciendo que los movimientos literarios «en boga» eran «degenerados» y productos de «estercolero y pudrición».[20] El escritor mostraba particular reticencia frente al grupo de poetas Contemporáneos, quienes hacían todo tipo de experimentos literarios, y los tachaba de «imitadores ramplones» de las vanguardias literarias europeas.[21] Su crítica de las técnicas literarias modernas —categoría vaga de la que no da muchos ejemplos— no era menos descarnada: «[La] técnica moderna y de la última hora… consiste nada menos que en el truco ahora bien conocido de retorcer palabras y frases, oscurecer conceptos y expresiones, para obtener el efecto de la novedad».[22] Azuela concebía la literatura moderna como una «novedad», una aproximación exótica que guardaba algún atractivo —incluso, llegó a experimentar un poco con ella—, pero finalmente la descartó, a favor del realismo tradicional.[23] A pesar de la seducción primera de sus campanas y silbatos, la literatura moderna, según Azuela, nunca encontraría un lugar en la vida intelectual de México.

El tratamiento de la máquina de escribir en la novela de Azuela es, pues, una clara alegoría de los prejuicios del autor contra las técnicas narrativas de los años veinte. Como las Oliver de *Los de abajo* y *Sin amor*, la literatura moderna era una «novedad» que seducía a los escritores con la complejidad mecánica de sus operaciones. Como la máquina de escribir, la literatura moderna ocultaba un profundo sinsentido debajo de la superficie deslumbrante de su espectáculo tecnológico; y, como la máquina, el vanguardismo era una simple invención inspirada en lo mecánico, que estaba notablemente fuera de lugar en el México posrevolucionario. A juzgar por la violencia que caracterizaba sus ataques contra los escritores progresistas, es probable que Azuela hubiese preferido hacer con la literatura moderna lo mismo que hicieron los revolucionarios de *Los de abajo* con la máquina de escribir: estrellarla contra las piedras del paisaje mexicano.

La historia de Azuela y la Oliver nos lleva a una conclusión paradójica: a pesar de que fue Azuela el primer escritor mexicano en incorporar las máquinas de escribir a su literatura, nunca exploró las numerosas formas en que la mecanización podría transformar la escritura. Nunca se hizo la pregunta fundamental de cómo podían diferir los textos escritos a máquina —en términos de contenido, estilo y técnica— de aquellos escritos a mano. Todas las descripciones de Azuela se enfocan en los aspectos superficiales de la máquina de escribir —como su exterior reluciente y sus sonidos espectaculares—, pero nunca reparan en los resultados de escribir con una máquina. En *Los de abajo*, las máquinas de Azuela no se usan para escribir, y en *Sin amor*, el lector no tiene acceso al contenido de las páginas mecanografiadas por Escolástica. Al igual que sus personajes, Azuela quedó deslumbrado con el exterior deslumbrante de la máquina y no logró concentrarse en las particularidades de la escritura a máquina.

La Remington No. 1: la escritura musical

Azuela no fue el único escritor mexicano que desarrolló un interés por la máquina de escribir durante la época de la Revolución. Mientras Azuela tecleaba la última parte de *Los de abajo* en Texas, Martín Luis Guzmán, otro escritor en ciernes que escribió extensamente sobre los años revolucionarios, estaba descubriendo las maravillas de la máquina de escribir, aunque en su caso no se trataba de una Oliver sino de una Remington.

A pesar de que Guzmán no utilizó máquinas de escribir como personajes dentro de sus novelas, su encuentro con ellas dejaría una huella más profunda en su producción literaria. A diferencia de Azuela, que apenas salpicaba sus novelas con esporádicas referencias estrafalarias a las Oliver, Guzmán le dedicó un ensayo entero a su Remington —máquina que había adquirido en 1917 durante su autoexilio en Nueva York. El ensayo «Mi amiga la credulidad», que retrata la extraña obsesión del escritor con su máquina de escribir, se publicó por primera vez en Nueva York en 1918 y más adelante fue incluido en el volumen *A orillas del Hudson*.[24]

En este breve texto, Guzmán relata la historia de su Remington. Poco después de su llegada a la ciudad de Nueva York, dio con una biografía de Henry James que describía cómo el autor se había vuelto adicto a los sonidos de su máquina Remington. Guzmán menciona la anécdota sólo de pasada, pero Theodora Bosanquet, la biógrafa y antigua secretaria de James, cuenta la historia en detalle. Al parecer, James se volvió tan dependiente de los sonidos de la Remington que le costaba concentrarse y encontrar inspiración si las circunstancias lo obligaban a escribir en una máquina distinta. En una ocasión, mientras su Remington estaba siendo reparada, se vio obligado a utilizar una Oliver. La sustitución le resultó traumática. Cuenta Bosanquet que James «le dictaba a la Oliver con evidente incomodidad, y le resultaba desconcertante hablarle a algo que no emitiera ningún sonido como respuesta».[25]

Motivado por una gran admiración hacia Henry James, Guzmán decidió intercambiar su vieja y anticuada Underwood, como él mismo la calificaba, por una Remington como la de Henry James: «No queriendo quedarme atrás, resolví deshacerme de mi vieja y leal Underwood, e intercambiarla por una nueva Remington con excelente sonido». Guzmán instaló la máquina en su departamento neoyorquino y pronto descubrió que el ruidoso sonido de la Remington cautivó a su familia entera:

> El advenimiento de la nueva máquina ha producido en mi hogar toda una revolución: ha transformado los métodos, ha cambiado las costumbres, ha modificado los caracteres. Como tanto mi mujer como mis hijos opinaron, después de una primera audición, que no existe instrumento superior a una Remington para evocar las ocultas armonías, hemos hecho a un lado la pianola y el fonógrafo, no nos acordamos de Beethoven ni de Caruso y sólo gustamos ahora de escuchar, a mañana y tarde, a los grandes maestros de la máquina de escribir. ¡Quién hubiera pensado nunca que es posible ejecutar —a una y a dos manos, en color rojo y en color azul— desde un canto de la *Ilíada*, hasta una proclama de Marinetti! ¡Música divina! Mucho, en verdad, depende de la interpretación.

Y la máquina de Guzmán atrae, incluso, a un público inesperado:

> Entonces confirmo también el interés con que los vecinos de la casa toman mis conciertos nocturnos y me explico que los más entusiastas entre ellos, y los más atrevidos, abran las ventanas contiguas a la mía a pesar del crudo invierno, y me lancen a voz en cuello bravos que yo apenas distingo en mi enarbolamiento musical. El ticli-ticlá de mi Remington enardece a unos tanto como las mejores arias de la Galli-Curci y sume a otros

en esa contemplación interior que sólo provocan el violín, el órgano y la orquesta.[26]

Guzmán le da un uso excéntrico a su Remington –en su caso, la máquina ha reemplazado no a la pluma sino al piano–, y él parece estar menos interesado en los resultados que ofrece su máquina al escribir, que en su dimensión acústica. Y, aunque sí utiliza la máquina para escribir –puesto que copia obras maestras de la literatura–, la escritura misma desaparece en el trasfondo mientras el autor celebra sólo las virtudes extratextuales de la máquina. Incluso llega a alabar los efectos terapéuticos que tiene la Remington en los berrinches de su hijo: «Cuando el pequeño enfurece… corro a donde está la máquina, la destapo apresuradamente y tecleo de memoria algún trozo de lo más clásico (*The Sacred Fount*, por ejemplo, que es mi predilecta). Y… antes [del] segundo párrafo, mi hijo se apacigua y se acerca, indeciso entre la risa y las lágrimas».[27]

Aún más sorprendente que la obsesión de Guzmán con la acústica de la Remington, son sus asociaciones entre la máquina y algunas figuras decimonónicas. El «ticli-ticlá» de la máquina le recuerda no a los sonidos del mundo moderno, sino a la música romántica de Beethoven, las arias cantadas por la diva italiana de la ópera, Amelita Galli-Curci, y las novelas de Henry James. Guzmán demuestra cierta ceguera (o sordera) ante el hecho de que el sonido que describe tiene más que ver con la cacofonía de la industria moderna que con el mundo armonioso y preindustrial de los «violines, órganos y la orquesta» y la «contemplación interior» en que se sume al escucharlos.[28]

La mención del *Sacred Fount* de James es significativa. A pesar de que esta novela se publicó en los comienzos del siglo veinte (en 1901), su temática principal –que el amor y la inspiración artística surgen de una «fuente sagrada» interior que está en peligro de extinción– es un perfecto ejemplo de los ideales románticos que Kittler consideraba incompatibles con la era de la escritura mecánica.

En contraste con las asociaciones románticas de Guzmán, su máquina había sido fabricada por una empresa cuya historia subraya la filiación de la máquina de escribir con otros productos industriales: la fábrica de E. Remington e hijos, con base en Ilion, Nueva York, fue fundada como una fábrica de armas (fue también uno de los principales proveedores militares durante la Guerra Civil Estadounidense), y más tarde se había diversificado hacia la producción de otros artefactos, como las máquinas de coser. Como lo muestra la figura 31, E. Remington e hijos, se anunciaba como una «Fabrica de armas, máquinas de coser y máquinas de escribir», enfatizando, de esta manera, la relación de continuidad entre las armas y las máquinas de coser y escribir. Los orígenes militaristas de los Remington llevaron a Kittler a llamar a la máquina de escribir una «ametralladora discursiva», y a comparar el acto de teclear con el de disparar un arma de fuego: «Una tecnología cuya acción básica consiste, no por casualidad, en golpeteos y descargas, procede en pequeños pasos automáticos y discretos, como lo hacen las municiones en un revólver o una ametralladora».[29]

Pero Guzmán no sólo ignoraba el origen industrial de la Remington: también parece desconocer los diferentes modelos de máquinas de escribir. No se dio cuenta, por ejemplo, de que ya para el 1917 la «vieja» Underwood que tenía era más moderna que la Remington con la cual la reemplazó. La Underwood fue la primera máquina «visible» (antes de su invención, en 1897, no se podía ver lo que uno escribía en la hoja sino hasta retirarla del rodillo), y esta innovación pronto arrasó con el mercado, incluso con aquel que tenía afianzado la Remington.[30] Como han enfatizado los historiadores de la máquina de escribir, la Underwood «se convirtió en el patrón al cual se adecuaban todos los mecanógrafos exitosos de primera clase»,[31] y pronto se convirtió en «la máquina de escribir más vendida en el mundo, que alguna vez tuvo la fabrica de máquinas de escribir más grande del mundo».[32]

La Remington se resistió durante muchos años a producir máquinas en las que la escritura fuera visible, pero finalmente cedió y creó una má-

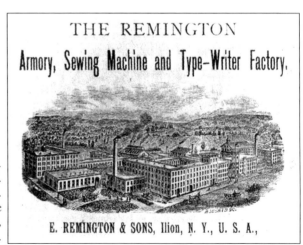

Figura 31: La fábrica E. Remington & Sons. Frank T. Masi, *The Typewriter Legend*. Secaucus: Matsushita Electric Corporation of America, 1985, il. 11.

quina diseñada a partir de la Underwood. Introducida en 1908, la Remington No. 10 tenía algunas deficiencias, empero, sobre las cuales dice un historiador que «considerando el tiempo que se tardaron en aparecen en el mercado, Remington… produjo máquinas retrógradas. Eran muy, pero muy buenas, pero para los estándares del [siglo] diecinueve y no del veinte».[33] Dado que Guzmán compró su Remington en 1916 o 1917, es muy posible que su máquina fuera una Remington No. 10, que en esa época era el último modelo. Al cambiar su Underwood por una Remington, Guzmán había retrocedido al pasar de un original a una copia, de una máquina moderna a una obsoleta.[34]

Pero la ignorancia de Guzmán respecto a la historia de las máquinas de escribir no termina aquí. Mientras se distraía alabando el «ticli-ticlá» de su Remington, los fabricantes de máquinas de escribir estaban tratando de producir máquinas más silenciosas −empeño que culminó, en los años veinte, con la «Remington Noiseless» (Remington Silenciosa; ver figura 32). A todas luces, a Guzmán le hubiera disgustado esta máquina, que ya no sonaba como la máquina de fin de siglo de Henry James. Cuando Guzmán adquirió su Remington en 1917, el «ticli-ticlá» había pasado a ser una marca de obsolescencia.

Las muchas cosas que ignoraba Guzmán −su incapacidad de reconocer la máquina de escribir como un aparato mecánico y su ignorancia con respecto a las diferencias técnicas entre las Underwood y las Remington−, impidieron que éste viera en las máquinas de escribir un invento capaz de transformar la escritura. A pesar de su entusiasmo hacia la Remington, cometió el mismo error que Azuela y no tuvo la visión suficiente para reconocer el lazo fundamental entre la mecanización de la escritura y el surgimiento de nuevas formas y técnicas narrativas. Indiferente al impacto de la máquina sobre la literatura, pretende encontar un lugar para la Remington en el panteón de la alta cultura decimonónica.

Casualmente, el mismo año en que Guzmán estaba tratando de ocultar los orígenes industriales de la Remington bajo la máscara de la respetabilidad musical en Nueva York, Erik Satie estaba haciendo precisamente lo contrario en París. En ese mismo año, compuso *Parade*, una obra musical escrita para una máquina de escribir, entre otros instrumentos poco ortodoxos y escasamente «musicales». Pero la concepción que tenía Satie de la máquina de escribir era contraria a la que sostenía Guzmán. Mientras el escritor mexicano se empeñaba en presentar a la Remington como un instrumento eufónico cuyas melodías podían sintonizar con las cantantes

Figura 32: Anuncio de la Remington Noiseless en
El Universal Ilustrado, 695 (28 de abril de 1928), p. 57.

de ópera italianas más famosas, Satie concebía la máquina de escribir
como un aparato cacofónico que, como las sirenas, las hélices de los aviones, los telégrafos y las ruedas de lotería que aparecían en su pieza, llevaba
el sonido del mundo moderno a la sala de conciertos. A Satie le interesó el «ticli-ticlá» de la máquina de escribir, no porque fuera musical,
sino porque su estridencia era antitética a las nociones tradicionales de
la armonía. Si Guzmán quiso sublimar la Remington y llevarla a la altura
de los sopranos y tenores, Satie utilizó la máquina de escribir para el
efecto contrario, arrastrando a la música hacia los abismos de la sonori-
dad industrial.[35]

La inclinación de Guzmán por una estética decimonónica no sólo desentonaba con los orígenes industriales de la Remington: también estaba

notablemente fuera de lugar en Nueva York, capital del siglo veinte. Resulta sorprendente notar que el Nueva York descrito por Guzmán no es la ciudad estridente, de rascacielos, automóviles y oficinas, sino un pueblo tranquilo, poblado de melómanos refinados que abren sus ventanas al llamado de la máquina de escribir, para escuchar conciertos sublimes. Su Nueva York no es el Nueva York de Dos Passos o de Langston Hughes, sino un apacible y quimérico mundo literario donde pululan las presencias fantasmagóricas de personajes decimonónicos, como Chopin y Beethoven. A pesar de que el autor era dueño de una máquina de escribir moderna y vivía en la ciudad más moderna del mundo, soslayaba la abrumadora dimensión mecánica del mundo que lo rodeaba.

Pero, ¿por qué parece Guzmán tan impermeable al mundo que lo rodea? ¿A qué se debe su insistencia en colocarse a él mismo y a su Remington en el siglo diecinueve? En la última parte de su ensayo, mientras intenta encontrar un nombre para sus ejercicios en la máquina de escribir, Guzmán explicita sus fuertes prejuicios antimecánicos. «¿Esta actividad es un cubismo o un vorticismo de la literatura? ¿Sería eufónico llamarla *remingtonismo*? *Mecanicismo*, sin duda, es el título que debiera ponérsele, si no fuera por las asociaciones deplorables que esa palabra puede despertar».[36] La evaluación que hace Guzmán de las máquinas como objetos repletos de asociaciones deplorables explica por qué se resistía a aceptar los orígenes mecánicos de la Remington: «mecánico» y «mecanicista» son términos que rechaza por sus connotaciones vulgares. Pero, ¿qué podían tener de terrorífico mecanismos, como la Remington, diseñados para escribir? Guzmán nos da la respuesta en otro texto escrito durante su exilio en Nueva York, en el que argumenta que «los espíritus cultivados son, por necesidad, estacionarios y enemigos del progreso».[37] El autor se consideraba, por supuesto, como un miembro de la comunidad de espíritus cultivados, que se oponían al progreso y a todas sus manifestaciones —la industria, las máquinas, y los nuevos medios como la máquina de escribir o el fonógrafo—, en aras de la alta cultura.

Guzmán admiraba la máquina de escribir pero repudiaba los orígenes mecánicos de ésta, e intentaba disfrazarla de un instrumento musical decimonónico. Este rechazo de lo moderno explica la descripción de la Remington y de su técnica de escritura: la prosa lánguida con la que Guzmán describe sus recitales contrasta con el *tempo* veloz del mundo moderno en que vivía. A pesar de vivir en Nueva York y de utilizar una máquina de escribir, su escritura evoca los ritmos de la música del pasado, y como autor, Guzmán está más cercano a Henry James que a James Joyce.

El contradictorio encuentro de Guzmán con la máquina de escribir recuerda la actitud con la que los pictorialistas recibieron a la cámara. Guzmán se mostraba tan reticente ante la nueva máquina como Brehme, Silva y otros pictorialistas discutidos en el capítulo previo. También él, como aquellos fotógrafos, utilizaba un aparato mecánico, pero veía los orígenes de su instrumento de trabajo con recelo. Si los fotógrafos pictorialistas intentaron elevar el estatus de la fotografía a «un arte verdadero» imitando los procesos de la pintura, Guzmán se empeñaba en equiparar su actividad con la de un pianista, produciendo textos que habían de leerse como si fueran composiciones musicales decimonónicas. En este sentido, Guzmán reprodujo el prejuicio pictorialista: su rechazo del «mecanicismo» le impidió una exploración más profunda de una máquina que tenía el potencial de crear formas radicalmente distintas de representación.

A pesar de que Guzmán abre su texto anunciando que la Remington había creado una verdadera revolución («El advenimiento de la nueva máquina ha producido en mi hogar toda una revolución...»), su ensayo relata más una regresión que una revolución, una visión romántica de la literatura plenamente dominada por preocupaciones como la inspiración y la musicalidad. Irónicamente, la mecanización de la escritura que vino con la máquina de escribir fue una fuerza que terminó por disolver cualquier huella del romanticismo en la literatura. Como explica Kittler, la «materialidad de la escritura implementada en la tecnología» que introdujo al mundo la máquina de escribir «ya no se presta para la construcción metafísica del alma». Con el advenimiento de la nueva ola tecnológica de la modernidad, dejó de haber lugar para los temas románticos y «el grueso de las letras ya no estaban destinadas a transmitir la sangre de Keller ni las formas internas de Hoffman, sino una nueva y elegante tautología propia de técnicos».[38]

En contra del nuevo espíritu tecnológico de aquellos tiempos y perpetuando los ideales románticos, Guzmán utiliza su Remington precisamente para esa clase de «construcción metafísica del alma» que la máquina de escribir en última instancia terminaría de eliminar. A fin de cuentas la obsesión de Guzmán con la Remington fue otro desencuentro con la modernidad.

Existe otra razón por la cual nos puede resultar extraño que Guzmán haya elegido escribir con una Remington. A pesar de haber sido un escritor e intelectual políticamente comprometido con la Revolución, que colaboró con los gobiernos posrevolucionarios del país, Guzmán eligió una máquina políticamente conservadora, incluso reaccionaria.

Como la empresa que fabricó la Oliver, la compañía que fabricaba máquinas Remington era una de las tantas empresas extranjeras que se habían establecido en la ciudad de México durante el Porfiriato. La Oliver había sido la máquina más común entre los oficinistas de la década de 1890, pero la Remington usurpó este lugar durante los primeros años del siglo veinte. La Remington Typewriter Company prosperó, vendiéndole miles y miles de máquinas de escribir a las empresas y al gobierno mexicano. Pero, como era el caso de muchas de las empresas atraídas a México por el presidente Díaz, no todas operaban en beneficio de los intereses del país o de sus ciudadanos.

En 1907, la compañía comenzó a publicar *Remington Notes*, una pequeña revista que informaba sobre sus operaciones alrededor del mundo. El negocio había crecido, y Remington tenía oficinas en India (donde manufacturaba máquinas de escribir con caracteres hindis), África y México. En la capital mexicana la matriz estaba en San Juan de Letrán, entre el Palacio Postal y el Palacio de Bellas Artes, dos de los proyectos arquitectónicos más monumentales del Porfiriato. En un artículo sobre las oficinas de la ciudad de México, *Remington Notes* presenta una visión poco correcta del país y su población. El artículo llevaba por título «Los vagones exprés de la ciudad de México», e iba acompañado de una fotografía de un pequeño ejército de cargadores transportando máquinas Remington sobre sus cabezas (figura 33). El texto describe una colisión entre la tecnología extranjera y las tradiciones locales, entre la cultura de la máquina de escribir y las costumbres del México rural. El gobierno acababa de hacer un pedido de cincuenta máquinas de escribir destinadas a utilizarse en escuelas públicas, y la oficina de la Remington Typewriter Company en México entregó el pedido de la forma acostumbrada: contratando el servicio de cargadores pobres, que se montaban lo que fuera en la cabeza y corrían hacia su destino. Éstos son los «vagones exprés» a los que alude el título.

La imagen, por sí sola, ya retrata la carga que significaba la Remington Typewriter Company para la clase obrera mexicana. Pero, considérese además el lenguaje utilizado en el artículo. El autor comienza por referirse a los obreros como «objetos destartalados» y se lamenta burlonamente sobre la calidad de sus servicios: «...el término *exprés*, para referirse a la velocidad de su servicio, puede servir como eufemismo, pero no se sostiene ante un examen más serio. Tal como son, aquellos cargadores son lo único que México puede ofrecer como substituto de los servicios exprés de otros países, y debemos por fuerza aceptarlos como son». Pero no sólo es la lentitud la que parece molestar al autor, quien hace también referencia a la higiene de los cargadores: «Después de todo, no están tan mal. No son tan limpios como podrían serlo, pero lo mismo se llega a encontrar en otras partes». Más adelante, el autor expresa su preocupación por el método poco ortodoxo que los cargadores utilizan para transportar las Remington, ya que los mecanismos sofisticados de estos aparatos corren el riesgo de estropearse: «Las máquinas de escribir que se exportan a México siempre van equipadas con una base sólida. La razón no es difícil de adivinar. La foto lo explica todo. La costumbre de estos peones, costumbre que comparten los campesinos de todos los países latinos, de cargar todo cuanto puedan sobre la cabeza, bien podría significar la devastación de las partes vitales de la máquina de escribir».[39]

Como la Oliver, la máquina Remington era una carga —una carga muy literal— sobre los hombros de estos obreros mexicanos. Y, juzgando por el tono explotador del boletín informativo de la compañía, se puede fácilmente deducir que a estos obreros les hubiera encantado seguir el ejemplo de los bandidos en la novela de Azuela, y librarse de la carga estrellando las máquinas de escribir contra el pavimento. Quizá, la escena de la destrucción de las máquinas en *Los de abajo* haya sido la satisfacción ficticia de un deseo reprimido, que albergaban los obreros explotados por las políticas imperialistas de la Remington.

De hecho, una vez que estalló la Revolución, las masas dirigieron su furia hacia las dos empresas que manufacturaban máquinas de escribir y que habían estado asociadas desde el principio al Porfiriato. El número de junio de 1914 de *Typewriter Topics* tomó nota de que «la rama de la Remington Typewriter Company en la ciudad de México fue saqueada por los mexicanos» y que «la oficina de William A. Parker, agente de la Oliver Typewriter Company en la ciudad de México, también fue desvalijada y saqueada por los nativos».[40] Los peones, finalmente, sí lograron «la devastación» de las máquinas de escribir, tal como lo había temido el columnista de la *Remington Notes*. Las revoluciones ponen al mundo de cabeza, y uno

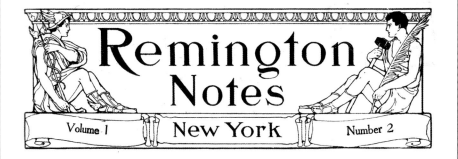

Volume 1   New York   Number 2

REMINGTON TYPEWRITER COMPANY

The Express Wagons of Mexico City.

THE tattered objects in the foreground of the above picture have been described as the express wagons of Mexico City.

The description is accurate enough save in two unimportant particulars. They are not wagons and the term "express" as describing the speed of their service may do all right as a euphemism but it will not stand any sterner test. But such as they are, they are all that Mexico offers as a substitute for the local express services of other countries, and as such we must perforce accept them as they are.

After all, they are not so bad. They are not as clean as they might be, but the like may be found in other callings elsewhere. These peons, or licensed porters of Mexico, are really remarkable in many of their feats of strength and endurance. Heavy loads never seem to trouble them. One of the things which first impresses a stranger landing at Vera Cruz is the sight of these porters easily shouldering the heaviest trunks and carrying them through sand ankle deep, often for long distances without apparent fatigue.

The scene in the above picture can hardly be described as typical. On the contrary, it attracted considerable attention from the newspapers of the

Figura 33: Artículo de *Remington Notes*, Vol. 1, No. 2 (noviembre de 1907).

puede imaginar fácilmente a los trabajadores parados sobre los cascajos mecánicos de todas esas máquinas de escribir que tuvieron que cargar sobre sus cabezas durante tantos años. Justicia, si no poética, mecánica.

LA REMINGTON NO. 2: LA ESCRITURA MECÁNICA EN LOS TRÓPICOS

Después de analizar la mecanografía musical de Guzmán, es necesario preguntarse si pudo haber existido un encuentro de naturaleza distinta con la máquina de escribir: uno que celebrara sus orígenes mecánicos e inspirara una literatura que pudiese hacer explícitas las huellas industriales de su producción. Sabemos que existió una alternativa a la fotografía pictorialista avanzada por modernistas como Tina Modotti y Edward Weston, quienes celebraron las características mecánicas de la cámara y exploraron el potencial revolucionario que ofrecía la mecanización de la representación visual. Pero, ¿hubo una recepción similar en la mecanografía? ¿O un movimiento literario análogo que celebrara y explorara las transformaciones de la escritura en la edad de la reproducción mecánica?

Manuel Maples Arce postuló precisamente esta pregunta sobre «la literatura de la máquina de escribir», en el «Manifiesto estridentista» de 1921. El texto alaba la máquina de escribir como símbolo de aquella nueva escritura que defendía el estridentismo, movimiento inspirado en el futurismo. Maples Arce era otro escritor cuya visión se había moldeado por la experiencia de la Revolución Mexicana, aunque a diferencia de Azuela y Guzmán, era demasiado joven como para jugar un papel activo en el conflicto armado. En contraste con los novelistas de la Revolución Mexicana, cuyos textos tratan la revolución como materia literaria, Maples Arce quería llevar la revolución al plano de las letras mexicanas, y tramó una insurrección creativa diseñada para sacudir el mundo literario de su largo sueño. La idea era derrocar el viejo régimen de los caudillos literarios, cuyo despotismo había mantenido a la literatura en la edad oscura de la estética decimonónica. En «Actual No. 1», el primer Manifiesto estridentista, Maples Arce celebra la máquina de escribir como símbolo de la revolución literaria que añoraba desatar: *«Un automóvil en movimiento es más bello que la Victoria de Samotracia. A esta eclactante afirmación del vanguardista italiano Marinetti... yuxtapongo mi apasionamiento decisivo por las máquinas de escribir y mi amor efusivo por la literatura de los avisos económicos».*[41] Aquí, Maples Arce señala dos productos del mundo moderno

—las máquinas de escribir y los avisos económicos— como los modelos para la literatura de la era moderna que él aspiraba a propagar.

En contraste con el esfuerzo de Guzmán por distanciar su Remington del vulgar mundo de las máquinas, Maples Arce celebra la máquina como un símbolo de la nueva literatura precisamente por sus orígenes industriales. El poeta relaciona la máquina de escribir no sólo con los automóviles (el «coche de carreras» alabado por Marinetti en su «Manifiesto futurista»), sino también con el ruido industrial del siglo veinte. Como sugiere el mismo término «estridentismo», el joven poeta estaba ansioso por introducir los ruidos de la modernidad al mundo de las letras mexicanas, estrategia que Marinetti ya había declarado en su manifiesto futurista. Maples Arce se siente atraído por el cacofónico «ticli-ticlá» de la máquina de escribir por las mismas razones que llevaron a Erika Satie a incluir una de estas maquinas en su obra *Parade*. «Es necesario exaltar —escribe Maples Arce en el mismo manifiesto—, en todos los tonos estridentes de nuestro diapasón propagandista, la belleza actualista de las máquinas». En contraste con la sensibilidad eufónica de Guzmán, Maples Arce celebra el ruido de la máquina de escribir por ser la antítesis de la tradición musical, misma que considera pasada de moda y sin vida, y a cuyos mecanismos se refiere como «esos organillerismos pseudolíricos y bombones melódicos». En un pasaje posterior en el manifiesto declara aún más descaradamente que la literatura debe alejarse completamente de las formas musicales del siglo diecinueve: «¡Chopin a la silla eléctrica!», demandaba, en un tono que ciertamente hubiese repugnado a la sensibilidad melódica de Guzmán.[42]

La literatura estridentista de «las máquinas de escribir y los avisos económicos» debía ser ruidosa, irreverente, y estar firmemente arraigada en la época moderna —una literatura, dicho en pocas palabras, que era la antítesis de la prosa lánguida de Guzmán. El manifiesto en sí era un ejemplo de esta nueva estética: a pesar de que no fue escrito a máquina, fue producido mecánicamente en una imprenta, y luego pegado por Maples Arce en persona por las calles de la ciudad de México —un gesto que bajaba a la literatura de su pedestal para llevarla a las calles. En su manifiesto, el joven poeta relaciona la máquina de escribir con otro artefacto textual de la era moderna: los avisos económicos, que se producían en masa y aparecían diariamente en los periódicos. Para Maples Arce, estos anuncios son antitéticos a los ideales anticuados de la alta cultura: como los textos mecanografiados y otros objetos industriales, los avisos económicos se producían en masa por una máquina y se imprimían en cientos de miles de periódicos. En contraste con la noción romántica de la literatura como producto de la fuente sagrada de la inspiración individual, la escritura de los avisos económicos cumplía la función puramente utilitaria de anunciar un objeto en venta. El «Manifiesto del Estridentismo» fue, en última instancia, un tipo de anuncio clasificado, ya que sirvió para promover el producto de Maples Arce —un nuevo movimiento literario— a las masas mexicanas.

Maples Arce nunca le dio seguimiento a su propio llamado a hacer «literatura de las máquinas de escribir». A pesar de la urgencia de sus declaraciones, nunca escribió sobre las máquinas de escribir en sus libros de poesía. Su poesía, dedicada a temas y formas convencionales, no es en absoluto un ejemplo de la transformación mecánica de la literatura. Así pues, Maples Arce fue un teórico que nunca puso en práctica sus propias ideas. La «literatura de las máquinas de escribir» tuvo que esperar a otro escritor, en otro país latinoamericano, que dedicaría un poema verdaderamente revolucionario a su máquina de escribir: el poeta brasileño Mário de Andrade, que conocía a los estridentistas mexicanos y mantuvo relaciones epistolares con varios de ellos.

Como Maples Arce, Andrade era un joven escritor, inspirado por las vanguardias europeas, que aspiraba a lanzar una revolución literaria en Latinoamérica. Y, como Maples Arce, también identificaba la máquina de escribir con un símbolo claro de la nueva literatura. En 1922, Andrade escribió un poema —«Máquina de escrever», más tarde incluido en *Losango caqui* (1924)— en homenaje a su Remington. El tema de «Máquina de escrever» es el mismo que el de «Mi amiga la credulidad» de Guzmán, pero los dos textos no podrían ser más diferentes. Una lectura detallada del poema de Andrade puede resolver el misterio de cómo pudo haber sido en los hechos la «literatura de las máquinas de escribir» imaginada por Maples Arce, y permitirá localizar con exactitud lo que faltaba en los textos que Azuela y Guzmán le dedicaron a la máquina de escribir.

Para entender la diferencia de tono y estilo entre el poema de Andrade y los textos de Azuela y Guzmán, considérese el principio abrupto de «Máquina de escrever»:

B D G Z, Reminton
Pra todas as cartas da gente.
Eco mecânico
De sentimentos rápidos batidos.

[B D G Z, Reminton [*sic*]
Para todas las cartas de la gente.
Eco mecánico
De sentimientos rápidos tecleados].[43]

Estas líneas constituyen uno de los comienzos menos ortodoxos en la historia de la poesía Latinoamericana. Un poeta tradicionalista, como Guzmán, pudo haber comparado los golpes de su máquina con la 5° de Beethoven. Pero me abstendré de hacer esta clase de comparaciones musicales, pues lo que tenemos entre las manos no es una obertura sinfónica sino una verdadera cacofonía mecánica. El primer verso del poema de Andrade ni siquiera está conformado por palabras, sino que consiste en las marcas que dejan las barras de la máquina después de que un operador cualquiera ha presionado varias teclas al azar. Los caracteres «B D G Z» no tienen ningún significado: no son símbolos, en el sentido de Peirce, sino huellas de un evento mecánico −índices que resultan del movimiento de las partes de la máquina.

Con este verso inicial, Andrade demuestra su interés por la máquina Remington como tal. No sólo se refiere a los sonidos de la misma como un «eco mecánico», sino que los primeros caracteres del poema −«B D G Z», pronunciados «be de ye ze» en portugués− son transcripciones onomatopéyicas del repiqueteo industrial de la máquina. Así, el poeta pone en práctica tanto el llamado futurista a introducir el ruido industrial en la literatura, como el proyecto estridentista de una escritura salpicada de estridencias antiestéticas. Este inaugural golpeteo con cualidades industriales fue sólo un primer paso en un proyecto poético complejo que reflejaba los principios mecánicos de la máquina de escribir y se moldeaba a partir de éstos.

El primer verso del poema, «B D G Z, Reminton», demuestra claramente cómo la máquina de escribir transformó la escritura. Sólo pocos lectores de Andrade se han dado cuenta de que la Remington que aparece en el primer verso está mal escrita: el poeta escribe «Reminton» y no «Remington», error que refleja los errores tipográficos comunes que cometía cualquier mecanógrafo −y error, también, que los escritores conservadores de principios de siglo tomaban como uno de los síntomas terribles de la degradación que las máquinas producían en la escritura. La «Reminton» de Andrade no es sólo un «dedazo» sino una demostración de cómo las máquinas pueden alterar la escritura (además de una refutación de lo que afirmaba Blaise Cendrars: «Nunca una máquina ha cometido… un error de ortografía»).[44]

En «Reminton», al nombre de la marca le falta la letra *g*, una letra que parece haber sido usurpada del ilustre nombre de la fábrica norteamericana de armas y máquinas de escribir. No hay una *g* en «Reminton», pero hay una G en «B D G Z», la secuencia de letras que precede a la palabra «Reminton». La letra *g* no falta: simplemente ha sido desplazada de su lugar original, entre la *n* de «Remin» y la *t* de «ton», y vuelta a colocar en un sitio más enigmático.

La trama de la *g* perdida ilustra bien una de las formas en que una máquina puede transformar la escritura. En contraste con la fluidez de la escritura a mano, la mecanografía requiere que el operador divida las palabras en sus componentes —las letras—, y que presione las teclas que le corresponden a cada una. En la época moderna, pues, las palabras deben ensamblarse de modo serial y a partir de partes, como objetos en una línea de ensamblaje. Como describió Kittler, la máquina de escribir transformó las letras en «selecciones de provisiones espacializadas y numerables», y la escritura se convirtió en un proceso de «manipulaciones de permutaciones y combinatorias».[45]

Muchos escritores conservadores miraban con horror la serialización que caracterizaba la escritura a máquina, porque era un proceso que trataba las palabras como productos producidos en masa. Uno de los críticos en este frente era el filósofo Martin Heidegger, quien advirtió a sus estudiantes durante un seminario que la máquina de escribir no sólo «destierra la escritura del espacio esencial de la mano» sino que, en última instancia, ésta «degrada el mundo».[46] Además de separar la escritura de la mano humana, la máquina de escribir desmiembra a las palabras en sus componentes y obliga a teclearlos de manera serial. Como los fotógrafos pictorialistas, Heidegger consideraba que los objetos hechos a mano eran superiores a sus contrapartes mecánicas.

Andrade, en cambio, no tenía reparo alguno con tratar las palabras como objetos industriales en una línea de ensamblaje; por el contrario, el proceso lo divertía. El verso «B D G Z, Reminton» demuestra cómo la máquina de escribir separa las palabra en sus componentes y las imprime serialmente sobre el papel. Este mismo proceso también logra un efecto de ligereza: «tropicaliza» el impronunciable —al menos para los portugueses— término anglosajón «Remington», y lo traduce al más latino «Reminton». El «Reminton» sin *g* es una Remington que desfila con un disfraz brasileño, una máquina que se ha librado de las políticas reaccionarias de la fábrica de armas y máquinas de escribir.

El poema de Andrade demuestra la forma en que la máquina de escribir transformó la escritura: la máquina estandariza los textos, privándolos de las insignias subjetivas asociadas con la escritura manual. Heidegger lamentaba que «la máquina de escribir [hiciera] que todos parecieran iguales»,[47] pero Andrade celebra la uniformidad de los textos producidos mecánicamente:

Igualdade maquinal,
Amor odio, tristeza
E os sorrisos de ironia
Pra todas as cartas de gente…
Os malevolos e os presidentes da Republica
Escrevendo com a mesma letra
   Igualdade
  Liberdade
Fraternité, point
Unificação de todas as mãos.

[Igualdad maquinal,
Amor odio tristeza
Y las sonrisas de ironía
Para todas las cartas de la gente…
Rufianes y presidentes de la República
Escribiendo con la misma letra…
   Igualdad
  Libertad
Fraternité, point.
Unificación de todas las manos].[48]

En el poema de Andrade, la estandarización de la escritura no es, como había sospechado Heidegger, un síntoma de la degradación de la naturaleza humana en la era industrial, sino, por el contrario, síntoma de una «igualdad mecánica», cargado de potencial revolucionario. La uniformidad de los textos mecanografiados diluye todas las huellas de la clase social del escritor y ejerce influencias democráticas sobre el texto —la carta que escribe el presidente es, así, indistinguible de la que escribe el rufián. La máquina de escribir tiene el potencial de detonar una revolución en la república de las letras, asegurando la «igualdad, libertad y fraternidad» de todos los escritores de cartas –proposición radical que culminará con una «unificación de todas las manos». El poema de Andrade se convierte en un manifiesto que proclama la internacionalización no del trabajo sino de la mecanografía, e invita al lector a participar en este grito de batalla socialista de la escritura mecánica: ¡Mecanógrafos del mundo: uníos!

Andrade demuestra que la máquina de escribir transformó no sólo la disposición y apariencia de las letras, sino la esencia misma de la escritura. Su poema proclama la estandarización del mundo de las letras, y suprime las diferencias entre la alta y la baja cultura, entre la poesía y las prácticas textuales populares. La siguiente sección del poema incorpora líneas aleatorias, tomadas de varios machotes de cartas, cuyos temas varían entre pésames y peticiones de dinero –temas tan desconectados entre sí y tan azarosos como las cuatro letras que abren el poema:

«Pêsames»
«Situação difícil
Querido amigo... (E os 50 milreis)
    Subscrevo-me
                    adm^{ro}
                    obg^o».
E a assinatura manuscrita.

[«Pésames»
«Situación difícil
Querido amigo... (y 50 mil reales)
    Atentamente
                    Sinc^{mente}
                    Obl^{ado}».
Y una firma manuscrita].[49]

Mientras el poema de Andrade se va desarrollando como un *collage* de textos encontrados al azar –expresiones cliché de pésame, peticiones evasivas de dinero, saludos y despedidas–, el poeta asume el papel de *bricoleur* que utiliza la máquina de escribir para reciclar el desperdicio textual de la sociedad.

Llegado este punto, ya quedan muy lejos las nociones románticas que tenía Martín Luis Guzmán sobre el genio literario y su idea de que «los espíritus cultivados son, por necesidad, estacionarios y enemigos del progreso». Andrade celebra el potencial de la máquina de escribir para liberar la escritura de las cadenas de la tradición, desublimando la poesía y haciéndola indistinta de las formas populares de la escritura. «Máquina de escrever» es el ejemplo perfecto de la «literatura de las máquinas de escribir y los avisos económicos» que Maples Arce imaginó en su manifiesto. El poema se escribió en una máquina de escribir y está compuesto de fragmentos de machotes de cartas que, al igual que los avisos económicos, cumplen una función puramente utilitaria, como pedir dinero y dar el pésame. Como ha argumentado Flora Süssekind, el poema de Andrade destruye el aura literaria hasta el punto en donde «lo único que queda del sujeto lírico es la *firma manuscrita*».[50]

Para explicar con más detenimiento el giro radical que supone el poema de Andrade para la literatura, puede ser útil introducir una distinción entre dos tipos de acercamientos a la escritura mecánica. En el primero, ejemplificado por Azuela y Guzmán, la máquina de escribir figuraba en un texto meramente como materia de la representación, y no tenía impacto alguno en la forma del texto. Guzmán celebraba la máquina de escribir, pero su Remington aparecía en el ensayo meramente como un tema —y no por tratarse el ensayo de un tema moderno, resultaba más moderno el estilo victoriano del escritor. Se podría llamar este primer acercamiento, en donde el interés en la máquina es puramente temático, «escritura mecanográfica».[51]

Pero existe una segunda aproximación, más interesante que la primera, en la que el autor, inspirado por los orígenes de la máquina de escribir, va más allá de la mera descripción y logra alterar la estructura misma de su texto para exponer la génesis de la producción mecánica del mismo. Esta clase de textos, entre los cuales el poema de Andrade es ejemplar, exploraban los efectos especiales que sólo podían hacerse en una máquina de escribir y que por ende no estaban al alcance de los escritores que escribían a mano. Operando de esta forma, los textos mecanografiados hacían manifiesta la originalidad que les brindaba la producción mecánica. A esta segunda clase de aproximación se le puede llamar «escritura mecanogénica».

Cuando Andrade comienza su poema escribiendo «ʙ ᴅ ɢ ᴢ», está abriendo de forma mecanogénica un verso. Esta línea sólo puede ser producto de escribir a máquina, ya que consiste en las impresiones de los caracteres de la máquina sobre el papel. El «B D G Z» del poema no tendría ningún sentido si lo leyéramos en una hoja escrita a mano. Pero el aspecto más interesante de este verso es que nunca describe, sino transcribe. La línea no es una evocación de la mecanografía, sino el rastro que deja un evento mecánico —el golpeteo azaroso de las teclas de la máquina. Como escribe Flora Süssekind: «En este poema, la mediación de la máquina… no es sólo el tema del poema, sino también algo que le da forma».[52]

Para entender la originalidad del primer verso mecanogénico del poema de Andrade, considérese otro poema que habla sobre lo mismo, pero con una aproximación puramente mecanográfica: «Underwood girls» (1931), de Pedro Salinas. Este poema también describe el golpeteo caprichoso de un operador sobre las teclas de la máquina de escribir (a las que Salinas llama «Underwood girls»), pero su efecto no podría ser más distinto al de Andrade:

Quietas, dormidas están,
las treinta, redondas, blancas.
Entre todas sostienen el mundo.
Míralas, aquí en su sueño,
como nubes,
redondas, blancas,
. . . .
Despiértalas,
con contactos saltarines
de dedos rápidos, leves,
como a músicas antiguas.
Ellas suenan otra música:
fantasías de metal
valses duros, al dictado.
Que se alcen
. . . .
Que se crean que es la carta,
la fórmula, como siempre.
Tú alócate bien los dedos, y las
raptas y las lanzas,
a las treinta, eternas ninfas
contra el gran mundo vacío,

blanco a blanco.
Por fin a la hazaña pura,
sin palabras, sin sentido,
ese, zeta, jota, i...[53]

Hay un mundo de diferencia entre el «ese, zeta, jota, i...» de Salinas y el «ʙ ᴅ ɢ ᴢ» de Andrade. Salinas describe el tecleo de una forma tal que bien pudo haber estado hablando de la escritura manual. Escribe el nombre de las letras como suenan en español, en vez de dejar que la máquina lo haga por él: pudo haber escrito «s ᴢ ᴊ ɪ» para cerrar el poema, ahorrándose el tiempo y la tinta, y produciendo un verso que fuera más allá de la descripción para volverse un verdadero ejemplo del acto de teclear. Pero Salinas decidió escribir «ese, zeta, jota, i»: una línea mecanográfica tradicional que es, acaso, una vaga evocación del proceso de escribir a máquina. A pesar de su temática, el poema de Salinas no contiene ningún elemento que manifieste sus orígenes mecánicos o le imprima la marca de un texto compuesto en una máquina de escribir. Es como si el poeta temiera que los rastros índexicos de la escritura mecánica entren en su propia escritura. Opta, en cambio, por permanecer en el terreno seguro de la escritura mecanográfica, donde la máquina siempre está a cierta distancia del texto.

El poema de Andrade, en contraste, abunda en ejemplos de la escritura mecanogénica —en efectos mecánicos que sólo pudieron haber sido producidos por una máquina de escribir. Y así, enfatiza el hecho de que el poema no fue escrito a mano sino producido mecánicamente. Además de la indexicalidad mecánica del primer verso, hay otros varios versos resultantes de la escritura mecanogénica. La sección donde aparece el *collage* de cartas de condolencia y peticiones de dinero, por ejemplo, incluye dos abreviaciones misteriosas: «admᵣᵒ» y «obgᵒ». Ninguna de estas dos abreviaciones es de uso corriente en el portugués, aunque se puede adivinar su significado fácilmente: «admᵣᵒ» parece ser la abreviación de *admirador*, y «obgᵒ» es una contracción de *obrigado* (gracias), aunque la abreviación común sería «obrg». En términos de la escritura mecanogénica, existe una explicación clara para este léxico poco ortodoxo. La máquina Remington tenía teclas con dos superíndices comunes en las abreviaciones: «ᵒ» y «ᵣ». La «ᵒ», por ejemplo, se utiliza seguido para abreviar números ordinales en Portugués (como «1ᵒ», «2ᵒ», «3ᵒ», «4ᵒ»); y «ᵣ» se coloca comúnmente después de una «S» para formar «Sᵣ», la contracción de *Senhor* (señor).

Inspirado por el descubrimiento de estos dos superíndices en el teclado de la Remington, Andrade los incorpora a su poema, utilizándolos para escribir nuevas palabras, que saltan a la vista por su originalidad. La invención de estas abreviaciones estuvo enteramente determinada por las teclas de la máquina de escribir: «obgᵒ» y «admʳᵒ» eran neologismos (o neomecanismos) creados sólo para sacar provecho de las dos teclas de superíndices. La invención de estas contracciones fue una estrategia mecanogénica que expone el poema como un *collage* hecho con el teclado de la máquina.

Antes de regresar al escenario de México y la Revolución, me gustaría considerar un último ejemplo de la conciencia que tuvo Andrade para vislumbrar el potencial de la máquina de escribir y crear, con ello, una nueva forma de escritura. La última sección del poema contiene una serie de versos enigmáticos:

> Trique… Estrago!
> E na letra O.
> . . . .
> Não poder contar meu êxtase
> Diante dos teus cabelos fogaréu!
>
> A interjeição saiu com um ponto fora de lugar!
> Minha comoção
> Se esqueceu de bater o retrocesso.
> Ficou um fio
> Tal e qual uma lágrima que cai
> E o ponto final depois da lágrima.
>
> Porém não tive lágrimas, fiz «Oh!»
> Diante dos teus cabelos fogaréu.
> A máquina mentiu!
> Sabes que sou muito alegre
> E gosto de beijar teus olhos matinais.
> Até quarta, heim, ll.
>
> Bato dois LL minúsculos.
> E a assinatura manuscrita.

[Tlic... ¡error!
E en lugar de la letra O
. . . .
¡No puedo contar mi éxtasis
Delante de tus cabellos de fuego!

¡La interjección salió con un punto fuera de lugar!
En mi conmoción
Olvidé pegarle a la tecla de retroceso.
Quedó un hilo
Como una lágrima que cae
Y un punto final después de la lágrima.

Sin embargo, no hubo lágrimas, hice «¡Oh!»
Frente a tus cabellos de fuego,
¡La máquina mintió!
Sabes que soy muy alegre
Y que me gusta besar tus ojos matinales.
Hasta el miercoles, ll, eh.

Tecleo dos ll minúsculas.
Y una firma manuscrita].[54]

Además de describir varios aspectos inherentes a la experiencia de teclear
en una máquina, como presionar la tecla incorrecta («E en lugar de O»,
se lamenta el narrador, mientras describe la inesperada intrusión de una
errata), y tener que teclear dos eles minúsculas a falta de la tecla necesaria
para escribir una doble diagonal (//) –signo tradicionalmente utilizado en la
correspondencia brasileña para marcar el lugar donde debe ir la firma–, el
autor hace una alusión más misteriosa al teclado de la máquina. Después de
escribir «¡No puedo contar mi éxtasis/ Delante de tus cabellos de fuego!»,
Andrade continúa con una serie de versos enigmáticos. «¡La exclamación
salió con el punto fuera de lugar!», se lamenta otra vez, explicando que:

Olvidé pegarle a la tecla de retroceso.
Quedó un hilo
Como una lágrima que cae
Y un punto final después de la lágrima.

121

Estas descripciones resultan desconcertantes: ¿a qué lágrima se refiere el autor? ¿Dónde está el punto perdido que suscita la «conmoción»?

Andrade está describiendo, en efecto, otra peculiaridad del teclado de su Remington. La máquina —muy probablemente la Remington portátil de 1920— no tenía una tecla para escribir un signo de exclamación. Así, quienes operaban una de estas máquinas tenían que formar el símbolo tecleando primero un apóstrofe, luego presionando la tecla de retroceso, y finalmente tecleando el signo de punto para que éste quedara justamente debajo del apóstrofe ('+ . = !). La «conmoción» de la que habla Andrade empieza porque se le olvidó «pegarle a la tecla de retroceso», y así termina con dos símbolos independientes, uno después que el otro: un apóstrofe y un punto ('.). El resultado es un apóstrofe que cuelga, «como una lágrima que cae» (una lágrima mecánica, puesto que más adelante el poeta admite que no hubo llanto), y «un punto final después de la lágrima».[55]

Este procedimiento demuestra que la máquina de escribir requería tanto que su operador ensamblara las palabras a partir de letras individuales, como que formara caracteres nuevos a partir de las teclas disponibles —una verdadera «taylorización» del lenguaje que hubiera horrorizado a Heidegger, ya que la descomposición de las palabras que él asociaba con la máquina se extendía ahora hasta las letras. Andrade, sin embargo, no tiene reparos en usar su Remington para esta divertida actividad del desmembramiento mecánico.

Estas estrategias —desde la inclusión de índices hasta los pasajes de escritura mecanogénica que celebran el descubrimiento de nuevas teclas de la máquina de escribir— producen un efecto desublimatorio en la escritura. El poema de Andrade no podría estar más lejos de los ideales decimonónicos de la alta cultura que pregonaba Guzmán. «Máquina de escrever» no es una obra de arte escrita por un «espíritu cultivado» que deriva su inspiración de la «fuente sagrada» de la creatividad, sino un ensamblaje mecánico de partes de textos encontrados, frases hechas, y golpes azarosos a la máquina que dejan un rastro indéxico. En su prefacio a *Losango cáqui*, Andrade subraya que sus textos no son poemas sino «brincadeiras» (juegos textuales): «raro tive a inteção —escribe— de poema quando escrevi os versos sem titulo dêste livro» [rara vez tuve la intención de escribir un poema, cuando escribí los versos sin título de este libro].[56] El texto de Andrade es un perfecto ejemplo de la escritura desublimada y una respuesta concreta al llamado de Maples Arce a la «literatura de las máquinas de escribir y los avisos económicos».

Andrade no fue el único en identificar la máquina de escribir como un instrumento para desublimar la literatura: uno de los *readymades* más misteriosos de Marcel Duchamp es un maletín negro para guardar una máquina de escribir, con la palabra «Underwood» escrita en relieve sobre un costado. El significado de la *Underwood* (1916) de Duchamp se esclarece cuando se compara con los otros prefabricados del artista: un mingitorio, una rueda de bicicleta, una postal de la *Mona Lisa* —objetos que carecen de las cualidades sublimes del alto arte y la alta cultura. Como el mingitorio, la máquina de escribir era un objeto modesto que sorprendía a los espectadores cuando se introducía en la esfera sublime de una exhibición de arte.

Si ahora regresamos a la escena del México posrevolucionario, es fácil darse cuenta de cuán lejos estaban escritores como Azuela y Guzmán de entender verdaderamente la máquina de escribir. Sus prejuicios antitecnológicos, y especialmente su negación a aceptar el estatus de «máquina» de la máquina de escribir, les impidieron explorar el impacto brutal que tuvo la mecanización de la escritura sobre las letras. A pesar de su fascinación con las Oliver y Remington, los novelistas de la Revolución Mexicana fueron incapaces de escribir textos que reflejaran la naturaleza industrial de su forma de producción. A diferencia de Andrade, cuyas exploraciones mecánicas crearon una nueva forma de poesía —poesía, además, que estaba en concordancia con la producción serial y los mecanismos de la red de discursos posrevolucionarios—, Azuela y Guzmán permanecieron ceñidos al terreno seguro de la escritura mecanográfica, donde las referencias temáticas a la máquina de escribir coexisten con una prosa más cercana a los valses del siglo diecinueve que a las máquinas del siglo veinte.

En su interpretación equívoca de la máquina de escribir, Azuela y Guzmán demuestran una de las características menos estudiadas de la novela de la Revolución: su tradicionalismo formal. Aunque Azuela y Guzmán escribieron en una época marcada por los intentos de revolucionar la literatura —entre los cuales el llamado de Maples Arce a la «literatura de las máquina de escribir y los avisos económicos» es sólo un ejemplo—, permanecieron firmemente arraigados en las formas narrativas del siglo diecinueve. Azuela y Guzmán rechazaron las nuevas formas narrativas por las mismas razones que despreciaban las máquinas: estimaban que cualquier cosa asociada con la mecanización de la modernidad era «deplorable» e incompatible con la literatura seria. Los novelistas de la Revolución Mexicana terminaron, de esta forma, en una posición paradójica: así como celebraron la máquina de escribir pero rechazaron las influencias mecánicas en su propia producción literaria, así también abrazaron la revolución como tema, sin dejar que el espíritu revolucionario transformara su narrativa.

Tecla de retroceso: objetos de amor mecánicos

Kittler hubiese aprobado el poema de Mário de Andrade como un perfecto producto literario de la época de las máquinas de escribir, porque el poeta evade los temas románticos del amor y la pasión, y se concentra en temas más bien mundanos, como sus experimentos con el teclado. Pero Andrade tenía una relación poco común con su máquina de escribir. Se sentía tan apegado a su Remington que la había apodado Manuela (en honor a su mejor amigo, el escritor Manuel Bandeira), y comenzó a tratarla como un objeto erótico. «Junto a ella, me da la impresión –le cuenta Andrade a Bandeira en una carta– de estar con una mujer grande y voluptuosa, tan grande que es titanesca, y titanescamente hermosa también».[57]

La infatuación de Andrade con Manuela siguió durante mucho tiempo, como él mismo contó en una entrevista: «Soy muy afectuoso y tiendo a enamorarme de las cosas que me rodean. Mi Remington, por ejemplo. Se llama Manuela, un nombre que condensa el amor que siento tanto por mi máquina de escribir, como por mi mejor amigo, que se llama Manuel… tengo que confesar que, como un verdadero amante, su forma de ser, sus defectos y sus cualidades, me han sugerido algunas buenas ideas. Incluso le dediqué un poema». Pero la relación de Andrade con Manuela no era meramente platónica. Pasó al acto, como cuenta: «Cuando escribo… a veces hago una pausa para reclinar mi cabeza sobre la cabeza metálica de la máquina, y siento su tacto frío. Otras veces, cuando he estado escribiendo, lentamente, acaricio la máquina con mi mano derecha, como quien acaricia un caballo para domarlo».[58]

Ahora se esclarece un poco la razón por la cual Andrade pudo escribir tan elocuentemente sobre la Remington en «Máquina de escrever»: había tomado la máquina como un objeto amoroso. Y la relación entre el poeta y la máquina de escribir está llena de tendencias extrañas: es propia de un *voyeur* (se pasa horas observando a Manuela), es fetichista (tiene una fijación con las partes metálicas de la máquina), y es logofílica (se siente atraído por sus letras y teclas). Andrade era un perverso mecánico –patología

124

que lo convierte en un perfecto sujeto del siglo veinte, ya que él modernizó tanto su escritura como el objeto de su afecto. Nietzsche creía que «los instrumentos que utilizamos para escribir contribuyen a nuestra forma de pensar», y Andrade pudo haber agregado: «los instrumentos que utilizamos para escribir contribuyen a nuestra forma de amar».[59]

La Underwood

A pesar de que me he enfocado casi exclusivamente en las representaciones literarias de las máquinas de escribir, las primeras décadas del siglo veinte dieron lugar a un sinnúmero de producciones extraliterarias en torno a la máquina de escribir: caricaturas, dibujos, fotografías, películas, esculturas, e incluso, gracias a Satie, composiciones musicales. Entre los artistas plásticos, los fotógrafos estaban particularmente bien preparados para darse cuenta de la importancia cultural de la escritura mecánica, ya que su propio trabajo dependía también de la mecanización de las representaciones visuales. Los fotógrafos estaban, además, acostumbrados a lidiar con la resistencia que muchos mostraban ante los intentos de introducir la tecnología en procesos tradicionalmente manuales. Inspirados por las similitudes entre la máquina de escribir y la cámara, muchos fotógrafos en la década de los veinte hicieron trabajos en torno a la máquina de escribir: Ralph Steiner produjo la foto *Typewriter Keys* (1921); el constructivista ruso El Lissitzky fotografió una mano escribiendo en una Remington; y Tina Modotti, como vimos en el primer capítulo, tomó una foto de la máquina de su amante, el revolucionario cubano Julio Antonio Mella.

Me gustaría regresar ahora a *La técnica* de Modotti, y preguntar cómo se distingue esta representación fotográfica de la máquina de escribir de las elaboraciones textuales, tanto mecanográficas como mecanogénicas, que hemos considerado en este capítulo. ¿Puede la cámara «ver» en la máquina de escribir aspectos que eluden a la representación textual? ¿Cómo se relaciona la mecanización de la escritura que entraña la máquina de escribir con la mecanización de la visión que introduce la cámara? ¿Pueden dividirse las representaciones fotográficas de las máquinas de escribir, como sus contrapartes textuales, en creaciones mecanográficas y mecanogénicas?

Pero antes de proseguir nuestra discusión de *La técnica* y su relación con la «literatura de las máquinas de escribir», cabe hacer una pregunta sencilla: ¿qué tipo de máquina de escribir fotografió Modotti? Ninguno de los críticos de Modotti se han preguntado sobre esta cuestión fundamental a pesar de que, como ya se vio, había un mundo de diferencia entre las Oliver, las Remington y otras marcas: cada una había llegado a representar atributos distintos de la historia de la mecanografía, desde su aspecto visual hasta el nivel de ruido que emitían.

La máquina de escribir representada en *La técnica* no es ni una Oliver ni una Remington, sino una Underwood. También es un tipo de máquina que hasta ahora no hemos considerado: una máquina portátil, más ligera y más transportable que los modelos de escritorio que utilizaban Azuela y Guzmán. Como se puede ver si se comparan las figuras 34 y 35, la máquina fotografiada por Modotti era una Underwood portátil –un modelo con tres filas de teclas en vez de cuatro–, que apareció en 1919 y se manufacturó hasta 1929.[60] Modotti tenía buenas razones para escoger esta máquina y no otra para su foto. Como expuse con anterioridad, después de su introducción revolucionaria de la escritura visible, la Underwood pasó a ser la máquina más avanzada y mejor vendida. Pero, aún más notablemente, por ahí de los años veinte, la marca Underwood se había vuelto sinónimo de velocidad. La compañía aseguraba que sus máquinas eran las más rápidas del mundo, y para comprobarlo empezó a patrocinar concursos de mecanografía que invariablemente ganaban quienes utilizaban una Underwood. Describiendo la ventaja de esta compañía con respecto a sus competidores en estos concursos, Bruce Bliven escribe: «Para el deleite manifiesto de la compañía Underwood, y para el creciente descontento de otras compañías, en 1915 los mecanógrafos que utilizaban una máquina Underwood seguían ganando. Fue el perenne dominio de la Underwood, más que nada, lo que acabó finalmente con estas competencias, ya que ninguna otra compañía se atrevía a participar».[61]

Además de su rapidez, la Underwood fotografiada por Modotti tenía otras ventajas sobre las demás máquinas: era portátil. Los anuncios de la máquina la presentaban como el aparato perfecto para el siglo veinte: los ejecutivos que se desplazaban de un lugar a otro la podían llevar consigo y utilizarla a bordo de automóviles, trenes e incluso aviones. Una fotografía promocional de 1926 (figura 36) muestra a la ganadora de uno de los concursos de mecanografía, celebrando su victoria a bordo del sidecar de una motocicleta con su Underwood portátil –estrategia que se asemeja mucho a los anuncios de la Kodak que representaban la cámara a bordo de un automóvil, que vimos en el capítulo 1. Al igual que los fotógrafos en los anun-

Figura 34: Modotti, *La máquina de escribir de Julio Antonio Mella* (detalle).

UNDERWOOD
STANDARD PORTABLE
TYPEWRITER

RESPONDING to the call of the traveling business man, the news writer and the field worker, demanding a practical and strong, nonfolding PORTABLE TYPEWRITER the Underwood Typewriter Company takes pride in offering to the public a machine combining all of the stated qualifications.

In the manufacture of this new machine, in the careful selection of materials, in excellence of workmanship, all the skill, ability and experience of the Underwood Typewriter Company have been employed.

LATEST EQUIPMENT DEVICES

Line Space Lever. Line Space Change. Left and Right Margin Stops. Capital and Figure Shift-Keys. Capital and Figure Shift-Key Lock. Paper Release. Carriage Release. Margin Release. Backspacer. Two-Color Ribbon Attachment. Stencil-Cutting Device. Full-Size Ribbons, on Standard Underwood Ribbon Spools. Weight, including Carrying Case, 8¾ pounds. And it callitypes!

Figura 35: Underwood Standard Portable Typewriter (1919).

Figura 36: Stella Willins, campeona del concurso de mecanografía de 1926,
a bordo de una motocicleta. Bruce Bliven, Jr., *The Wonderful Writing Machine*
(London: George Allen & Unwin Ltd, 1973), p. 120.

cios de cámaras, esta mecanógrafa moderna ha mecanizado tanto su medio
de representación como su medio de transporte. La Underwood portátil
era, entonces, no sólo el producto más deseado en el mercado de las máquinas de escribir, sino también la máquina mejor adecuada a la velocidad
de la era moderna.

Además de haber escogido la más moderna de las máquinas de escribir, Modotti también utilizó varias estrategias para fotografiarla, que subrayan la relación entre la máquina y otros productos industriales. A
diferencia de Azuela o Guzmán, que temían mirar más allá de la superficie
destellante de sus instrumentos, Modotti dirige su ojo y el lente de su cámara hacia la médula industrial de la Underwood, enfocando los componentes mecánicos de la misma: el teclado, las barras, el rollo de cinta, el
carro —cuatro partes mecánicas distintas cuya acción sincronizada hacen

posible el funcionamiento de la máquina.[62] La contigüidad de estos cuatro elementos (cada uno ocupando una sección distinta de la foto) invita al lector a concebir la mecanografía como una operación que, como los procesos industriales de la taylorización, dependía de la combinación serializada de operaciones individuales: presionar una tecla, hacer que una barra le pegara a la cinta, girar el rodillo del carro.

El encuadre de Modotti muestra un pequeño corte del mecanismo de la Underwood –un puñado de botones, barras, palancas de metal, tuercas, y otras partes móviles–, y enfatiza su complejidad técnica. A diferencia de los novelistas de la Revolución Mexicana, la fotógrafa subraya el hecho de que las máquinas contenían entre dos y cuatro mil partes individuales –característica que las colocaba entre los aparatos más sofisticados de los primeros años del siglo veinte.[63] Frente a la inventiva mecánica que se presenta en *La técnica*, ningún espectador sensible puede confundir las teclas de la Underwood con las pintorescas «Underwood girls» o las armoniosas teclas de un piano: la fotografía deja absolutamente en claro que las partes de una máquina de escribir tienen más que ver, tanto visual como funcionalmente, con las máquinas de una fábrica y con mecanismos industriales, que con instrumentos musicales.

La fotografía de Modotti también enfatiza la relación entre las máquinas de escribir y la maquinaria industrial, revelando las figuras geométricas inherentes a las partes que la componen: las teclas y el carrete de la cinta forman círculos perfectos, mientras que las barras trazan pautas de líneas paralelas. Aquí, Modotti estaba adoptando la estrategia moderna de revelar las figuras geométricas escondidas en objetos cotidianos; Edward Weston, por ejemplo, había fotografiado el interior de una casa que compartió con Modotti en la ciudad de México, para producir *Sink* (1925) y *Toilet* (1925), dos fotografías que ponen en relieve las figuras geométricas en el diseño de los muebles de su baño. Pero, si bien Weston se sintió atraído por la geometría de su baño (un espacio apolítico, separado del México posrevolucionario de los años veinte), Modotti prefirió la precisión geométrica de los símbolos de la red de discursos posrevolucionaria. Sus fotografías revelan el orden geométrico de los postes, los cables telefónicos, los tanques industriales, y las máquinas de escribir –artefactos que jugaron un papel crucial en los proyectos de modernización emprendidos por los gobiernos de Obregón y Calles.

Fotografiando las partes de la Underwood, Modotti no sólo expone el mecanismo de la mecanografía que otros ocultaban, sino que también oculta lo que otros mostraban invariablemente en sus relatos sobre la máquina de escribir: la mano que escribe. Mientras que Heidegger lamentaba que «la máquina de escribir destierra la escritura del espacio esencial de la mano», Modotti parece celebrar este hecho. Su fotografía muestra cada una de las partes mecánicas necesarias para escribir, e incluso muestra el resultado final –un texto escrito sobre la plancha–, pero omite el único elemento no mecánico que se necesita para operar la máquina: la mano humana. Si el poema de Andrade predijo la unificación de todas las manos, inspiradas por la máquina de escribir, la foto de Modotti replica con la amputación de todas las manos –cosa que deja al espectador con la inquietante impresión de que la automatización del proceso de la escritura puede tener consecuencias peligrosas en el cuerpo humano.

Sabemos, por supuesto, que la máquina de escribir no prescinde enteramente de la mano humana: necesita que los dedos presionen sus teclas y activen los complejos mecanismos de sus barras y palancas: *alguien* tuvo que haber escrito el texto en el carro de aquella Underwood. El texto en cuestión, de hecho, se escribió dos veces: primero por un mecanógrafo ausente, y luego por la cámara de Modotti –que «escribe con luz», y produce un facsímil del original. Inicialmente, un mecanógrafo anónimo escribió el texto mecánicamente, pero luego la cámara lo reescribe automáticamente, sin la intervención de los dedos en el teclado. Como se vio en el primer capítulo, una vez que se dispara el obturador, la imagen se «escribe» instantáneamente, a través de un proceso fotoquímico que imprime la imagen en el negativo. Al fotografiar un texto mecanografiado, Modotti transforma, en efecto, la cámara en una máquina de escribir, anticipándose por varias décadas a la máquina fotocopiadora. La transforma, además, en una máquina que tiene una ventaja indiscutible sobre la Underwood, ya que aunque esta última escribe mecánicamente, sólo la cámara lo hace automáticamente.

Transformando la cámara en una máquina de escribir, Modotti revela que tenía perfecta conciencia sobre el impacto de la tecnología en las formas tradicionales de la representación. Modotti entendió que la tecnología no era meramente un aspecto más de las obras de arte, sino una fuerza poderosa capaz de transformar el arte radicalmente. Mientras que Azuela y Guzmán *describen* meramente la máquina de escribir en sus textos sobre las Oliver y Remington, Modotti *emula* la función de ésta, al convertir su cámara en una máquina de escribir capaz de producir facsimilares fotográficos de textos mecanografiados. Se trata no sólo de una foto de una máquina de escribir, sino de uno de los ejemplos más originales de la escritura automática.

Los lectores familiarizados con la historia de la «escritura automática» podrían alegar que los experimentos de Modotti con cámaras y máquinas de escribir no tienen relación alguna con el concepto surrealista de la *écriture automatique* —un proceso psíquico que tiene más que ver con la asociación libre que con las máquinas. Quizá haga falta una aclaración: André Breton acuñó el término *écriture automatique* para describir el ejercicio surrealista que consistía en recrear textualmente el proceso de la libre asociación. A pesar de que casi todos estos ejercicios se realizaban con pluma y papel, Breton los describía inequívocamente como «automáticos» (es sabido que definió el surrealismo como «automatismo psíquico»), y en su *Manifiesto surrealista* de 1924 explica la relación entre la escritura surrealista y el automatismo mecánico: «Nous sommes le modestes appareils enregistreurs qui ne s'hypnotisent pas sur le dessin qu'ils tracent, nous servons peut-être à une plus noble cause». [Somos humildes aparatos de grabación que no se embelesan con las siluetas que trazan. Es posible que estemos al servicio de una causa más noble].[64] Desde el punto de vista de Breton, la escritura automática era automática no porque dependiera de las máquinas, sino porque buscaba transformar al sujeto que escribía en una máquina de escribir —un «aparato registrador»— que no reclamara ningún derecho sobre su producción textual. Quienes practicaban la escritura automática tomaban como modelos el fonógrafo, la máquina de escribir y la cámara: aparatos que registran mecánicamente y cuya sola función es transcribir aquello que tienen delante. Mientras escribía, la mano de Breton era, como la máquina de escribir fotografiada por Modotti, un mero instrumento para la transcripción de textos. Determinado a transcribir pasivamente los movimientos del inconsciente, el poeta surrealista se convirtió, efectivamente, en una máquina de escribir.

La escritura automática tiene una conexión más con la máquina de escribir: como ésta, produce textos alejados de la esfera sublime del arte. Una vez automatizado, el autor deja de ser un espíritu inspirado capaz de escribir grandes obras maestras, y se convierte en mera máquina transcriptora de textos. En su primer manifiesto, Breton da un buen ejemplo de este tipo de escritura automática que resulta de juntar textos de un periódico y es notablemente similar al *collage* mecanogénico de Andrade en «Máquina de escrever»: «Il est même possible d'intituler poème ce qu'on obtient par l'assemblage aussi gratuit que possible… de titres et de fragments de titres découpé dans des journaux». [Incluso es posible llamar poema a aquello que uno obtiene del ensamblaje tan gratuito como posible… de encabezados y de fragmentos de encabezados recortados de los periódicos].[65] El poema automático descrito aquí por Breton –una composición producida por medio del ensamblaje aleatorio de encabezados de periódicos–, es exactamente como la «brincadeira» de Andrade: un *collage* apartado de las pretensiones sublimes del arte, un texto cuya composición arbitraria y temática modesta retaba las nociones tradicionalistas de la alta cultura. Así, aunque la mecanografía y la escritura automática son dos actividades distintas, producen los mismos resultados: mecanizan al sujeto que escribe, lo dejan desprovisto de cualquier reclamo de derecho de autor, y desubliman su creación.

Modotti comparte con Breton –como con Andrade– el interés en los poderes desublimantes de la escritura automática, y su foto, como el manifiesto de Breton y el poema de Andrade, transforma la escritura en una serie de fragmentos textuales aleatorios. *La técnica* muestra un texto mecanografiado sobre el carro de la máquina, pero Modotti imprime la imagen de manera que el marco de la foto corta la página escrita, rebanando palabras y oraciones y dejando sólo el cascajo de textos ininteligibles. Los únicos caracteres visibles –«nspiración/ ción artística/ ón en una síntesis/ existe entra la»– forman un ensamblaje desarticulado que se lee como uno de los experimentos de Breton con la escritura automática. Las palabras están doblemente fragmentadas: primero, por la máquina de escribir, que las divide en letras, y luego por la cámara, cuyo corte del campo de visión nos deja con fragmentos textuales suspendidos en la nada. Mientras que los críticos conservadores lamentaron la fragmentación y división del lenguaje que producía la máquina de escribir, Modotti aparenta deleitarse con ello, y compone una sola imagen a partir de las letras discretas de la máquina de escribir y las palabras destajadas por el ángulo que adopta la cámara. Los cortes que parece sugerir Modotti corresponden a procesos paradigmáticamente modernos que van de la mano con las funciones mecánicas de las cámaras y máquinas de escribir.

Existe una diferencia importante, sin embargo, entre los acercamientos de Modotti y de Breton al automatismo. Breton relacionaba la *écriture automatique* con los procesos del inconsciente, mientras que Modotti relacionaba sus experimentos en torno a la escritura automática con el activismo político. Los fragmentos de palabras en *La técnica* no habían sido escritos aleatoriamente, sino tomados de los textos de Leon Trotsky sobre el arte revolucionario. El pasaje original –que Modotti, a pesar de su reticencia de acompañar sus fotos con textos, reprodujo, en la invitación a su única exposición en la ciudad de México– reza: «La técnica se convertirá en una inspiración mucho más poderosa de la producción artística: más tarde encontrará su solución en una síntesis más elevada el contraste que existe entre la técnica y la naturaleza».[66] Este texto es un extracto de «El arte revolucionario y el arte socialista», el octavo y último capítulo del libro de Trotsky, *Literatura y revolución*, que había sido traducido al español en 1923. Al igual que la indagación que se hizo en torno a la historia de las máquinas de escribir en el México posrevolucionario, este pasaje reflexiona sobre la pregunta por la tecnología y su impacto sobre la representación artística.[67]

Trotsky señala dos puntos muy importantes que se relacionan con la representación que hace Modotti de la máquina de escribir en *La técnica*. El primero es que el pensador ruso increpa a quienes aún se preguntaban si la tecnología era un tema digno de ser tratado en las representaciones artísticas, puesto que esto presuponía, ingenuamente, que dicho tema es un tema más para los artistas –como las flores o los bosques. La tecnología, argumenta, no es un mero tema de representación, sino una fuerza poderosísima, capaz de impulsar la historia hacia delante y transformar todos los aspectos de la existencia humana, incluyendo el arte. Todo arte, como la vida misma, está destinado a mecanizarse cada vez más, y aquellos que pretenden salvaguardar sus creaciones de las fuerzas de la tecnología son meros necios que simplemente no entienden la lógica de la historia. Anticipándose a las teorías de Walter Benjamin por más de una década, Trotsky concluye que los artistas no deben siquiera preguntarse si la tecnología es un tema digno de su trabajo; en cambio, deben reflexionar sobre cómo ésta transformará inevitablemente sus obras.

En *Literatura y revolución* aparece una segunda idea que se relaciona estrechamente con el trabajo de Modotti. Además de seguir por la línea de la interpretación marxista de la tecnología como una fuerza que empuja la historia hacia delante, Trotsky también creía que las fuerzas tecnológicas transformarían el arte para hacerlo más útil para la sociedad. «La técnica –escribe en el pasaje citado por Modotti– se convertirá en una inspiración mucho más poderosa para la producción artística». Con esto quiso decir que, en el futuro, el arte estaría inspirado por la utilidad que caracteriza a los artefactos tecnológicos. La tecnología investiría el arte de propósito, liberándolo de las funciones meramente ornamentales y decorativas que tradicionalmente cumplía en la sociedad burguesa. Anticipándose también a las ideas de Kittler, Trotsky argumenta que la tecnología reemplazará eventualmente al misticismo, al romanticismo, y a otros modelos artísticos tradicionales que él consideraba «inútiles»: «La revolución no puede coexistir con el misticismo... En nuestros días no se puede tener "al lado" un misticismo portátil, algo así como un perrito que se mima. Nuestra época corta como un hacha».[68] Modotti pudo haber agregado: ¡Un hacha para cortarle la mano a los mecanógrafos!

En *La técnica*, Modotti presenta una elaboración visual de estas dos ideas centrales en Trotsky: que la mecanización es parte de una fuerza histórica más amplia y que la tecnología alteraría la función del arte. Su representación de la Underwood sugiere que la llegada de las máquinas de escribir no era un fenómeno aislado sino una de las numerosas manifestaciones de los medios mecanizados de la modernidad. *La técnica* es una imagen de una máquina de escribir fotografiada por una cámara —estrategia que sugiere un paralelo entre la mecanización de la escritura por medio de la máquina de escribir, y la mecanización de la visión por medio de la cámara. Así, Modotti demuestra que, en 1927, las predicciones de Trotsky sobre la inevitable tecnologización del mundo ya eran una realidad, puesto que dos de los actos más fundamentales de la comunicación —ver y escribir— ya estaban mecanizados. La gente escribía a máquina y miraba el mundo a través de fotografías reproducidas mecánicamente en los periódicos y revistas. Y, como sugiere la foto al colocar el texto del pensador ruso en el centro de la imagen, Trotsky mismo era un ejemplo de un intelectual moderno que había integrado la tecnología a sus procesos creativos.

Como pueden apreciar los visitantes del Museo Casa León Trotsky, el revolucionario ruso era un ávido coleccionista de la tecnología de punta: su estudio (figura 37) —que dejaron intacto desde el día de su asesinato— está atiborrado de dictáfonos, fonógrafos y máquinas de escribir que utilizaba para hacer sus libros. Todos los actos comunicativos de Trotsky —hablar, escuchar, leer y escribir— estaban mediados por las máquinas. Y, como se puede ver en la foto, la máquina de escribir que utilizaba era, al igual que la de la fotografía de Modotti, una Underwood. No sólo era la Underwood una máquina moderna, portátil y vertiginosamente rápida, sino que también era la máquina predilecta de los intelectuales revolucionarios.

Como Trotsky, Modotti consideraba que la mecanización de la comunicación era parte de un proceso histórico mucho más amplio, a través del

Figura 37: Despacho de Leon Trotsky en Coyoacán:
dictáfono, gramófono y máquina de escribir Underwood.

cual la tecnología transformaría el mundo. *La técnica* no es una imagen aislada sino parte de una serie de fotografías que representan varios aspectos de la modernización impulsada en México durante los mandatos de Obregón y Calles en la década de 1920. Consideradas en su conjunto, estas obras demuestran que la mecanización de la escritura era sólo una de las muchas transformaciones –como la llegada de la electricidad a los barrios y la construcción de autopistas– que resultaron de los programas posrevolucionarios diseñados para catapultar a México hacia la modernidad.

Aún más significativamente, *La técnica* elabora sobre la aseveración de Trotsky de que la tecnología transformaría el arte para convertirlo en algo con mayores y más elevados propósitos. Los procesos de representación visuales y textuales que aparecen en la foto de Modotti no sólo son mecánicos sino también fueron diseñados para cumplir un propósito simple: el texto de Trotsky cumplía la función de promover una revolución estética y política, mientras que la máquina de escribir servía para reproducir y distribuir este mensaje, al igual que la cámara que capta la imagen de todo esto. Más que una mera representación, *La técnica* surge como un medio eficiente que puede diseminar las ideas trotskistas, ya que cada copia de la foto puede pensarse como un facsímil de las ideas de Trotsky, reproducido mecánicamente para propagar sus ideas revolucionarias. Claro está que lo que está siendo reproducido y diseminado no son los textos mismos de Trotsky –que, como ya se vio, habían sido fragmentados y convertidos en un sinsentido por el enfoque particular de la cámara–, sino una imagen fotográfica que muestra los ejemplos del complejo proceso de la mecanización de la cultura que se describe en *Literatura y revolución*. Aunada a la cámara, la máquina de escribir se convierte en un aparato de propaganda política que pone la reproducción mecánica al servicio de la revolución.

La representación que hace Modotti de la Underwood como un aparato para la propaganda revolucionaria lleva un paso más lejos la idea que tenían Breton y Andrade de desublimar la escritura por medio de la máquina de escribir. En este caso, la máquina desublima la literatura al transformar los textos en tratados políticos. La escritura mecanizada no sólo se ajusta a las realidades de la industria de la vida moderna, sino que también es un instrumento para el activismo político. Modotti declaró alguna vez que la Underwood que había fotografiado pertenecía a Julio Antonio Mella, un revolucionario radical que estaba en México planeando el levantamiento contra el dictador cubano Gerardo Machado. Así, de alguna manera,

Modotti sugiere una conexión entre las ideas políticas revolucionarias de Mella y su cercanía a la máquina de escribir o la escritura mecanizada. (Mella fue asesinado en la ciudad de México en 1929, supuestamente, por un agente de Machado; Modotti fue detenida como sospechosa y más tarde la obligaron a abandonar el país). La máquina de escribir, como la cámara, era un arma —un arma *automática* destinada a servir las causas revolucionarias.

El paso de las Oliver, las Remington y las Underwood por el México de 1915 a 1928 ilustra las actitudes contradictorias con que los escritores recibieron la máquina de escribir y la concomitante inserción de la mecanización en la literatura. Los primeros escritores en mencionar la máquina de escribir, Azuela y Guzmán, tomaron la máquina como un objeto de representación, pero no exploraron el papel de ésta en la nueva configuración de la red de discursos. Atormentados por la idea de que las máquinas eran «vulgares», no lograron entender que la mecanización era un resultado inevitable de la modernización que terminaría no sólo por transformar radicalmente el proceso mismo de la escritura, sino también la relación de la escritura con el mundo y su función social en éste. Irónicamente, los primeros escritores mexicanos que utilizaron una máquina de escribir se resistieron a explorar los efectos de la mecanización en su propio oficio. Impermeables a las revoluciones estéticas que estallaban a su alrededor, se aferraron a modelos literarios obsoletos que remontaban a un pasado preindustrial. Al final, sus coqueteos con la máquina de escribir culminaron en un mero desencuentro con la modernidad.

Los prejuicios antimecánicos de los novelistas de la Revolución Mexicana les impidieron experimentar con las nuevas formas literarias que Maples Arce pregonaba en su llamado a la «literatura de las máquinas de escribir», y que Mário de Andrade puso sobre el papel en su poema «Máquina de escrever». No pudieron entender la importancia de la escritura mecanogénica que, más que *tratar sobre* la máquina de escribir, se había *moldeado* por ésta. No pudieron intuir, como sí previó Trotsky, que la máquina de escribir hacía patente el hecho de que la tecnología se convertiría en «una inspiración para la producción artística». Andrade demostró, en cambio, cómo el uso de la máquina de escribir produciría una desublimación de la escritura: la escritura de la modernidad tenía que bajarse del pedestal de la alta cultura para reflejar la realidad cotidiana, ahora mecanizada, del siglo veinte. La escritura mecanogénica era, necesariamente, un ejercicio de desublimación.

La persona que mejor comprendió los efectos radicales de la mecanización fue Tina Modotti. Su mayor contribución a la «literatura de las máquinas de escribir» fue demostrar que la mecanización de la escritura iba de la mano con la mecanización de la visión que vino con la cámara y con la creciente industrialización del mundo moderno. Modotti entendió como pocos que la incorporación de la tecnología a la cultura nos obligaría a repensar nuestras concepciones de la literatura. El invento de la reproducción mecánica significaba que la literatura ya no se podía entender solamente en términos de una práctica textual, aislada de otras formas de reproducción mecanizada, como la fotografía o la fonografía. En la época moderna, todos los signos —textuales, visuales y auditivos— podían reproducirse mecánicamente por medio de una máquina de escribir, una cámara o un fonógrafo, y la literatura moderna tenía que encontrar maneras creativas de incorporar estos nuevos signos extratextuales producidos a máquina. *La técnica* es el ejemplo más claro y más tajante de un texto mecanogénico así desplegado: demuestra la teoría que sostuvo Trotsky sobre la inevitable tecnologización del mundo, a través del uso de signos visuales y textuales reproducidos mecánicamente.

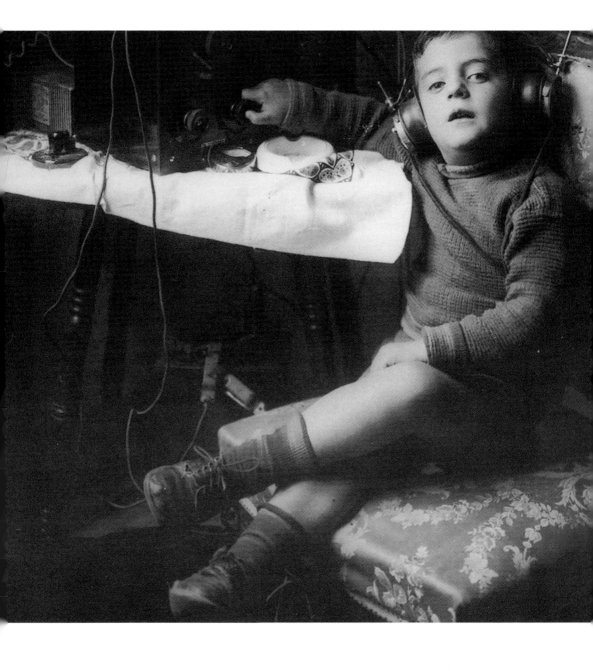

La cámara revolucionó nuestra forma de ver el mundo y la máquina de escribir mecanizó la escritura. Así también la radio, que al transformar el sonido en una serie de impulsos electromagnéticos, electrificó el mundo sonoro. Cuando los primeros radioescuchas se enfrentaron a un radiorreceptor y escucharon a los primeros locutores, debieron experimentar la extrañísima sensación de estar oyendo una voz que parecía humana pero que en realidad era producto de una compleja serie de mecanismos eléctricos. La radio era un medio mucho más extraño y misterioso que la fotografía o la escritura mecánica: transmitía voces incorpóreas, fantasmagóricas, provenientes de no se sabe dónde; emitía mensajes inalámbricos –como por arte de magia– a través de países y continentes; enceguecía temporalmente a sus escuchas, instándolos a recrear imágenes, olores, y otras sensaciones a partir de información meramente acústica; transmitía palabras y música a través de ondas electromagnéticas, invisibles para el ojo humano. Físicamente –es decir, como máquina–, el radiorreceptor era infinitamente más complejo que las cámaras o las máquinas de escribir. Una persona cualquiera podía aprender a tomar fotos o a teclear cartas a máquina, pero operar un radio era el privilegio exclusivo de técnicos especialistas, conocedores del oscuro lenguaje de las teorías hercianas.

Una fotografía tomada en los años veinte (figura 38) retrata las cualidades misteriosas de este medio: un niño de unos cinco años, sentado en una silla, con unos audífonos puestos en la cabeza, sintoniza un radio. El niño parece haberse fusionado con el receptor: su cuerpo está anudado entre la maraña de cables que conectan las distintas partes del aparato, y los audífonos –ostensiblemente demasiado grandes– le dan un aura tecnológica a su pequeña cabeza. El niño parece una extensión de la máquina, un verdadero androide: tiene el cuerpo cableado, la cabeza encapuchada con un dispositivo aparatoso, y hasta su mano parece estar enchufada al receptor. El *punctum* de la foto, sin embargo, es la mirada: el niño mira abstraídamente, en dirección contraria a la del radio, mientras gira la perilla

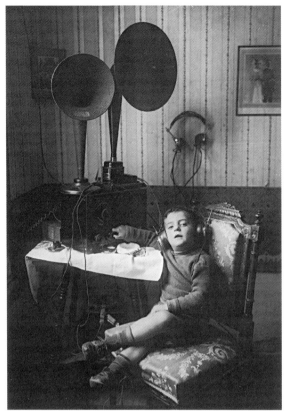

Figura 38: Niño con audífonos, México, D.F., *ca.* 1920.
SINAFO-Fototeca Nacional, México, D.F.

—representación plenamente realista de un gesto frente a un radio, ya que la mirada no está involucrada en el acto de sintonizar un radiorreceptor. Quizás resulte inquietante esta foto porque el niño —de talante tan robustamente sano que podría haber sido modelo para algún póster del México posrevolucionario— parece un ciego. Tiene la mirada como perdida en el espacio —en las ondas invisibles de la radio—, mientras su mano derecha juguetea con una perilla que no puede ver. Pero en realidad, este pequeño y entusiasta radioescucha no mira hacia la nada: probablemente maravillado por la complejidad técnica o por la mera presencia de la otra máquina que apunta hacia él, el niño tiene los ojos fijamente clavados en la cámara que toma la foto. Este niño parecería ser un sujeto moderno arquetípico, atrapado entre tecnologías acústicas y visuales: su oído ha sido electrificado; su mirada, fotografiada.

En sus albores, la radio era un medio completamente distinto del que conocemos hoy en día. Antes de 1921 no existían estaciones con transmisiones regulares, y la mayor parte de éstas provenían de un puñado de aficionados desperdigados en puntos remotos del globo. Equipados con receptores aparatosos de diseño casero (antes de 1921 no se encontraban sistemas de radiorreceptores en las tiendas comerciales), estos aficionados pasaban las horas explorando las ondas radiofónicas, escudriñando la estática con la esperanza de dar, eventualmente, con algún mensaje enviado desde lejos por algún otro amateur. Rudolf Arnheim, uno de los primeros teóricos de la radio, bautizó esta actividad como «pescar en las ondas». De alguna manera sugiere, con eso, que lograr sintonizar una transmisión en vivo era un evento tan impredecible y difícil como pescar con caña: imposible saber cuál sería la pesca del día.[1]

Como la máquina de escribir, la radio fue un invento de las últimas décadas del siglo diecinueve. Y, así como la máquina de escribir evolucionó de la máquina de coser, el radio se desarrolló como una suerte de matrimonio de dos inventos que también permitían la transmisión de señales a larga distancia: el telégrafo y el teléfono. En la década de 1890, el inventor italiano Guglielmo Marconi encontró la manera de enviar mensajes telegráficos sin necesidad de un cable, a través de distancias cortas, utilizando ondas de radio (también conocidas como ondas herzianas, en honor a Heinrich Hertz). El invento de Marconi, que llegó a ser conocido como radiotelégrafo o telégrafo inalámbrico, funcionaba exactamente como un telégrafo, ya que sólo podía mandar y recibir mensajes en código Morse. En 1899 el inventor logró enviar un mensaje a través del Canal de la Mancha, inaugurando así la era de la telegrafía inalámbrica a larga distancia.

Los primeros años del siglo veinte fueron testigo de una explosión en materia de comunicación telegráfica. Alrededor de todo mundo, se construyeron cientos de emisoras radiotelegráficas –incluyendo una en la punta de la Torre Eiffel en 1903–, y se descubrieron más y más usos para esta temprana forma de comunicación inalámbrica. La nueva tecnología se utilizaba, entre otras cosas, para establecer comunicación con barcos en altamar, para transmitir señales con la hora exacta desde observatorios –un avance que hizo posible que se sincronizaran los relojes alrededor del mundo con mucha mayor precisión–, o para mandar órdenes militares a soldados en regiones remotas, donde no existía cableado telegráfico. La radiotelegrafía cumplió, por ejemplo, un papel decisivo en la invasión estadounidense en México en 1914, y se convirtió en el medio de comunicación más importante entre los líderes europeos durante la Primera Guerra Mundial. Stephen Kern ha llegado a argumentar, incluso, que fue la naturaleza instantánea e impersonal de los mensajes radiotelegráficos –que «no dejaban margen para la reflexión o la consulta»–, la que precipitó el estallido de la Primera Guerra Mundial en el verano de 1914.[2]

Pero Marconi tenía ambiciones mucho mayores con respecto a la radio y encontró la manera de transmitir sonidos a través de ondas –ya no meramente mensajes telegráficos. Este nuevo invento fue un avance tan significativo posteriormente respecto al radiotelégrafo como lo fue el desarrollo del teléfono a partir del telégrafo, y se dio a conocer como el radioteléfono o el teléfono inalámbrico. En 1915 el inventor italiano envió el primer mensaje inalámbrico a través del Atlántico y así se inauguró la era de la radiofonía transcontinental.

Durante los últimos años de la década de 1910 y los primeros años de la década de 1920, cientos de amateurs alrededor del mundo diseñaron y construyeron receptores y emisores que utilizaron, en un principio, para comunicarse entre ellos. Los operadores pasaban las horas navegando entre ondas radiofónicas, a la espera de hallar la voz de un compañero igualmente entusiasta, en el otro extremo del globo. Estos primeros adeptos a la radio experimentaron el arrebato de comunicarse con lo desconocido, ya que no había manera de saber quién –o qué– estaba del otro lado, y en esta nueva forma de comunicarse persistía la sensación inquietante de que las voces que se escuchaban venían de la nada misma.

En un principio, la radiofonía se utilizó para los mismos fines que cumplía el telégrafo inalámbrico –la comunicación con barcos en altamar, la transmisión de la hora exacta, y las órdenes militares–, pero paulatinamente se consolidó la institución que hoy conocemos como la radio, con sus estaciones y transmisiones regulares. La primera estación que salió al aire fue la KDKA de Pittsburgh, que transmitió los resultados de la elección Harding-Cox el 2 de noviembre de 1920. Después de eso, en cuestión de pocos años, el frenesí de la radio se apoderó del mundo entero: desde Moscú hasta Buenos Aires, aparecieron cientos de estaciones, y ya para 1930 había millones de radioescuchas alrededor del mundo. Muchas revistas ilustradas de aquella época incluían anuncios de los servicios que prestaba la radio y dibujaban un panorama –probablemente ideal– para los ojos de los consumidores de la clase media: una familia próspera reunida en torno a un radio en una sala de estar, disfrutando de alguna transmisión de un programa musical que llegaba desde alguna estación remota.

Gracias a cierta cualidad misteriosa, por decirlo así, la radio cautivó la atención de muchos poetas alrededor del mundo. Escritores jóvenes, lo mismo en París que en la ciudad de México, recibieron el nuevo medio de comunicación como el máximo símbolo de la modernidad, y a raíz de él buscaron una nueva literatura que estuviera preñada de ese mismo poder comunicativo y ese cosmopolitismo propios de la radio. Y en ningún lugar resultó tan fértil esta infatuación radiofónica como en México, donde los poetas —muchos de ellos directamente vinculados con las primeras estaciones de radio— dieron un giro claramente vanguardista a la historia mexicana de la transmisión.

Resulta sorprendente el hecho de que la invención de la radio haya encendido debates aún más apasionados y comprometidos que la aparición de la máquina de escribir, considerando que este segundo invento se relacionaba mucho más directamente con el oficio literario. Todos los escritores de las décadas de los veinte y los treinta tuvieron alguna opinión sobre la radiofonía. Los críticos conservadores advertían que la radio era una mera forma barata de entretenimiento masivo, que mezclaba todo —desde las óperas wagnerianas hasta la hora— indiscriminadamente, y que todo aquello llevaría con el tiempo a la decadencia de la verdadera y alta cultura. Los poetas de las vanguardias, al contrario, veían en la radio y en sus maravillas tecnológicas un catalizador de una revolución poética que despertaría a la literatura de su largo sueño decimonónico. Este enamoramiento de los vanguardistas con la radio comenzó con el poeta F.T. Marinetti, que fue el primero en sugerir que la radio podía funcionar como un modelo para la poesía. En uno de sus manifiestos futuristas, Marinetti instaba a los poetas jóvenes a desarrollar «una imaginación sin hilos» — una nueva forma de escribir que encontraba inspiración en las maravillas de las transmisiones radiofónicas. La sintaxis, argumentaba Marinetti, equivalía a «cables» o «hilos» que enredaban y ataban la literatura, y por tanto debía ser destruida para que los escritores, acorde con el espíritu de la época, pudieran comunicarse «inalambricamente» con sus lectores. «Palabras en libertad», fue el nombre que Marinetti le dio a esta nueva forma de escritura, fragmentaria y desarticulada como los mensajes radiotelegráficos mismos.[3]

La imaginación sin hilos de Marinetti —*imaginazione senza fili*— era un juego de palabras derivado del término italiano para «radiotelegrafía», *telegrafia senza fili*. Uno de los ejemplos mejor conocidos de las «palabras en libertad» de Marinetti, su *Zang Tumb Tuuum* de 1914 (figura 39), incluye la primera representación literaria de la transmisión radiofónica: la imagen de un caligrama de un radio transmitiendo una noticia sobre la guerra desde un globo que sobrevuela un campo de batalla, donde las palabras «vibbbrrrrrrrrrrre» y «TSF—-» (el acrónimo de *telegrafía senza fili*) representan las ondas de radio enviadas al aire por el transmisor.

El caligrama de Marinetti marcó el principio de una fascinación literaria por la radio que se prolongó durante muchos años. Una larga lista de poetas, que incluye nombres como Blaise Cendrars, Guillaume Apollinaire o Vicente Huidobro, escribieron textos celebrando las maravillas de la transmisión radiofónica. En España, el poeta vanguardista Juan Larrea Celayeta publicó un poema titulado «Nocturno TSH» (1919) que incluía un verso en código Morse; y el mismo año, el catalán Joan Salvat Papasseit tituló su primer libro *Poemes en ondes hertzianes*, como tributo al nuevo medio de comunicación. En Rusia, el poeta futurista Velimir Khlebnikov dedicó su «Radio del futuro» (1921) a alabar el potencial infinito de la transmisión inalámbrica. «Hasta los olores –pronosticaba– obedecerán la voluntad del Radio. A mitad del invierno, el aroma amielado de la lima mezclado con el olor de la nieve será el verdadero regalo del Radio para el país».[4] Y hasta en Checoslovaquia, Jaroslav Seifert publicó una colección de poemas en 1925, titulado *Na vlnách TSF* [*En las ondas del telégrafo inalámbrico*].

Este breve repaso no incluye, siquiera, las obras radiofónicas y las radionovelas –género que un locutor llamó «teatro de los oídos»–, creadas entre los años veinte y treinta, cuando figuras como Walter Benjamin, Bertolt Brecht, Walter Ruttmann, Orson Welles y Ezra Pound comenzaron a escribir para la radio.

En ningún lugar del mundo fue la fascinación por la radio tan absolutamente entregada y fructífera como en el México posrevolucionario. El radio llegó a México en los primeros años de la década de los veinte, en un momento de entusiasmo desenfrenado con el futuro y el progreso: acababa de terminar la Revolución y los mexicanos tenían depositadas muchas expectativas en las promesas del gobierno revolucionario de catapultar al país hacia una era de prosperidad y plena modernidad. Los años veinte fueron un momento de apertura a las utopías, y fue en este contexto que la radio se recibió con los brazos abiertos. En la literatura mexicana de aquella época aparecen muchos radios, y ninguno de ellos tuvo el triste destino de la máquina Oliver de Azuela que había caído en manos de los bandidos revolucionarios. En contraste tajante con la recepción que tuvo la máquina

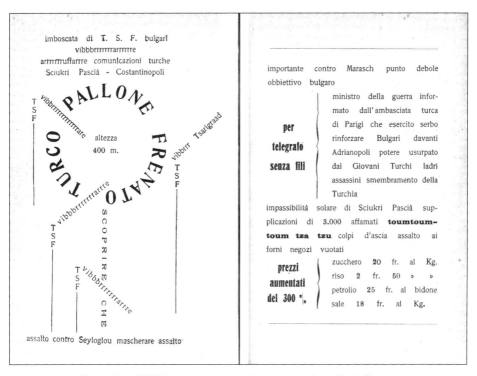

Figura 39: F.T. Marinetti, radio-caligrama en *Zang Tumb Tuuum*
(Milán. Edizioni Futuriste, 1914).

de escribir, el radio despertó la admiración de casi todos, y fue motivo del elogio constante por parte de escritores y artistas.

Los orígenes de la transmisión por radio en México están inextricablemente unidos con el principio de las vanguardias artísticas posrevolucionarias. De hecho, fue *El Universal Ilustrado* el que lanzó la primera estación de radio en la capital. *El Universal Ilustrado*, dirigido entonces por Carlos Noriega Hope, contaba entre sus colaboradores a los escritores y artistas más experimentales del momento, desde Tina Modotti o Manuel Maples Arce, hasta Diego Rivera o Salvador Novo. Cuando el programa de *El Universal* salió por primera vez al aire el 8 de mayo de 1923, se hizo una transmisión en donde Manuel Maples Arce –fundador del movimiento estridentista– leyó un poema futurista sobre la radio. El poema se llamaba «TSH», acrónimo de «telefonía sin hilos», e incluía un verso que celebraba la radio como el «¡Manicomio de Hertz, de Marconi, de Edison!».[5] Las estaciones de radio en otros países habían dedicado sus transmisiones inaugurales a elecciones políticas, noticiarios, conciertos en vivo, deportes, pero sólo en México se concedieron los invaluables primeros segundos de este evento histórico a la transmisión de la obra de un poeta futurista de veintitrés años.

La transmisión de «TSH» fue, sin embargo, sólo el principio de una larga historia de colaboraciones entre los estridentistas y la radio mexicana –y de la radio, por lo demás, deriva el nombre de la primera publicación estridentista, *Irradiador*–. Fueron también los poetas de aquel grupo quienes jugaron un papel central en la aparición de la segunda estación radiofónica en la ciudad de México, que operaba bajo el nombre CYB y no le pertenecía a una revista literaria, sino a una fábrica de puros: El Buen Tono. Pero además de su participación activa en las primeras transmisiones mexicanas, los estridentistas también escribieron ampliamente sobre la radio y su impacto en la cultura. Se sumaron a «TSH» una larga lista de textos inspirados en la comunicación inalámbrica, y el radio aparece como una figura central en muchos de los libros del grupo –incluyendo, por ejemplo, *El movimiento estridentista* de Germán List Arzubide. Asimismo, Kyn Taniya dedicó un volumen entero de poemas al nuevo medio de comunicación, *Radio: poema inalámbrico en trece mensajes*; y el artista Ramón Alva de la Canal diseñó un edificio futurista que debía servir como base central de la estación de Estridentópolis, la ciudad capital del movimiento. La estación, se decía, debía estar «animada por el espíritu de la época, que era el de la radiofonía»,[6] y casi llegó a construirse en 1926 (en la figura 40 se reproduce un esbozo del edificio, publicado en *El movimiento estriden-tista*, donde se ven monumentales antenas y el inconfundible sello del futurismo). Al final, el estridentismo llegó a estar tan asociado a la radio que Carlos Noriega Hope escribió en *El Universal Ilustrado*: «El Estridentismo es hermano de leche de la Radiofonía. ¡Son cosas de vanguardia!».[7]

Los estridentistas no estaban solos en su adoración por la radio. Otros escritores jóvenes que no estaban asociados con el movimiento también se entregaron a la transmisión radiofónica con entusiasmo. Los poetas del grupo reunido en torno a la revista *Contemporáneos* –que, en su mayoría, no se involucraron con el frenesí del desarrollo tecnológico y preferían la estética de Proust o Joyce a las estridencias mecánicas de Marinetti y los futuristas–, también salieron al aire y escribieron diversos textos sobre la radio. Uno de ellos, Francisco Monterde García Icazbalceta, fue después el editor de la publicación *Antena*, lanzada en 1924 por la estación de radio de El Buen Tono. García Icazbalceta invitó a varios de los del grupo –como a Salvador Novo y Xavier Villaurrutia– a participar en la nueva aventura radioliteraria. Novo escribió varios textos sobre las maravillas de la transmisión radiofónica –entre ellos, una «Radioconferecia sobre el radio» y

p. de Germán Cueto, y es en cada mañana una

Figura 40: Bosquejo de la estación de radio en Estridentópolis por Ramón Alva de la Canal. Germán List Arzubide, *El movimiento Estridentista* (Xalapa: Ediciones de Horizonte, 1926), p. 97.

una extrañísima discusión de 1938 sobre el «inconsciente» del radio–, y durante algún tiempo hasta condujo su propio programa. Incluso Alfonso Reyes, más tradicional y más cercano al helenismo que al futurismo, habló por radio y escribió un texto entusiasta titulado «Radio: instrumento de la *paideia*», que celebraba el parentesco del medio con el arte de la oratoria clásica.[8]

Los novelistas de la Revolución Mexicana también jugaron un papel en las tempranas transmisiones por radio. Martín Luis Guzmán, que fue editor de *El Mundo* durante la presidencia de Obregón, siguió el ejemplo de *El Universal Ilustrado* y abrió una estación en su periódico. En la transmisión inaugural, el 15 de agosto de 1923, hubo un discurso de José Vasconcelos, entonces ministro de Educación, sobre la importancia de la radio en la educación de las masas en México; y para aquellos que no tenían acceso a un radio, *El Mundo* instaló bocinas afuera de su sede. Tan exitosa resultó la estrategia que al parecer hubo un revuelo de masas: «Una masa densa y expectante se reunió en la calle Gante, en la entrada de nuestras oficinas de publicidad, donde un gran receptor transmitía vibraciones radiofónicas a los cuatro vientos (...) las masas inundaron la calle, deteniendo el tráfico, y aplaudieron febrilmente a los eminentes artistas e intelectuales [que participaban en la transmisión]».[9]

Una razón que explica el hecho de que la radio haya sido tanto más popular que la máquina de escribir entre los escritores mexicanos de la época tiene que ver, quizá, con uno de los problemas que afligían más profundamente al México posrevolucionario: el analfabetismo. Los bandidos revolucionarios de la novela de Mariano Azuela no encontraban uso alguno para aquella máquina porque ni siquiera sabían leer o escribir; para ellos, la máquina era simplemente un objeto tecnológico tan lustroso como inútil. En los años veinte, más de la mitad de la población habría compartido la visión de los bandidos. Para las masas analfabetas, las máquinas de escribir no eran más que productos de una exótica tecnología que no jugaba ningún papel real en sus vidas.

La radio, sin embargo, era un medio de comunicación perfecto para un país con un índice de analfabetismo tan elevado. Todos —analfabetas e ilustrados— podían escuchar la radio. Campesinos en regiones remotas que nunca habían tenido entre sus manos un periódico, por ejemplo, ahora podían sintonizar un noticiario, escuchar las noticias más recientes de la capital, y hasta oír música de otras partes del mundo sin salir de sus pueblos. Los gobiernos posrevolucionarios se dieron cuenta muy pronto de que la radio era el medio perfecto para educar a las masas, y en 1924 la Secretaría de Educación lanzó su propia estación de radio, la cye. En el programa piloto se transmitió un discurso de Bernardo Gastélum, el entonces nuevo ministro de Educación que, haciendo eco de las ideas de Vasconcelos, elogió la radio como el arma más poderosa en la batalla contra el analfabetismo del país. Benedict Anderson ha escrito que en muchos países los periódicos y medios impresos fueron elementos cruciales en el desarrollo del sentimiento nacionalista. En un país como México, no fueron los periódicos o revistas, sino la radio, el medio responsable de generar un sentido de identidad común entre los ciudadanos y el Estado posrevolucionario.[10]

Como ya hemos visto en capítulos previos, el verdadero impacto cultural de un nuevo medio no se puede medir con base en el número de citas que éste recibió por escrito. Las repercusiones culturales de la máquina de escribir, por ejemplo, tuvieron menos que ver con la fijación de una imagen particular de ésta en los poemas y novelas que la mencionaban, que con el hecho de que inspiró formas literarias radicalmente novedosas y en sintonía con el carácter mecanizado y serializado de la vida moderna —la «literatura de las máquinas de escribir y de los avisos económicos», de Maples Arce. El impacto que tuvo la radio en la literatura es un poco más difícil de captar: se puede ver, por ejemplo, cómo un texto como «Máquina de escrever» de Andrade refleja las condiciones mecánicas de su producción, pero ¿cómo leer las huellas que dejó la revolución radiofónica en un texto? A diferencia de la máquina de escribir, el radio no se utiliza de modo directo para escribir un texto —si acaso, el radio podía transmitir posteriormente un texto ya escrito. Pero, aun así, ¿podríamos decir que la transmisión radiofónica inspiró una «literatura del radio» que fuera tan radical en su modo de experimentar como lo fue la «literatura de las máquinas de escribir» discutida en el capítulo anterior? Para responder a estas preguntas hace falta, en todo caso, mirar con más detalle las obras de las vanguardias mexicanas inspiradas por este nuevo medio de comunicación.

Audiones inversos

El «tsh» de Maples Arce fue el primer intento de «escribir» la radio en el mundo de las letras mexicanas, y el poeta fue la figura perfecta para emprender tal aventura. Además de haber iniciado el movimiento estridentista en 1921 empapelando las calles capitalinas con un manifiesto bombástico que alababa la tecnología moderna, Maples Arce había escrito poemas en homenaje al jazz, los automóviles, los rascacielos, y demás emblemas del siglo veinte. La idea de escribir un poema sobre la radiofonía, sin embargo, no surgió del propio Maples Arce, sino de su editor. Cuando se acercaba la fecha de la primera transmisión de *El Universal Ilustrado*, Carlos Noriega Hope le pidió al poeta un texto para el evento.

Maples Arce accedió, pero con una condición: a pesar de su entusiasmo por los aparatos modernos, nunca había escuchado ni visto un radio. Ya convencido de escribir el texto que le habían encargado visitó a un amigo que tenía un radio, y dejó que éste lo iniciara en los misterios de la recepción inalámbrica. Sentado frente al aparatoso receptor, el poeta se colocó un par de audífonos y, como el niño de la foto, pasó horas enteras girando las perillas y tratando de sintonizar alguna señal. Después de muchos intentos, logró captar algunas voces lejanas y una pieza musical entre la estática. «Tuve una impresión viva de todos esos ruidos y esas músicas —le dijo Maples Arce después a un entrevistador—, que pasaban de una onda a otra, con cierta confusión». Después de unas horas, el poeta regresó a casa y, todavía «bajo los efectos de esta audición», escribió «TSH».[11]

El poema expresa la mezcla de confusión y exaltación que experimentó Maples Arce al escuchar la radio por primera vez:

Sobre el despeñadero nocturno del silencio
las estrellas arrojan sus programas,
y en el audión inverso del ensueño,
se pierden las palabras
olvidadas.
       T. S. H.
       de los pasos
       hundidos
       en la sombra
       vacía de los jardines.
El reloj
de la luna mercurial
ha ladrado la hora a los cuatro horizontes
       La soledad
       es un balcón
       abierto hacia la noche.
¿En dónde estará el nido

de esta canción mecánica?
Las antenas insomnes del recuerdo
recogen los mensajes
inalámbricos
de algún adiós deshilachado.

     Mujeres naufragadas
que equivocaron las direcciones
transatlánticas;
y las voces
de auxilio
como flores
estallan en los hilos
de los pentagramas
internacionales.
El corazón
me ahoga en la distancia.
Ahora es el «Jazz-Band»
de Nueva York;
son los puertos sincrónicos
florecidos de vicios
y la propulsión de los motores.
¡Manicomio de Hertz, de Marconi, de Edison!
El cerebro fonético baraja
la perspectiva accidental
de los idiomas
¡Hallo!
        Una estrella de oro
        ha caído en el mar.[12]

A diferencia del *Zang Tumb Tuum* de Marinetti y otros textos tempranos sobre la radio, el «TSH» de Maples Arce no se enfoca en la radiotelegrafía sino en la radiotelefonía –invento que tenía pocos años de existencia en 1923. El poema recrea la experiencia de una transmisión de la época, y registra algunas de las impresiones que tuvo Maples Arce en su primer contacto con un radiorreceptor. Cuando, después de horas de navegar por las ondas sonoras, el poeta sintonizó por fin algo más que mera estática, se preguntó de dónde venían esas transmisiones apenas inteligibles.

Escuchó una voz deshilachada y alguna pieza musical, pero no tenía manera de saber quién las había enviado ni de dónde provenían. La transmisión pudo haber llegado de otro barrio de la ciudad de México, como pudo haber venido de algún pueblo o de otro país. Debió haber sido particularmente inquietante escuchar esas voces incorpóreas y palabras alejadas de la boca que las pronunciaba por mediación de la tecnología. El punto de origen de las transmisiones seguía siendo entonces un enorme misterio, y Maples Arce subraya este misterio en «TSH»: «¿En dónde estará el nido/ de esta canción mecánica?» —pregunta al aire, sin respuesta posible.

Maples Arce no pudo haber conocido el origen de aquella «canción mecánica», porque la radio es un medio invisible. El escucha no puede ver al que habla ni al que opera el transmisor al otro extremo del sistema; tampoco puede ver las ondas herzianas que transportan las voces y la música alrededor del mundo. El poeta celebra la idea de un cielo nocturno (el poema comienza con un «Sobre el despeñadero nocturno del silencio»), rebosante de ondas de radio que contienen todo, desde el jazz hasta un s.o.s. Varios versos del poema recurren a la sinestesia para imaginar, precisamente, una imagen visual de estas ondas. En un verso, por ejemplo, el poeta imagina que las ondas, mientras viajan de un país a otro, van dibujando «pentagramas internacionales» en el cielo nocturno.

Fernando Bolaños Cacho, el artista que ilustró el «TSH» de Maples Arce para el número especial de *El Universal Ilustrado* sobre la radio, también intentó plasmar una imagen visual de las ondas invisibles (figura 41). Las representó como rayos de electricidad saliendo de las bocas de tres cabezas que flotan en un cielo oscuro —el carácter incorpóreo de la transmisión radiofónica. Como las voces que escuchó Maples Arce en el receptor, estas tres cabezas carecen de un cuerpo.

Tan poco se sabía entonces de la radio —al menos Maples Arce, que no estaba del todo instruido en la teoría del electromagnetismo—, que la transmisión radiofónica parecía funcionar a partir de misteriosos e inescrutables mecanismos mágicos. En «TSH» Maples Arce alude a este acertijo tecnológico, describiendo la radio como el «manicomio de Hertz, de Marconi, de Edison». El poeta estaba consciente, sin duda, de que el nuevo medio era producto de tres avances tecnológicos fundamentales —el bulbo, los experimentos de Hertz con ondas electromagnéticas, y la transmisión inalámbrica de Marconi. Pero el poeta era un novato en este tema y no entendía del todo los mecanismos complejos del aparato. Comparado con otros artefactos de la época, los radiorreceptores resultaban mucho más

Figura 41: Maples Arce, «TSH», con un grabado de Bolaños Cacho,
El Universal Ilustrado, 308 (5 de abril de 1923), p. 19.
Hemeroteca Nacional, México, D.F.

herméticos, inaccesibles. Uno podía asomarse adentro de un automóvil, una cámara o una máquina de escribir, y por lo menos ver *algo* que iluminara un poco el mecanismo que los hacía funcionar –había palancas, botones, engranajes. Pero los radios ni siquiera tenían partes móviles. Nada giraba ni vibraba visiblemente adentro de un radio; había sólo unos tubos vacíos, inertes; ningún espectáculo mecánico para el curioso que se asomara al interior del aparato.

Maples Arce consideraba que la radio era como un «manicomio» porque hasta los principios más básicos de su funcionamiento resultaban inescrutables para el amateur. El mundo de las transmisiones, en general, era como una gran casa de locos: los operadores que pasaban horas enteras conectados a sus receptores, con un par de audífonos aparatosos sobre la cabeza, debieron parecer verdaderos lunáticos ante los ojos de aquellos que aún no estaban acostumbrados a la parafernalia tecnológica. Y sin duda había algo *borderline*, rayando en el límite de la cordura, en aquellos que pasaban sus días «pescando» en las ondas sonoras, a la espera de que aparecieran retazos de transmisiones de proveniencia y origen desconocidos. Incluso los sonidos que recoge Maples Arce parecen venir de algún psicótico: hay «voces de auxilio» y una «perspectiva accidental de los idiomas». Marconi y sus precursores, concluye Maples Arce, habían creado un manicomio inmenso, un planeta habitado por radioaficionados desquiciados.

Más allá de estas especulaciones generales sobre la radiofonía, «TSH» hace un inventario de las transmisiones que el poeta escuchó esa noche profética . Hay unas «voces de auxilio», por ejemplo, que hacen referencia al papel crucial que jugaba la radio en la comunicación con los barcos, recibiendo señales s.o.s –entre las cuales , por cierto, está el famoso s.o.s enviado once años antes por la antena Marconi del *Titanic*, aunque ese mensaje haya sido radiotelegráfico y no radiotelefónico. No nos sorprende, tampoco, que aparezca el jazz –el «Jazz-Band de Nueva York»–, símbolo emblemático de la modernidad. En suma: la música más moderna del momento, transmitida desde la ciudad más moderna del mundo, utilizando la tecnología de punta. El radio, además, mezcla los idiomas y convierte el espacio radiofónico en una verdadera Babel electromagnética, y en «TSH» el poeta registra su asombro al escuchar todas esas voces extranjeras. El oído de Maples Arce, en su primer encuentro con un radio, registra tanto la música de Nueva York como esos «Hallo» probablemente alemanes: un verdadero manicomio de Babel.

Pero el elemento más original de «tsh» es quizá el intento que hace Maples Arce por incorporar el lenguaje de la radiofonía al poema mismo: «y en el audión inverso del ensueño,/ se pierden las palabras/ olvidadas», escribe en un verso que sin duda marca la primera aparición literaria de la palabra «audión» –tipo de bulbo inventado por Lee De Forest en 1906, que funcionaba como amplificador primitivo y que revolucionó la tecnología radiofónica. Del mismo modo, Maples Arce utiliza el término técnico «puertos sincrónicos», con un giro poético, para referirse a los ruidos –«vicios» y «motores»– que florecen en un radio. El adjetivo «sincrónico» se utilizaba para describir frecuencias, y sólo un entusiasta de la tecnología como Maples Arce lo utilizaría para referirse a un puerto marino. Ese verso se puede leer como una alusión a uno de los primeros usos del radio: la transmisión de la hora exacta, que permitía a los barcos en altamar sincronizar sus relojes, con total precisión, a la hora continental.

En «tsh» Maples Arce no sólo medita sobre los tres rasgos principales de la radio –sus cualidades misteriosas, su invisibilidad, su carácter cosmopolita–, sino que también intenta escribir un nuevo tipo de poesía, basado en el lenguaje técnico de la radiofonía. Como vimos en el capítulo anterior, en México no hubo intentos equivalentes en torno a la máquina de escribir: ninguno de los poemas incorporan palabras como «rodillo», «barra» o incluso «teclas». El poema de Salinas casi lo hace, pero no lo logra: es un poema sobre las teclas de la máquina de escribir, pero en vez de utilizar la palabra «tecla», elige la figura antropomórfica de las «Underwood girls».

A diferencia del lenguaje de las máquinas de escribir, el vocabulario de la radio era tan novedoso, tan fonéticamente diferente y extraño, que muchos poetas tuvieron ideas similares a las de Maples Arce, y decidieron escribir poemas con la jerga técnica de la radiofonía. En algunos casos, estos experimentos condujeron a una forma extraña de fetichismo tecnológico. Al menos dos antologías de poesía publicadas alrededor de los años veinte –la catalana de Joan Salvat Papasseit, *Poemes en ondes hertzianes* (1919), y la del checo Jaroslav Seifert, *Na vlnách* (1925)– citan términos relacionados con la radio en el título, aun si ninguno de los poemas que contienen se refiere directamente a la transmisión radiofónica.

Salpicar poemas con términos técnicos de la radio se convirtió en tal obsesión que en 1926 el poeta peruano Cesar Vallejo escribió un artículo criticando la nueva moda: «Nueva poesía —escribe— es lo que le llaman a esos poemas cuyo léxico está compuesto de palabras como *radio*, *jazz band*, *telegrafía inalámbrica*». Dado que Vallejo fue ferozmente crítico con la obra de Maples Arce, al que por cierto hace mención explícita en ese mismo artículo, no es improbable que haya estado pensando en «TSH» cuando lo escribió. El poeta peruano pensaba que la influencia de la tecnología moderna en la poesía debía ser, en todo caso, mucho más profunda que el mero uso de palabras nuevas de la jerga tecnológica. «El telégrafo sin hilos —escribe el poeta— está destinado, más que a hacernos decir *telégrafo sin hilos* a despertar nuevos temples nerviosos, profundas perspicacias sentimentales, amplificando vivencias y comprensiones». Los poetas, según Vallejo, tenían la obligación de escribir sobre las nuevas tecnologías de tal manera que su poesía reflejara el impacto de éstas en la experiencia humana. De lo contrario, advertía, los poetas no estarían sino «llenándonos la boca con palabras de último modelo».[13]

Y Vallejo tenía razón: aunque «TSH» de Maples Arce haya sido el primer texto escrito en México que incorporara terminología propia del mundo de la radio, y se le tiene que conceder la importancia que merece por haber sido el primer registro de esa mezcla entre desorientación y pasmo que experimentaron los primeros radioescuchas, el poema es, en forma y estructura, totalmente convencional —sobre todo cuando se compara con un texto verdaderamente revolucionario, como el *Zang Tumb Tuum* de Marinetti. No hay mucha «imaginación sin hilos» en el texto de Maples Arce. Más allá del uso de palabras «último modelo» como «audión» y «sincrónico», «TSH» no se distingue en nada de esa poesía mexicana de finales del siglo diecinueve obsesionada con los cielos nocturnos, los mensajes amorosos, y demás imaginería romántica que Kitler considera incompatible con el nuevo discurso del siglo veinte. En última instancia, «TSH» fue para la radio lo que «Underwood girls» para la máquina de escribir: un texto dedicado a una máquina moderna, escrito de forma plenamente tradicional. Pero ¿cómo podría un poeta escribir sobre la radio de un modo más aventurado?

CARTA OCÉANO

A pesar del entusiasmo que generó «TSH» en la ciudad de México, éste no fue el primer poema sobre la radio mexicana. Nueve años antes, un poeta había escrito una oda a México y a la transmisión radiofónica. El poeta era, nada menos, que Guillaume Apollinaire, y ese poema fue su célebre caligrama «Lettre-Océan» (figura 42).

Publicado por primera vez en *Les Soirées de Paris* en 1914, «Lettre-Océan» es uno de los poemas más conocidos de Apollinaire, aunque pocos lectores reparan en el hecho de que el poema trata de las vicisitudes de la transmisión radiofónica en México. Y no es difícil darse cuenta de por qué los lectores suelen soslayar ese dato: el poema es un desaliño de palabras, letras y partes de enunciados, donde un surtido de caracteres se esparce sobre la página anárquicamente, y el lector tiene la impresión de contemplar un caos textual. En un primer acercamiento al texto, uno podría incluso dudar por dónde empezar a leer. El poema de Apollinaire, uno de los experimentos más radicales de la poesía moderna, se mueve en todas las direcciones –de arriba abajo, de izquierda a derecha, en diagonales–, y en algunas zonas (dadas sus características espaciales, parece más apropiado hablar de «zonas» que de «secciones»), el poema gira, fuera de control, en espirales centrífugas.

«Lettre-Océan» está lleno de referencias a México. El nombre del país aparece varias veces en español, en las frases «REPÚBLICA MEXICANA» o «Correos de México», y el poema se refiere a lugares como Coatzacoalcos y Veracruz. Otras frases plasman imágenes de la vida cotidiana en México. Las «Jeune filles à Chapultepec» evocan, por ejemplo, una imagen común de la ciudad porfiriana: señoritas paseando por el bosque de Chapultepec. Y esa frase extraña que incluye un error de ortografía, «il appelait l'Indien Hijo de la Cingada», retrata una escena común de discriminación racial. Pero «chingada» no es el único insulto que aparece en el poema: otro fragmento, también mal escrito, nos informa lacónicamente que «pendeco [*sic*] c'est + qu'un imbécile».

La primera página del caligrama termina con una advertencia al lector: «Tu ne connaîtras jamais bien les Mayas» (Jamás conocerás bien a los mayas). Octavio Paz se sintió tan intrigado por esta declaración –y por el hecho de que un simbolista francés escribiera un poema vanguardista repleto de jerga e insultos mexicanos–, que en 1973 escribió una respuesta a Apollinaire: «Poema circulatorio (para la desorientación general)», compuesto para la exposición en el Museo de Arte Moderno de la Ciudad de México *El arte del surrealismo*. El poema incluye el siguiente apóstrofe dirigido a Apollinaire:

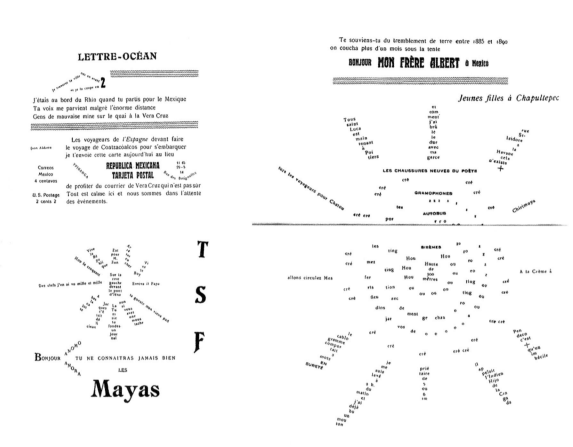

Figura 42: Guillaume Apollinaire, «Lettre-Océan», *Les soirées de Paris* (15 de junio de 1914).

(Guillaume
jamás conociste a los mayas
((*Lettre-Océan*))
muchachas de Chapultepec
hijo de la çingada)
(Cravan en la panza de los tiburones del
Golfo)[14]

Al leer «Lettre-Océan» como un poema surrealista, Paz completa la lista de impresiones mexicanas de Apollinaire con un acontecimiento que le da un giro aún más surrealista a su texto: la desaparición en las costas mexicanas del dadaísta Arthur Cravan, en 1918, y los rumores de que había sido devorado por unos tiburón. En la lectura de Paz, el poema de Apollinaire se anticipa al *dictum* famoso de Breton de que México era el país más surrealista del mundo.

Pero «Lettre-Océan» no es solamente un poema sobre México: también es un texto sobre la radio y sus efectos en el lenguaje. Las palabras «TSF» —acrónimo francés de *telégraphie sans fil*, o telegrafía inalámbrica— aparecen en la primera página del poema en una tipografía de dimensiones exageradas, y parecen flotar por el espacio en blanco de la hoja, como ondas radiotelegráficas, entre las dos espirales textuales que forman el centro del poema. Cada una de estas espirales, a su vez, contiene una representación de lo que pudo haber sido entonces un programa de radio. En la primera, hay fragmentos de texto —«¡Que viva el Papa!», «¡Que viva la República!»— que irradian del centro hacia los márgenes. La segunda también está formada por frases inconexas, sólo que en este caso las frases dibujan círculos en torno al texto central. Como bien ha apuntado la crítica Marjorie Perloff, cada una de estas dos espirales es un caligrama de una antena, vista desde arriba, desde la cual irradian ondas (idea, por cierto, que Apollinaire debe haber tomado de Marinetti, quien había utilizado una espiral para representar las transmisiones radiofónicas en *Zang Tumb Tuum*).[15]

Mientras escribía «Lettre-Océan», Apollinaire tenía en mente una antena muy específica: la Torre Eiffel, que se había convertido en la antena más famosa de Francia y el mundo en 1903. Cada una de las espirales gira en torno a un centro donde hay un fragmento de texto que describe algún atributo de la Torre. En el primero se dice su posición exacta: «En la ribera del lado izquierdo, frente al puente de Iéna»; en el segundo, su dimensión:

«300 metros de altura». La imagen de la Torre Eiffel lanzando mensajes invisibles hacia el cielo parisino fascinó a los vanguardistas —podemos pensar en Robert Delaunay o en Vicente Huidobro, por ejemplo. Pero entre las representaciones de estas transmisiones parisinas, no cabe duda de que «Lettre-Océan» es una de las más ingeniosas y mejor logradas. El caligrama es tan acertado y minucioso en su representación que la segunda espiral incorpora los «cré cré cré» y «hou hou hou» de la interferencia. La radio tiene una presencia tan contundente en este poema que Octavio Paz se refiere a él como «((Lettre-Océan))» —enmarcando el título entre dos signos tipográficamente equivalentes a las ondas radiofónicas: (()).

Pero, ¿por qué escribe Apollinaire un poema que trata al mismo tiempo sobre la radio y sobre México? ¿Se puede pensar que su caligrama es una mera yuxtaposición surrealista de lo moderno y lo primitivo, Francia y México, la Torre Eiffel y el mundo Maya? ¿Estaba Paz en lo correcto cuando decía que «Lettre-Océan» fue escrito «para la desorientación general»? ¿O subyace algo más complejo, más sutil al acercamiento de Apollinaire a México y a la telegrafía inalámbrica? Quizá las respuestas a estas interrogantes puedan hallarse dentro del mismo poema, en la exclamación «Bonjour mon frère Albert à Mexico» (Saludos, mi hermano Albert en Mexico).

Apollinaire nunca viajó a México, pero su hermano sí. Albert de Kostrowitzky —el verdadero apellido del poeta—, empleado de un banco y viajero apasionado, pasó temporadas trabajando en Rusia y en Inglaterra antes de embarcarse a México en 1913. El 9 de febrero de ese mismo año, su barco arribó a Veracruz (de ahí la referencia al puerto que aparece en «Lettre-Océan») y al día siguiente prosiguió su viaje hasta la capital. Albert no pudo haber elegido peor momento para llegar a la ciudad: el 10 de febrero de 1913 comenzó la Decena Trágica —los diez días más sangrientos de la Revolución. Victoriano Huerta había logrado usurpar la presidencia después de encarcelar y fusilar a Madero y a varios miembros de su gabinete, con el apoyo del embajador estadounidense. Durante esos diez días, la ciudad de México se convirtió en un campo de batalla; murieron cientos de inocentes y muchos de los edificios de la ciudad quedaron en ruinas. Una foto del archivo Casasola (figura 4.3) muestra una calle con una fila de edificios devastados y da una idea de lo que debió haber visto Albert de Kostrowitzky a su llegada a la capital.

Inmediatamente después de su llegada, Albert tuvo que refugiarse en casa de un conocido francés. Desde ahí, le escribió a diario a su hermano Guillaume, asegurándole que estaba bien y a salvo. Las postales que envió Albert durante la Decena Trágica retratan, sin duda, lo que debió haber sido la experiencia de un extranjero repentinamente arrojado al meollo de una revolución. «Hoy me despertó el pelotón de fusilamiento», le escribe a Apollinaire el mismo día de su llegada; «Estoy a salvo, en una casa francesa se están llevando los cuerpos de los golpistas y los leales», le escribe después. Y dos días más tarde: «Todavía a salvo. Los negocios están cerrados y todo el mundo encerrado. Muchos muertos y heridos». Y el 19 de febrero, último de los diez días trágicos: «Ayer terminó el conflicto armado. No más disparos de cañones. Ya nos andábamos acostumbrando. Las ametralladoras disparaban hasta cuarenta ó cincuenta tiros sin pausa. El día que llegué vi cómo sacaban a personas por las ventanas de la casa donde me estoy quedando».[16]

Albert sobrevivió a esos días trágicos y permaneció en México durante varios años más, durante los cuales no dejó de escribirle a su hermano. Sus cartas revelan un entendimiento bastante superfluo de la vida en México y de la situación política del país. En una carta fechada el 12 de julio de 1914, pocos meses después de la invasión norteamericana de Veracruz, Albert se queja de que la vida en la ciudad de México no sea tan

Figura 4.3: Casas destruidas durante la Decena Trágica, México, D.F., 1913.
Archivo Casasola. SINAFO-Fototeca Nacional, México, D.F.

emocionante como la de los barrios bohemios de París. «No hay literatura popular en México», le escribe a su hermano. «No hay cantantes en las calles. Los indígenas no saben leer ni escribir y duermen en tapetes sobre el suelo, a veces sobre la tierra. No hay diversiones, con la excepción de la música militar y el cine, donde casi siempre se proyectan películas francesas o italianas». En la misma carta, Albert se queja de las vicisitudes del servicio postal mexicano en épocas revolucionarias: «Nunca recibí tu libro *La fin de Babylone*», le escribe a Apollinaire. «Se ha de haber perdido por ahí de Tenbladeras, cerca de Veracruz, donde abandonaron muchos costales llenos de correspondencia. La entrega de correspondencia europea se ha interrumpido ya tres veces desde la invasión norteamericana». Ni siquiera las cartas estaban a salvo de la violencia revolucionaria: Albert le cuenta a su hermano, más adelante, que varios sacos llenos de cartas fueron quemados.[17]

Los fragmentos textuales que componen «Lettre-Océan» no son del todo casuales o azarosos. Muchos de ellos están tomados directamente de las descripciones que hacía Albert de la vida en México en sus cartas o de los pies de foto que venían impresos en las postales que enviaba. Las frases «REPÚBLICA MEXICANA/ TARJETA POSTAL», por ejemplo, aparecen en el reverso de una de las postales mexicanas de Albert —reproducida, por cierto, en el *Album Apollinaire*. De la misma manera, la frase «Jeunes filles à Chapultepec», aparece en otra postal en donde aparece una imagen del Castillo de Chapultepec —un edificio que, más adelante, albergaría la antena más alta de la ciudad.[18] Uno de los fragmentos que aparecen en la primera página de «Lettre-Océan»—

Les voyageurs de *l'Espagne* devant faire
le voyage de Coatzacoalcos pour s'embarquer
je t'envoie cette carte aujourd'hui au lieu
de profiter du courrier de Vera Cruz qui n'est pas sûr

[Los viajeros de *l'Espagne* deben hacer
el viaje a Coatzacoalcos para poderse embarcar
te estoy mandando esta postal hoy en vez
de usar el correo de Vera Cruz que no es seguro]

—parafrasean las quejas de Albert sobre aquellos costales llenos de correo abandonados en Veracruz, así como las últimas palabras de una de sus cartas: «Te estoy mandando esta carta con un español que sale mañana. De esta manera de seguro llegará hasta ti. Hay rumores de que *L'Espagne* no zarpó ayer».[19]

«Lettre-Océan», como lo dice el mismo título, es también una carta sobre las dificultades de comunicación entre México y Francia. Las cartas de Albert tenían que atravesar el Atlántico para llegar hasta su hermano, y la travesía era tortuosamente lenta, incluso en tiempos de paz. Podemos imaginar la angustia que debió haber sentido Apollinaire cuando leyó por primera vez la noticia sobre la Decena Trágica, especialmente considerando que las postales de su hermano no le llegaron sino hasta varias semanas más tarde. «Tu voz –escribe el poeta a su hermano en el poema– llega a mí a pesar de la enorme distancia». Pero esa afirmación no era más que una ilusión porque en 1913 la tecnología no permitía transmitir mensajes de voz. En ese momento, el radiotelégrafo era el único medio confiable para mandar mensajes interoceánicos.

Una frase de «Lettre-Océan» sugiere que la correspondencia entre los dos hermanos no se limitaba a postales y cartas. Uno de los fragmentos que irradian de la segunda espiral reza «*le cablo gramme compor tait 2 mots* EN SURETÉ» [el radio telegrama consistía de dos palabras: a salvo]. A su llegada a la ciudad de México, Albert quiso avisar a su familia que había llegado bien, y el único medio rápido y seguro de enviar el mensaje fue a través del radiotelégrafo. Los mensajes debían ser breves y al grano, así que envió dos palabras –«EN SURETÉ»– para asegurarle a su hermano que no había sido víctima de las bandas revolucionarias. Apollinaire quedó tan impresionado por este mensaje –que desafortunadamente no sobrevivió–, que escribió «Lettre-Océan» como respuesta. El poema es, pues, una «carta» moderna que podía atravesar los mares casi instantáneamente, aun en tiempos de agitación revolucionaria.

Para enviar el radiotelegrama a Francia, Albert seguramente acudió a una oficina de telégrafos como la que se muestra en la figura 44. En esa foto podemos apreciar los mecanismos complejos que debían ponerse en marcha para enviar y recibir telegramas: un operador con un par de audífonos escuchaba las señales en clave Morse, que al mismo tiempo se registraban en una cinta para referencia posterior, y transcribía el mensaje entrante, letra por letra. La velocidad era crucial, como se adivina por las manos del operador, que se mueven tan frenéticamente que la cámara capta sólo una mancha. La sala en que se recibían los mensajes era una verdadera línea de ensamblaje de palabras: operadores sentados entre dos aparatos —el radiorreceptor y la máquina de escribir— componían mensajes como el «EN SURETÉ» de Albert, letra por letra, palabra por palabra. Cuando Apollinaire fue a recoger la misiva de Albert, debió sentirse completamente estremecido por la transformación del lenguaje —su material de trabajo— en un producto serializado. No es ninguna coincidencia que el poeta haya empezado a experimentar con los caligramas alrededor de las mismas fechas en que recibió el radiotelegrama de su hermano.

Apollinaire no inventó el término «Lettre-Océan»; ése era el nombre que se les daba comúnmente a los radiotelegramas enviados a o desde los barcos. En 1924 Blaise Cendrars publicó un pequeño poema en prosa con el mismo título, donde describía su estupefacción ante el hecho de poder enviar y recibir «cartas océano» mientras viajaba a bordo de un barco rumbo a Sudamérica:

Figura 44: Estación radiotelegráfica en México, D.F., *ca.* 1920.
SINAFO-Fototeca nacional, México, D.F.

La carta-océano no es un nuevo género poético
Es un mensaje práctico de tarifa regresiva y
    más barato que una radio
. . . .
La carta-océano no se ha inventado para hacer poesía
Pero cuando se viaja cuando se comercia cuando se está
    a bordo cuando se envían cartas-océano
se hace poesía.[20]

La «carta» de Apollinaire es, en efecto, poesía –pero poesía de un nuevo orden. «Lettre-Océan» es un poema sobre México y la radio, sobre la revolución y el radiotelégrafo.[21] Curiosamente, «Lettre-Océan» demuestra que la transmisión radiofónica y las revoluciones tienen efectos semejantes en el lenguaje: Albert se quejaba de que la lucha sin tregua traía consecuencias lamentables como el hecho de que se olvidaran, perdieran o destruyeran costales enteros de correspondencia, o que la comunicación por correo fuera tan accidentada, fragmentaria y poco confiable. Del mismo modo, las restricciones que imponía la radiotelegrafía obligaban a los escritores a adoptar un estilo fragmentario. En vez de escribir «Je suis en sureté» en su telegrama, Albert tuvo que contentarse con una versión abreviada: esas dos palabras que después retoma Apollinaire en el poema, «en sureté». Así como la Revolución transformó las calles de la ciudad de México en campo de batalla –edificios derrumbados, cuerpos desparramados por doquier–, Apollinaire logra crear un caos similar en las páginas de su caligrama. Como bandas revolucionarias o como ondas de radio, las palabras se animan, movidas por una energía anárquica: transitan de un lado para el otro, de arriba abajo, de izquierda a derecha, y en espirales.

Como el «TSH» de Maples Arce, «Lettre-Océan» es un poema sobre la radio. Pero estos dos textos no podrían ser más distintos. Maples Arce escribe una oda a la radio en un estilo francamente indistinguible de los modelos poéticos del siglo diecinueve, mientras que Apollinaire redacta una prosa caótica, fragmentaria, y sin ley, mucho más acorde con una época marcada por el caos revolucionario y la fragmentación radiotelegráfica. Apollinaire no sólo escribe sobre la radiotelegrafía, sino que su mismo lenguaje ha sido moldeado por el medio y se ajusta a su estricta economía. «Lettre-Océan» es uno de los ejemplos más claros de la teoría de Marinetti sobre la escritura revolucionaria inspirada en la radio. Marinetti exhortó a los poetas futuristas a «destruir la sintaxis» y a escribir telegráficamente, «con la economía y la velocidad que el telégrafo impone a los reporteros y corresponsales en sus misivas superficiales».[22] En su primer manifiesto, Maples Arce llegó a la misma conclusión y escribió que en la época moderna era «telegráficamente urgente aplicar un método [de escritura] radical y eficiente».[23] «Lettre-Océan» no es solamente telegráfico: es un poema radiotelegráfico.

La invención de la radio inspiró a escritores de todo el mundo a imaginar escenarios futuristas de todo tipo. Pero en México no eran sólo los poetas los que fantaseaban con las posibilidades utópicas de la radio. Los ingenieros, editores, periodistas, e incluso los empresarios dieron rienda

Como la máquina de escribir, la radio produce un efecto desublimatorio en la literatura. Un poema verdaderamente inspirado en la radiotelefonía, como «Lettre-Océan», abandona los temas trascendentes de la literatura en pos de cosas simples y eventos cotidianos, como saludar a su hermano o transcribir mexicanismos en un poema. El poeta demuestra que los textos escritos en la época de la transmisión radiofónica ya no pueden basarse en la imaginería romántica del tipo «sangre de Keller» o «formas interiores de Hoffman», apunta Friedrich A. Kittler en tono más bien burlón. El caligrama de Apollinaire, con su mescolanza de frases inconexas y revoltijo de fragmentos textuales, está muy cerca en espíritu al poema de Andrade «Máquina de escrever», que por cierto también contiene referencias fraternales —«se robaron la máquina de escribir de mi hermano», escribe Andrade. Si el poema de Andrade es un ejemplo de la «literatura de las máquinas de escribir y de los avisos económicos», el caligrama de Apollinaire demuestra lo que podría llamarse la «literatura de la radio». Apollinaire nunca comprenderá a los mayas, pero sin duda entendió de maravilla la comunicación inalámbrica.

Fumen Radio

A pesar de que Albert de Kostrowitzky sobrevivió a la Decena Trágica, la racha de buena suerte no le duró mucho: murió por causas desconocidas, en la ciudad de México, en 1919. Al año siguiente concluyó la Revolución y empezaría un nuevo capítulo de la historia mexicana —una etapa pacífica, marcada por el impulso de reconstrucción y por un frenesí tecnológico que un escritor llegó a nombrar «la locura del radio».[24]

La invención de la radio inspiró a escritores de todo el mundo a imaginar escenarios futuristas de todo tipo. Pero en México no eran sólo los poetas los que fantaseaban con las posibilidades utópicas de la radio. Los ingenieros, editores, periodistas, e incluso los empresarios dieron rienda suelta a la imaginación inalámbrica, y sus encuentros con la radio fueron el principio de una serie de historias que, aunque plenamente verídicas, parecen más propias de una novela de ciencia ficción que de un país recuperándose de una década de guerra civil.

El frenesí comenzó en 1923 con la primera feria dedicada a la radio en México. Durante varios años, un grupo de empresarios que habían formado una «liga del radio» habían estado presionando al Presidente Obregón para que firmara un acuerdo en donde se regularizara la transmisión radiofónica. El 16 de junio de 1923, lanzaron una gran feria dedicada al radio en el Palacio de Minería: la idea era iniciar tanto al presidente como al público general en los misterios de la transmisión inalámbrica. Había puestos patrocinados por La Casa del Radio, la gran tienda de Raúl Azcárraga (cuyos descendientes fundarían, años después, el poderoso imperio de Televisa); y otros, patrocinados por *El Universal Ilustrado*, que en ese momento era dueño de la única estación de radio en la ciudad; y otros más, por empresarios que anhelaban lanzar sus propias estaciones de radio.

En 1923, pocas personas habían siquiera visto un radio, así que los organizadores de la feria montaron un transmisor y un receptor y procedieron a demostrar, ante el absoluto desconcierto de los visitantes, cómo viajaban voces y sonidos de un extremo al otro del salón. Y para los más conservadores, que consideraban estas transmisiones experimentales demasiado abstractas y alejadas de la vida cotidiana, había una serie de exposiciones dedicadas a demostrar cómo la radio transformaría la vida de todas las personas.

Durante la feria, el Palacio de Minería se transformó en un verdadero escenario futurista: la decoración, los puestos y los productos estaban diseñados para crear una sensación premonitoria de lo que sería la vida en el futuro –un futuro marcado por la presencia de la radio. Un artículo sobre la feria, publicado en *El Universal*, describe un truco que los dueños de La Casa del Radio utilizaban para atraer a los visitantes hasta su puesto (y a su estación): «Los hermanos Azcárraga agasajaron a sus clientes con botellas de refresco Radio y a partir de hoy su estación transmitirá noticias sobre los eventos más importantes de la feria».[25] Es posible que no todos los visitantes de la feria se mostraran dispuestos a ponerse un par de audífonos y dejar que las ondas de radio penetraran en sus oídos, pero ¿quién no accedería a probar el refresco Radio? No había mejor camino para llegar a los oídos de los clientes, habrá elucubrado Azcárraga, que a través de su estómago.

Más adelante aparecerían en México otras bebidas inspiradas en la radio. En 1926, cuando la fiebre radiofónica estaba en su apogeo, la Cervecería Moctezuma (extraña ironía: la fábrica de cerveza más grande del país llevaba un nombre indígena y tenía dueños franceses) lanzó la cerveza xx. Un anuncio en *El Universal Ilustrado* (figura 45) promovía la nueva marca con un dibujo de dos botellas inmensas que, como dos antenas de radio, transmitían la señal reiterada de dos x a través del cielo de la ciudad de México –la imagen recuerda, por lo demás, a las representaciones que hacía Apollinaire en «Lettre-Océan» de la interferencia radiofónica. En el eslogan, «Lo que se oye en todas partes», se antoja cierta transferencia de las cualidades de la radio a la cerveza: la nueva bebida, como las ondas de radio, anunciaba su deseo de omnipresencia. Mientras uno ojea estos anuncios, resulta imposible no recordar la advertencia de Vallejo sobre los poetas que pretendían sonar modernos apropiándose de la palabra «radio» y utilizándola en sus textos. En este caso no se trata de un poeta con aspiraciones modernas, pero resulta claro que la Cervecería Moctezuma quería entrar triunfalmente por las puertas de la modernidad con la llave mágica de la palabra «radio».

Radio, el nuevo refresco, causó sensación en la feria. Pero aún más revolucionaria fue la presencia del puesto de El Buen Tono, la fábrica de tabaco que estaba por inaugurar la segunda estación de radio en México, y que poco después protagonizó uno de los episodios más espectaculares en la historia de la radio. El Buen Tono había sido fundada en 1899 por Ernest Pugibet, un francés que se había convertido en uno de los industriales más exitosos del país –tanto así, que ya era de rutina que los presidentes llevaran a sus visitantes más ilustres a las instalaciones de su fábrica. Obsesionado con todo lo moderno, Pugibet había comprado aviones, zeppelines y globos aerostáticos, que sobrevolaban la ciudad de México promocionando sus puros. Su proyecto de construir la estación de radio más grande y poderosa de México en las instalaciones de su fábrica era otra manifestación más de su tecnofilia. En ese entonces, la función de la radio no se había definido con certeza: ¿sería una extensión del periódico?, ¿un teléfono de alta tecnología?, ¿una herramienta para promover la educación? Pugibet, en todo caso, tuvo la idea brillante de utilizarlo como un medio publicitario.

No sin cierta ironía: El Buen Tono derivaba su nombre de una expresión anticuada que había sido muy popular durante el Porfiriato. La expresión tiene un sentido cercano a «buena educación» y se utilizaba para

Figura 45: Anuncio radiofónico de cerveza xx.
El Universal Ilustrado, 478 (8 julio de 1926), p. 6.

referirse a los modales implacables y la etiqueta formal que se esperaba tuvieran las buenas familias del México posrevolucionario. «Tono», además, puede entenderse en un sentido musical, de manera que la empresa podía utilizar el doble sentido de su nombre a su favor y abrir una estación de radio que la colocara en la punta de la modernidad posrevolucionaria. Y así lo hizo. A partir de entonces, su nombre ya no se referiría a los buenos modales de antaño, sino al buen sonido de la radio del futuro.

El Universal Ilustrado trataba de atraer visitantes a su puesto regalando traguitos de Radio, pero los organizadores del puesto de El Buen Tono fueron más ingeniosos: lanzaron una nueva marca de cigarros –que por supuesto también se llamaba Radio– y distribuyeron cientos de cajetillas gratis entre los ávidos fumadores que paseaban por la feria. Pero a diferencia de la cerveza y el refresco radiofónicos que, aunque sus respectivos nombres les daban un toque tecnológico seguían siendo bebidas ordinarias, los cigarros Radio eran plenamente modernos. Los fabricantes contrataron los servicios de artistas estridentistas para que diseñaran una campaña publicitaria para los nuevos cigarros (figura 46), y éstos concibieron un póster representando un mundo futuro: los cigarros Radio surgen de un paisaje dominado por rascacielos, luces de neón y máquinas modernas. El anuncio promocionaba los Radio como «Los cigarros de la época».

Una fotografía del puesto de El Buen Tono en la feria de la radio (figura 47), muestra a un Calles orgulloso, parado en frente de un radiorreceptor gigante, rodeado de carteles que incitaban a «fumar Radio». Para darles a los visitantes una probada del futuro, las mujeres que atendían el puesto llevaban en la cabeza una diadema coronada por una antena, y

Anuncio Estridentista de "El Buen Tono".

Figura 46: Anuncio diseñado por los estridentistas para El Buen Tono.
Germán List Arzubide, *El movimiento Estridentista*
(Xalapa: Ediciones de Horizonte, 1926), p. 77.

Figura 47: Stand de El Buen Tono en la Feria de la Radio, 1923. México, D.F.
SINAFO-Fototeca Nacional, México, D.F.

cargaban canastas llenas de cigarros Radio. El puesto de El Buen Tono
era un espacio verdaderamente futurista, habitado por mujeres antena
–androides cuyos atavíos exageraban el efecto de por sí insólito que los
audífonos, cables, y demás parafernalia radiofónica producía en el cuerpo
humano. Y, a pesar de que estas diademas radiofónicas no eran lo suficientemente sofisticadas para captar ondas, las mujeres antena sí tenían cierto
talento para capturar la atención de clientes potenciales –al menos a juzgar
por la cantidad de gente que se ve reunida en esta foto alrededor del puesto
de la compañía.

La aventura de El Buen Tono con la radio continuó tiempo después de
que concluyera la feria, al igual que la colaboración entre la compañía y los
poetas jóvenes. Resultó tan exitosa la campaña de los cigarros Radio que
El Buen Tono siguió comisionando anuncios a los estridentistas y la empresa se convirtió, así, en una especie de mecenas del grupo. La revista
estridentista *Irradiador*, que publicó tres números en 1923 (figura 48),
fue financiada en parte con los ingresos de la publicidad de la compañía de tabaco, y en la contraportada de cada número aparecía un anuncio

elaborado y vanguardista promocionando los cigarros de El Buen Tono. Resulta irónico, por lo demás, que los estridentistas fueran tanto más aventurados y experimentales en sus anuncios que en su propia poesía. El «tsh» de Maples Arce puede leerse como un poema bastante convencional, pero el anuncio de cigarros Radio que se publicó en el primer número de *Irradiador* es tan radical como el caligrama de Apollinaire: la composición es fragmentaria y caótica, y los distintos pedazos de frases —«buen... tono...mejores... cigarros»— imitan los patrones concéntricos de las ondas de radio (figura 49). Blaise Cendrars dijo alguna vez que la publicidad era «la flor de la vida contemporánea»; y sin duda los estridentistas, como los constructivistas rusos y los simultaneístas franceses, transformaron el llano mundo de los anuncios en un campo fértil de experimentación de vanguardia.[26]

Pero a pesar de estas campañas publicitarias de vanguardia, El Buen Tono tuvo que lidiar con el hecho de que sólo un puñado de gente en la ciudad de México tenía entonces un radiorreceptor. Frente a ese panorama, los planes de la compañía para «convertir a cada fumador en un

Figura 48: Portada de *Irradiador* 1 (1923). Archivo Jean Charlot, University of Hawaii.

Figura 49: Anuncio diseñado por los estridentistas para El Buen Tono. Contraportada de *Irradiador*, 1 (1923). Archivo Jean Charlot, University of Hawaii.

radioescucha» seguían siendo imposibles. No resultaba difícil vender al público un refresco o una cajetilla de cigarros, ¿pero cómo hacer para que compraran un radio? A la gente de El Buen Tono se le ocurrió una estrategia. Un nuevo anuncio, publicado en *El Universal Ilustrado* y en *Antena* (figura 50), ofrecía recibir cajetillas de cigarros vacías a cambio de piezas para armar un radio: tres cajetillas por una batería; cinco por una antena inalámbrica; catorce por unos audífonos; y veinte por un receptor listo para usarse.[27] Como si fueran obreros de una fábrica, se incitaba a los fumadores a construir su propio radio con piezas sueltas, siguiendo los métodos de producción taylorizada. El Buen Tono estaba empeñado en convertir a todo fumador en un hombre plenamente moderno, que fumara tabaco industrializado, escuchara la radio y supiera armar su propio radiorreceptor.

Un texto distribuido por El Buen Tono en la feria de la radio, publicado al día siguiente en *El Universal*, explica los planes de la compañía:

Cuando dentro de muy poco tiempo comience a funcionar su estación transmisora, para solaz de sus consumidores, cada día, en las horas que

Figura 50: Anuncio de la campaña publicitaria de El Buen Tono. *Antena*, 2 (1924).

previamente se fije, todo fumador de cigarrillos *El Buen Tono* podrá cómodamente, desde su alcoba, y al mismo tiempo que goza de las delicias de su cigarrillo, y ve formarse en el espacio las figuras caprichosas del humo blanco y perfumado, oir lo que sucede en la metrópoli por la voz humana. El suceso de menor significación pero que afecte el interés público lo transmitirá esa potente estación cuyas torres esbeltas se levantarán en el edificio de la plaza de San Juan.[28]

La trama de una compañía de cigarros que busca adueñarse del cuerpo de los consumidores, llenando sus pulmones de humo aromático y sus oídos de ondas, parece un episodio de la «Radio del futuro» de Khlebnikov o de «Le roi Lune» de Apollinaire. Pero las aventuras de El Buen Tono con la radio se volverían aún más extraordinarias: tres años después del lanzamiento de su estación, en busca de ondas de radio que pusieran a México en la punta de la radiofonía, la fábrica se involucró en una saga imposible que implicó un viaje al Polo Norte y a un explorador escandinavo.

Onda corta: la gran incógnita

En los primeros días de mayo de 1926, el explorador noruego Roald Amundsen (figura 51), un avezado aventurero que había sido el primer hombre en llegar al Polo Sur, emprendió una expedición camino al Polo Norte. A diferencia de expediciones anteriores, en este viaje no abordó un barco ni un avión, sino un enorme dirigible de casi cien metros de largo que, no sin cierto fervor patriótico, bautizó como el *Norge* (figura 52). Su decisión despertó algunas suspicacias, pero Amundsen explicó que un dirigible tenía muchas ventajas sobre el avión. «Una aeronave –escribió en su crónica de la expedición– flota en el aire incluso si fallan sus motores». Al parecer, la perspectiva de que fallaran los motores mientras sobrevolaba aquella gélida tierra de nadie que es el Polo Norte no intimidaba tanto al explorador. En tono frío y sereno explica que en caso de tal eventualidad –que por cierto sí ocurrió en el curso de ese viaje–, simplemente «se pueden hacer ciertas reparaciones mientras la aeronave sigue volando con ayuda de los motores restantes».[29]

Con un equipo de especialistas a bordo que incluía mecánicos, radiotelegrafistas y climatólogos, el *Norge* salió de Spitsbergen, en el norte de Noruega, en una ruta que lo llevaría a través del Océano Glacial Ártico,

Figura 51: Roald Amundsen, *ca.* 1920. © Bettman/Corbis.

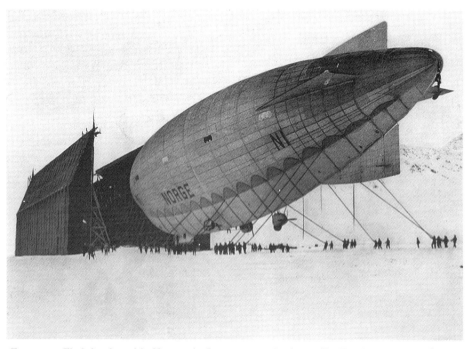

Figura 52: El globo dirigible Norge. *Air Pioneering in the Arctic: The Two Polar Flights of Roald Amundsen and Lincoln Ellsworth* (Nueva York: National Americana Society, 1929).

sobre el Polo Norte —«la punta del mundo», como escribe el explorador en sus diarios—, y hasta Alaska, del otro lado del globo. La logística del viaje era extraordinariamente complicada. Dado que no habría piezas de recambio en el Ártico, Amundsen preparó cajas con cientos de repuestos de todo tipo y las envió por barco a cada una de las paradas que se tenían contempladas. Para no perder contacto con la tierra, instaló también un radio de alta potencia adentro del dirigible —una especie de estación flotante capaz de enviar y recibir reportes meteorológicos, detalles del viaje o la señal de la hora exacta. «Se prestó particular atención —escribió después el explorador— al equipo de radio. Se había obtenido toda la información necesaria sobre el aparato de radio a bordo del *Norge*, de la Compañía Marconi en Inglaterra».[30]

Amundsen escribió una crónica detallada de aquel viaje escalofriante, en la que cuenta, con lujo de detalle, cómo era la vida diaria a bordo del zeppelín que flotaba por encima del Polo Norte. Cuenta, por ejemplo, que las reglas de conducta eran sumamente estrictas: «Lo más importante era que nadie arrojara nada por la borda que pudiera atorarse en las turbinas y atascarlas. También, si se caminaba por la quilla, estaba prohibido llevar zapatos que no tuvieran protecciones de hule, ya que el metal de una suela podía provocar chispas al entrar en contacto con las partes de acero de la quilla, y si alguna de éstas hacía contacto con los vapores de la gasolina o el hidrógeno, podía provocarse un incendio».[31]

Contra toda expectativa, el viaje de Amundsen fue un éxito. Llegó al Polo Norte el 12 de mayo de 1926 y, para marcar su hazaña, bajó dos banderas desde el zeppelín —una noruega y otra estadounidense—, diseñadas especialmente para ser clavadas sobre la superficie del hielo. «Estamos seguros de que nuestros lectores entenderán el sentimiento general del equipo a bordo del *Norge* —escribe más adelante— cuando vimos… las banderas ondeando debajo de nosotros, contra esa superficie de hielo cubierta de nieve». Inmediatamente después de izar las banderas, Amundsen se enfiló hacia el cuarto de radio, o «habitación Marconi» como también lo llama, y envió un radiotelegrama anunciando la buena noticia. El mensaje, escrito en ese lenguaje rápido y abrupto de los telegramas que tanto fascinaba a poetas como Marinetti o Apollinaire, transmite el entusiasmo del explorador: «CUANDO NORGE SOBRE POLO NORTE FUE MÁS GRANDE DE TODOS LOS EVENTOS ESTE VUELO». El telegrama incluye una breve descripción de los paisajes polares: «TROZOS DE HIELO CUYAS ORILLAS BRILLABAN COMO ORO EN LA LUZ SOLAR PÁLIDA APARECÍAN DE ENTRE LA NEBLINA QUE NOS RODEABA *STOP*».

Este breve mensaje se parecía tanto a las «palabras en libertad» de Marinetti que los editores del *New York Times* decidieron restituir los elementos sintácticos faltantes, añadiéndolos a mano, como se ve en la figura 53.

El resto de la travesía fue aún más riesgosa y terrorífica, porque para llegar a Alaska, Amundsen tuvo que atravesar «la mayor área del mundo no explorada» —una zona que muchos cartógrafos llamaban «la gran incógnita».[32] El recuento de Amundsen capturaba la atmósfera desolada de este territorio vasto e ignoto: «¿Qué secretos guarda esta región?... ¿Lograríamos levantar parcialmente el velo que la cubría? Y si lo lográbamos, podríamos volver al mundo para contar lo que habíamos visto? Estas preguntas inquietaron a todos los tripulantes de la aeronave cuando sobrevolamos el Polo, aunque pronto retomamos nuestras obligaciones y el viaje volvió a la normalidad».[33] Amundsen aterrizó en Alaska (el aterrizaje, contó, «espantó a los perros esquimales»), y la fama del explorador se acrecentó más aún.[34] Los reportajes sobre su travesía se transmitieron por radio y las fotos de Amundsen y su dirigible se publicaron en las primeras planas de los periódicos del mundo.

En la ciudad de México, los diarios reportaron la hazaña del noruego durante todo el mes de junio de 1926. Desde la *Revista de Revistas* hasta *El Universal Ilustrado*, todos los medios más importantes del país publicaban —algunos a diario— las fotos de Amundsen y su zeppelín. El *Excélsior*, publicó las aventuras de Amundsen por entregas, y anunció orgullosamente a sus lectores que el texto había sido enviado por vía inalámbrica —en un «radiograma directo, exclusivamente para el *Excélsior*»—[35] desde Estados Unidos, donde se encontraba temporalmente el explorador. El corresponsal neoyorquino del periódico consiguió, incluso, una entrevista en exclusiva con el noruego, que apareció en primera plana el 4 de julio de 1926.

Según varios historiadores de la radio, la prensa mexicana mostró tanto interés en la historia de Amundsen a causa de un incidente extraño de transmisión radiofónica. Al parecer, cuando el explorador llegó por fin al Polo Norte, sintonizó, por casualidad, un programa transmitido desde México por la estación de El Buen Tono, que acababa de adquirir un potente transmisor de onda corta. El incidente, cuenta el historiador Jorge Mejía Prieto, «se convirtió en uno de los principales motivos de orgullo de la estación de radio»[36] e inspiró una nueva campaña publicitaria: la imagen de Amundsen en el Polo Norte, al lado de su zeppelín, apuntando hacia una cajetilla de cigarros Radio (figura 54). El anuncio muestra al

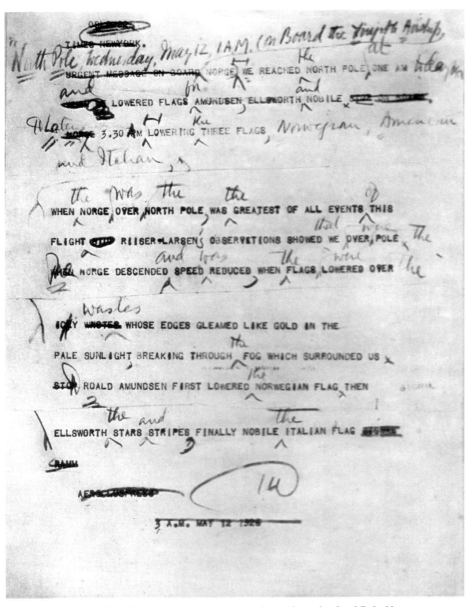

Figura 53: El radiotelegrama enviado por Amundsen desde el Polo Norte.
Air Pioneering in the Arctic: The Two Polar Flights of Roald Amundsen and Lincoln Ellsworth
(Nueva York: National Americana Society, 1929).

Figura 54: Anuncio de los cigarros
«Radio» de El Buen Tono
mostrando a Amundsen en el
Polo Norte.
El Universal Ilustrado, 478
(8 de julio de 1926), p. 7.

noruego fumando un cigarro de El Buen Tono. «Fumen Radio», exhorta
el anuncio.

El Buen Tono debe haber considerado la noticia de la recepción de su
programa en el Polo Norte como un verdadero milagro. La compañía estaba
empeñada en modernizar al país, ciudadano por ciudadano; pretendía
convertir a cada fumador —y, por extensión, a cada mexicano— en un radioescucha plenamente sintonizado con los sonidos del futuro. El razonamiento de estos anuncios parece ser el siguiente: fumar Radio y sintonizar
la estación de El Buen Tono eran actividades que producían sujetos modernos. Y el mejor ejemplo de un sujeto plenamente moderno era Roald
Amundsen que viajaba en máquinas voladoras, se movía por el mundo con
la facilidad de las ondas herzianas, y escuchaba la radio —y no cualquier
estación de radio, sino las mismísimas transmisiones de onda corta de El
Buen Tono. Como podemos ver en el anuncio de Amundsen en el Polo

Norte, la compañía no sólo anhelaba convertir a todos los mexicanos en radioescuchas y fumadores, sino también a cada mexicano en un Amundsen.

Curiosamente, aunque casi todas las historias de la radio señalan este incidente como uno de los eventos más destacados de la transmisión radiofónica mexicana, ningún historiador da detalles de este evento: ¿Qué escuchó exactamente Amundsen en su radio? ¿Cómo identificó la estación emisora? ¿Cuándo contactó a El Buen Tono y qué les dijo cuando habló con ellos?

Estas preguntas apuntan hacia una laguna notable en la historia mexicana de la radio. En busca de respuestas a esta incógnita, en agosto del 2004 hice una expedición a los archivos de la ciudad de México.

La primera parada fue en la estación de El Buen Tono, que sigue existiendo y ahora transmite en XEB —la misma frecuencia que usaba en los años veinte. Pero la estación ya no le pertenece a la fábrica de tabaco, que quebró después ser adquirida por la British American Tobacco. Al llegar a las oficinas de la XEB para indagar sobre el incidente del Polo Norte y la expedición a Noruega, mis preguntas generaron cierta consternación: los empleados de la estación sospecharon que tenían frente a ellos a otra víctima más de la locura del radio. Nadie había oído hablar de Amundsen, pero a la directora —un haz de las relaciones públicas, como lo habían sido sus predecesores de los años veinte— se le ocurrió que podía mejorar el *rating* de la estación si me invitaba a salir al aire para contar las hazañas del noruego. Yo, por supuesto, accedí a su pedido radiofónico.

La siguiente parada fue la hemeroteca de la UNAM, donde repasé meticulosamente los números del *Excélsior* de 1926 en busca de más detalles. Aquí tuve un poco más de suerte y pude encontrar los datos que me faltaban para completar la historia del explorador noruego y la radio mexicana. Resulta que Amundsen no escuchó la estación mexicana en el Polo Norte. A mediados de junio de 1926, cuando ya *Excélsior* había pasado más de dos semanas dedicándole la primera plana a las crónicas de Amundsen, El Buen Tono decidió aprovechar la ocasión para promocionar sus cigarros. La compañía sacó un nuevo anuncio de cigarros Radio, mostrando a Amundsen en el Polo Norte, y anunciando: «Amundsen ha dicho: los verdaderos conquistadores del Polo Norte son los cigarros *Radio* de El Buen Tono, SA, la fábrica de fama mundial».[37]

Hay que recordar que en esos tiempos la publicidad aún no tenía la obligación de apegarse a la verdad. Unas semanas más tarde, la compañía sacó un anuncio aún más atrevido, que mostraba la misma imagen de Amundsen fumando en el Polo Norte (figura 55) y añadía: «Lo primero que hizo Amundsen al volar sobre el Polo Norte, fue fumar Radio de El Buen Tono, S.A., los cigarros famosos en todos los puntos del planeta».[38] Al parecer, años más tarde, cuando los administradores de El Buen Tono repasaron los recortes de periódico de la compañía, tomaron esta declaración publicitaria al pie de la letra y así esparcieron el rumor de que el explorador había sintonizado la estación mexicana desde el Polo. El mito del momento mexicano de Amundsen se coló a las páginas de la *Historia de la radio y la televisión en México* de Mejía Prieto, y más adelante otros historiadores repitieron la anécdota como si fuera verídica.

Aunque la señal de El Buen Tono nunca llegó hasta el explorador, la campaña publicitaria sí sirvió para acercarlo a México, aunque fuera de manera simbólica. A pesar de que el noruego nunca viajó a nuestro país, la campaña publicitaria lo convirtió en un fenómeno nacional: su nombre y su

Figura 55: Anuncio de los cigarros «Radio» de El Buen Tono, *Excélsior*, 25 de junio de 1926, p. 8. Hemeroteca Nacional, México, D.F.

foto, estampados en tantos números de *Excélsior*, circulaban cotidianamente entre las familias del México de los años veinte.

Fueron tan exitosos los anuncios de El Buen Tono que Amundsen se convirtió en una especie de estrella local. En julio de 1926, el *Excélsior* publicó la noticia de que un grupo de aficionados había invitado al noruego a visitar la ciudad de México para dar una serie de charlas sobre sus viajes al Ártico. Pero el explorador declinó la invitación, diciéndole amablemente a un reportero que estaba demasiado cansado tras su viaje polar. En todo caso, concluye la noticia del periódico, «quedaron muy complacidos [Amundsen y Byrd] al saber que eran bien conocidos en México y se mostraron agradecidos por los elogios que de sus hazañas se hacen en *Excélsior*. El corresponsal les presentó los ejemplares de *Excélsior* que contenían la narración detallada de las dos expediciones [ ] Invitó al capitán Roald Amundsen a dar una serie de conferencias en México; pero el explorador manifestó que no desea por ahora hacer giras ni dar conferencias, sino descansar un poco de tiempo».[39] Al parecer, al explorador le interesaban únicamente los rincones gélidos del planeta –la Antártida, el Polo Norte, Noruega–, no tenía la menor curiosidad por una región tan «tropical» como México.

Los *fans* mexicanos de Amundsen no se desanimaron por su manifiesta falta de interés, y siguieron celebrando su valentía incluso hasta después de su muerte. Cuando Amundsen perdió la vida en 1928 durante un viaje al Ártico, dos asociaciones capitalinas organizaron un homenaje en su honor. El evento, patrocinado por la Sociedad Mexicana de Geografía y Estadística y la Academia Mexicana de Historia y Estadística, tuvo lugar el 14 de diciembre de 1928, y se publicó un folleto que relata todos los detalles del homenaje: *Sesión solemne en homenaje al ilustre explorador de los polos Roald Amundsen*. Entre el público había más de un centenar de científicos mexicanos. Agustín Aragón dio un discurso sobre las exploraciones de Amundsen y recordó «al digno hijo de Noruega que fue gran émulo de los exploradores españoles de los siglos xv y xvi»[40] y cuyas hazañas eran comparables con las de don Quijote. «Que Roald Amundsen halle el descanso eterno –concluía uno de los oradores–, y que la historia escriba con caracteres de inmarcesible remembranza su piadosa y desinteresada hazaña».[41]

Como hemos visto, la historia del encuentro de Amundsen con frecuencias de la radio mexicana fue una simple estrategia publicitaria de El Buen Tono –una fantasía hecha de humo de cigarrillos y delirios inalámbricos. Pero las fantasías, como demuestra Freud en su discusión sobre los sueños, los lapsus y los equívocos, nos dicen mucho, ya que casi siempre representan la satisfacción de un deseo. Y resulta evidente que el deseo de El Buen Tono era que México, un país que se había aislado del mundo durante los años de la Revolución, se sumara por fin a comunidad de países plenamente modernos. El mundo entero celebraba en ese entonces la hazaña de Amundsen, y las declaraciones en los anuncios de El Buen Tono le permitían a México –y a la compañía, por supuesto– compartir el escenario con el explorador noruego. Durante ese lapso de tiempo marcado por expectativas desbordadas, la fantasía radiofónica de la compañía propulsó a México desde cierta marginalidad hacia «la cima del mundo».

Aunque las declaraciones de El Buen Tono eran falsas, la compañía acertó al ver en la radio el medio que lograría sacar a México de su aislamiento. La locura del radio que se apoderó del país en los años veinte se debía, en parte, a la esperanza de que la comunicación inalámbrica, que pasaba todas las fronteras, sería la solución que conectaría a México con el resto del mundo. Y esta expectativa no era del todo infundada: en 1923, el año en que México organizó su primera feria dedicada a la radio e inaugurara sus primeras estaciones, Estados Unidos reconoció al gobierno de Álvaro Obregón, poniendo fin al aislamiento de México en la sociedad de naciones.

Radioconferencias

Comparado con las aventuras radiofónicas de El Buen Tono o con «Lettre-Océan» de Apollinaire, «TSH» de Maples Arce resulta bastante convencional. Uno de los problemas con este poema, como apunta Vallejo, es que simplemente incorpora términos técnicos sin lograr evocar el papel que jugó la radio en la formación de una nueva serie de discursos. Pero las limitaciones del poema se pueden entender mejor a través de dos conceptos introducidos por el crítico francés André Coeuroy, uno de los primeros teóricos de la radio. En su *Panorama de la radio* (1930), Coeuroy divide la literatura inspirada en la radio en dos categorías: «radiofónica» y «radiogénica». Esta distinción recuerda nuestra discusión anterior sobre la escritura mecanográfica y la escritura mecanogénica, aunque con algunas diferencias importantes. Las obras radiofónicas, como los poemas mecanográficos sobre la máquina de escribir, tienen como tema central a la radio, pero permanecen formal y léxicamente impermeables al medio. Las obras radiogéncias, en contraste, son escritas directamente para su transmisión en radio, de manera que su estructura, estilo y longitud, se modelan y ajustan a las posibilidades y limitaciones del medio. Coeuroy invita a los escritores de obras radiofónicas a que reflexionen sobre las características del medio —como su dependencia absoluta de los detalles acústicos o la condición de relativa ceguera y recomienda no tratar de escribir siguiendo los modelos del teatro o de la narrativa.[42]

El poema de Maples Arce es un ejemplo perfecto de un poema radiofónico. A pesar de que fue escrito para salir al aire, bien pudo haber sido escrito para una publicación impresa cualquiera. Nada en él aprovecha las posibilidades que brindaba la radio, e incluso parece demasiado largo y complicado para un texto que iba a transmitirse en vivo. Para empezar, muchos elementos del poema, incluyendo los espacios en blanco y las alineaciones de las columnas, no pueden ser percibidos por los radioescuchas. Leyendo la versión impresa de «TSH» uno sospecha que, quienes escucharon ese día a Maples Arce, perdieron rápidamente el interés por el poema, que resultaba demasiado largo y complejo. La transmisión del poema de Maples Arce es, en definitiva, un buen ejemplo de lo que Coeuroy dice sobre los textos que se intentan acoplar al medio de la radio pero que son, en el fondo, textos pensados para el papel: «una transmisión radiogénica no debería escribirse y luego leerse frente a un micrófono» —a menos que uno quiera dormir a sus escuchas pudo haber agregado.[43]

Los textos radiogénicos, al contrario, mantienen la atención del público porque están pensados para ser leídos ante un escucha ausente, y se ajustan plenamente a las posibilidades del medio. Como los textos mecanogénicos, llevan la huella de la nueva tecnología que los produjo. Uno de los mejores ejemplos de esto es «La muerte del papel», una obra para radio que se transmitió en Radio París, la estación con sede en la Torre Eiffel, en 1937. Como «La guerra de los mundos», otro conocido experimento radiogénico, esta obra comienza con lo que parece un legítimo programa de radio: música, anuncios, noticias, en fin, una estrategia que podríamos llamar *trompe l'oreille*. En un momento dado, sin embargo, un conductor apócrifo interrumpe la transmisión para anunciar que una «corriente eléctrica destructiva» está causando estragos por todo el mundo, destruyendo todo lo que está hecho de papel: dinero, libros, boletos de tren, bolsas de mercado y hasta envolturas de cigarros —imagen de una modernidad truncada que pudo haber sido la peor pesadilla de El Buen Tono.[44]

«La muerte del papel» es un texto radiogénico perfecto no sólo por la fuerza de su trama, que mantiene a los escuchas pegados a sus asientos, sino porque es una obra que sólo funciona en la radio. Denis Hollier explica que un reportaje sobre la muerte del papel es verosímil cuando es anunciado por la radio, pero que no parecería en absoluto plausible si se leyera en papel: «En un libro, el mensaje [de la obra] sería refutado por su existencia material misma. Anunciar la muerte del papel en un libro sería mera ficción, mientras que la existencia de la transmisión radiofónica de noticias no se vería afectada por el fin del papel. Si desapareciera la prensa escrita, la radio bien podría transmitir la noticia de esta muerte, y podría hacerlo, por ejemplo, en un programa como el de *La mort du papier*».[45]

A diferencia de Maples Arce, otros escritores mexicanos sí lograron escribir textos verdaderamente radiogénicos. El primer experimento de este estilo ocurrió en agosto de 1924 –un año después de la famosa transmisión de Maples Arce–, cuando la estación de El Buen Tono invitó a Salvador Novo a hablar sobre su trabajo. Si Maples Arce utilizó su tiempo al aire para leer una oda a la radio bastante tradicional, Novo aprovechó la oportunidad para reflexionar sobre las características del nuevo medio y analizar los efectos radicales que tendría en la cultura. Novo dio una «Radioconferecia sobre el radio», una charla que reflexiona sobre la experiencia misma de estar hablando para la radio –gesto típicamente vanguardista de *mise en abîme*–.

La «Radioconferencia» de Novo, cuya transcripción se publicó en *Antena* y en *El Universal Ilustrado*, abría con un apóstrofe. El joven Novo se dirige directamente a sus escuchas para comunicarles el entusiasmo y la curiosidad que le provocaba estar frente a una de las tecnologías más espectaculares de la época: «Señoras y señores que me escucháis: No sabría explicar la emoción que se intercala en mi garganta al considerar que mi voz se escucha, débil como es, en el confín lejano, por magia de la ciencia, no ya desde el Bravo hasta el Suchiate, sino de un polo a otro, a través de toda la tierra, podemos [ahora] escuchar la voz de nuestros semejantes».[46] Novo empieza la radioconferencia con un gesto radiogénico, evidenciando que se está dirigiendo a un público de radioescuchas dispersos en el espacio. Como Apollinaire, Novo se muestra asombrado frente a la posibilidad que ofrece la radio de llevar mensajes a través de las fronteras nacionales, y conectar personas y lugares sin importar la distancia. Si a Apollinaire le costaba creer que el radiotelégrafo llevara noticias a Francia de su hermano Albert en México, Novo repara en lo asombroso que resulta el hecho de que su voz pudiera oírse no sólo dentro del territorio mexicano, «del Bravo al Suchiate» , sino «de un polo a otro». Incluso antes de que Amundsen llegara al Ártico, los entusiastas de la radio ya estaban celebrando la llegada de la radio mexicana al Polo Norte.

Novo prosigue su conferencia con un comentario sobre una de las características más prominentes de la radio: la extrema heterogeneidad que caracterizaba la programación radiofónica. En otro momento típicamente radiogénico, el poeta se imagina el contexto acústico sus palabras: «Acabáis de escuchar el sexteto All Nuts Jazz Band y ahora oís mi palabra; dentro de diez minutos oiréis *Il Baccio*, de Arditi, o ˮGuadalupe la Chinacaˮ, de Nervo, o *Manon*, de Massenet, y podéis estar en la postura que mejor os plazca, con el traje de acostaros, con pantuflas, cosa que no solía hacerse en la ópera, fumando vuestra segunda pipa o dormitando».[47] Aunque Novo adopta, como de costumbre, un tono jocoso, en realidad describe con bastante precisión la mezcolanza de estilos en la programación de esos años. Novo se imagina una transmisión que empieza con música de jazz, pasa a un vals italiano, luego a una declamación de «Guadalupe la Chinaca» —un poema extremadamente sentimental de Amado Nervo. Concluye, finalmente, con la ópera de Jules Massenet sobre una *femme fatal*.

Operar un radio no era un asunto cualquiera, y Novo incluye en su texto algunas descripciones de los extrañísimos rituales que se requerían en la radiofonía, como el uso de audífonos: «Los audífonos dan, a quien los sostiene, un aspecto quirúrgico y policíaco o de empleada obediente de teléfonos que nunca comunica». O también, por ejemplo, el proceso de sintonizar una estación: «El hecho de buscar la onda es un gesto superior, olímpico, de marinero que tantea la brújula entre el índice y el pulgar».[48]

Pero la observación más aguda y original de Novo sobre la radio es quizás aquella sobre los usos posibles de la nueva tecnología. En un pasaje cuya fantasía recuerda el «Radio del futuro» de Khlebnikov, el poeta mexicano sugiere una serie de usos novedosos para la radio: «Ya no habrá por qué perder tiempo enseñando a hablar a los loros si se les construyen audífonos, ni a los niños, para quienes ya los hay. En la educación de nuestros hijos, el radio es parte más importante que el biberón y la nodriza, y de más higiénico manejo. Ciñe, conforma y dulcifica el vuelo de las orejas infantiles, y acostumbra a los hombres, desde pequeños, a no hacer caso de lo que se les dice».[49] Utilizar la radio para entrenar loros y educar niños podría sonar como la propuesta de un desquiciado, pero en el fondo no es una propuesta más descabellada que tomar refrescos y fumar cigarros «Radio» o armar un radioreceptor casero a partir de piezas intercambiadas por cajetillas vacías de «Radio». Al fin y al cabo, ésta era una época marcada por el frenesí del nuevo medio de comunicación, y algunas de la ideas de Novo ya habían sido puestas en práctica. Un artículo publicado en *El Universal Ilustrado* –que llevaba el título muy apropiado de «La locura del radio»– describe cómo algunos hospitales decidieron experimentar con las propiedades terapéuticas del medio, y enchufaron a bebés recién nacidos a unos receptores (figura 56).[50] Quizás el niño de la foto en la figura 38 tiene la mirada tan perdida porque llevaba, en realidad, toda su vida conectado a un radio.

La radioconferencia es también un manifiesto sobre las maravillas de lo inalámbrico. Novo subraya la manera en que la radio franquea las distancias, celebra el carácter ecléctico de su programación, e imagina una serie de posibles aplicaciones futuras. Y, aunque estas observaciones pudieron haberse publicado por impreso, el hecho de que se expresaran en una conferencia transmitida al aire les da un carácter radiogénico particular. El público de Novo debe haber sentido un gran entusiasmo al pensar que, en tanto radioescuchas, ellos también jugaban un papel importante en todo ese proceso fascinante descrito de manera tan elocuente por el poeta.

En su discusión sobre los textos radiogénicos, Coeuroy aconseja a los escritores que improvisen para no perder la atención de sus escuchas.

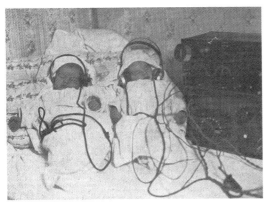

Figura 56: Recién nacidos con audífonos. «La locura del radio», *El Universal Ilustrado* (18 de mayo de 1922), p. 32.

«Salir al aire —escribe— debería ser una forma de improvisar en la que el escucha pueda captar la personalidad del hablante en plena acción».[51] Leyendo la transcripción de la radioconferencia de Novo, es fácil imaginar a un público completamente embelesado por las palabras del poeta, fascinado por su astucia y su picardía. «Radioconferencia sobre el radio» resultó ser un experimento radiogénico ideal.

Interferencia

La teoría de Coeuroy sobre la escritura radiogénica resulta extremadamente útil para pensar en obras escritas para la radio, como la radioconferencia de Novo o «TSH» de Maples Arce, pero no hace justicia a un texto de la complejidad de «Lettre-Océan» que, aunque no se escribió para ser leído al aire, está marcado por este medio. Para hacerle justicia a textos como el de Apollinaire, sería conveniente expandir la definición que da Coeuroy de lo «radiogénico», de manera que el término pueda incluir también textos que, aunque no hayan sido necesariamente escritos para salir al aire, están marcados por la huella del medio inalámbrico, de la misma forma en que textos como «Máquina de escrever» de Andrade están estructurados por escritura mecánica. En una definición más amplia del término que acuña Coeuroy, «Lettre-Océan» podría ser un ejemplo arquetípico de un poema radiogénico. El carácter fragmentario y la dispersión de su lenguaje, el estilo telegráfico, y su extraña presentación sobre la página, son indicadores de una influencia profunda de la transmisión inalámbrica. Muchos de los enunciados del poema de Apollinaire provenían, en realidad, de los telegramas que enviaba su hermano, de manera que «Lettre-Océan» es literalmente un poema mediado por la transmisión de ondas de radio.

Pero, ¿hubo en México textos propiamente radiogénicos? Hasta ahora, sólo he discutido un poema mexicano sobre la radio: el «TSH» de Maples Arce que, como vimos, no era radiogénico sino meramente radiofónico— además de un buen ejemplo de lo que Vallejo criticaba sobre los textos que trataban el tema de la radio de una forma convencional y poco interesante.

La literatura mexicana de los años veinte inspirada en la radio fue tan abundante que encontrar un texto radiogénico no es difícil. Está, por ejemplo, el trabajo de Luis Quintanilla, otro poeta estridentista que firmaba su obra con el pseudónimo Kyn Taniya. En 1924, el mismo año en que se transmitió la conferencia de Novo, Kyn Taniya publicó un libro de poemas titulado *Radio: Poema inalámbrico en trece mensajes.* La portada del libro tenía un grabado de Roberto Montenegro (figura 57), con varios elementos que ya se han discutido en este capítulo. Como había ya hecho Bolaños Cacho con «TSH», Montenegro representa el universo de la transmisión como un vasto cielo nocturno, atravesado por ondas estilizadas y unas letras que forman la palabra «RADIO», el título del libro. Flotando, como en el éter, se ven órganos incorpóreos —una boca, una oreja— que representan el carácter amputado de las voces en la radio. El paisaje sonoro es oscuro, inquietante, lleno de garabatos extraños, que son una representación visual de la interferencia y de esos sonidos que rompen la continuidad de una transmisión.

El poema más notable de esta colección es «IU IIIUUU IU», cuyo título es una representación onomatopéyica de los sonidos agudos, como de aullidos, que a veces se escuchan cuando se trata de sintonizar una estación. Como el caligrama de Apollinaire, el texto de Kyn Taniya aparece, a primera vista, como un laberinto de textos inconexos:

Figura 57: Portada de *Radio*, de Kyn Taniya [Luis Quintanilla] (1924). Biblioteca Nacional, México, D.F.

...IU IIIUUU IU...

ÚLTIMOS SUSPIROS DE MARRANOS DEGOLLADOS EN CHICAGO
ILLINOIS ESTRUENDO DE LAS CAÍDAS DEL NIÁGARA EN LA FRONTERA
DE CANADÁ KREISLER REISLER D'ANNUNZIO FRANCE ETCÉTERA Y LOS
JAZZ BANDS DE VIRGINIA Y TENESÍ LA ERUPCIÓN DEL POPOCATÉPETL
SOBRE EL VALLE DE AMECAMECA ASÍ COMO LA ENTRADA DE LOS
ACORAZADOS INGLESES A LOS DARDANELOS EL GEMIDO NOCTURNO
DE LA ESFINGE EGIPCIA LLOYD GEORGE WILSON Y LENIN LOS
BRAMIDOS DEL PLESIOSAURIO DIPLODOCUS QUE SE BAÑA TODAS LAS
TARDES EN LOS PANTANOS PESTILENTES DE PATAGONIA LAS
IMPRECACIONES DE GANDHI EN EL BAGDAD LA CACOFONÍA DE LOS
CAMPOS DE BATALLA O DE LAS ASOLEADAS ARENAS DE SEVILLA QUE SE
HARTAN DE TRIPAS Y DE SANGRE DE LAS BESTIAS Y DEL HOMBRE BABE
RUTH JACK DEMPSEY Y LOS ALARIDOS DOLOROSOS DE LOS VALIENTES
JUGADORES DE FÚTBOL QUE SE MATAN A PUNTAPIÉS POR UNA PELOTA

Todo esto no cuesta ya más que un dólar
Por cien centavos tendréis orejas eléctricas
y podréis pescar los sonidos que se mecen
en la hamaca kilométrica de las ondas

...IU IIIUUU IU...[52]

Citando a Octavio Paz, podríamos decir que este poema parece escrito para
la «desorientación general». Sin embargo, hay cierta lógica en esta locura
textual: el poema es una transcripción de los sonidos que un oyente hipotético escucharía si estuviera intentando sintonizar una estación y pasa-
ra por varias estaciones, deteniéndose unos segundos en cada una de las
que tuviera alguna transmisión audible. Como el «TSH» de Maples Arce,
el texto de Kyn Taniya trata de recrear la extrañeza que causaba la radio en
un escucha de los años veinte, aunque lo hace recurriendo a una serie de
recursos literarios muy distintos. El resultado es una mezcolanza que subraya, no obstante ese aparente desorden, las características más notables
de la radio como un medio acústico.

Como los reportes sobre la expedición de Amundsen que se publicaron
en la prensa mexicana, el poema de Kyn Taniya lleva al lector en una travesía
un tanto vertiginosa alrededor del mundo. El poema abre con un anuncio

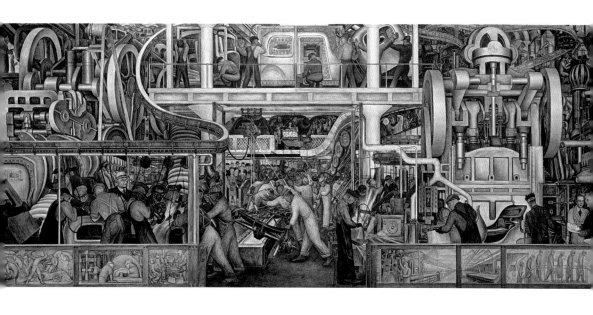

Placa 1: Diego Rivera, *Industria de Detroit*, Muro sur (1932-1933).
Regalo de Edsel B. Ford. © 2001 The Detroit Institute of Arts.

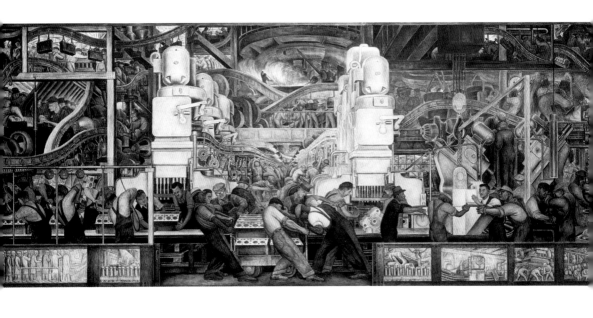

Placa 2: Diego Rivera, *Industria de Detroit*, Muro sur (1932-1933).
Regalo de Edsel B. Ford. © 2001 The Detroit Institute of Arts.

Placa 3: Diego Rivera, «Farmacéuticos», detalle del mural *Industria de Detroit* (1932-1933).
Regalo de Edsel B. Ford. © 2001 The Detroit Institute of Arts.

Placa 4: Kyn Taniya (Luis Quintanilla), *Avión* (Ciudad de México: Editorial Cultura, 1923). Fotografía cortesía de Biblioteca Nacional, Ciudad de México.

Placa 5: Manuel Maples Arce, *Urbe: Super-poema bolchevique en 5 cantos* (Ciudad de México: Editorial Cultura, 1924). Fotografía cortesía de Biblioteca Nacional, Ciudad de México.

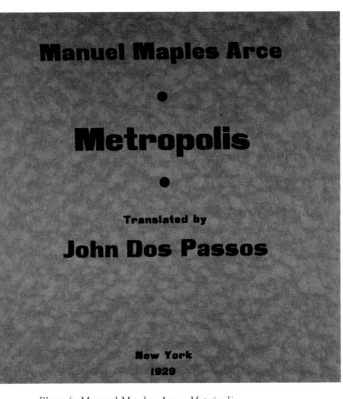

Manuel Maples Arce

•

Metropolis

•

Translated by

John Dos Passos

New York
1929

Placa 6: Manuel Maples Arce, *Metrópolis*
(traducción de John Dos Passos de *Urbe*;
New York, 1929). Fotografía cortesía de
Munal, Ciudad de México.

Placa 7: *Metrópolis*, frontispicio por
Fernando Leal. Fotografía cortesía de Munal,
Ciudad de México.

Placa 9: Portada de *Irradiador* 1 (1923).
Fotografía cortesía de Archivo Jean Charlot,
University of Hawaii.

Placa 10: Anuncio diseñado por los
estidentistas para El Buen Tono.
Contraportada de *Irradiador* 1 (1923).
Fotografía cortesía de Archivo Jean Charlot,
University of Hawaii.

Placa 8: Hugo Brehme, *Hombre con sombrero* (1920).
Cortesía de Throckmorton Fine Art, New York.

noticiario sobre unos cerdos que han sido degollados en Chicago; de ahí, transita a las cataratas del Niágara «en la frontera de Canadá»; luego introduce dos palabras que hacen referencia a Austria y a uno de sus violinistas más famosos, Fritz Kreisler –cuyo nombre reverbera en el paisaje sonoro de la radio como «Kreisler Reisler»; después, pasa por Italia y Francia, regresa a los Estados Unidos, a Virgina y a Tenesí, y salta a México, donde el Popocatépetl está haciendo erupción; luego, cruza tres veces el mundo –de los Dardanelos a Egipto, de Rusia a la Patagonia, de Bagdad a Sevilla–, para volver otra vez a la tierra de Babe Ruth y Jack Dempsey.

El recorrido de Kyn Taniya a través de países y continentes evoca uno de los aspectos más admirados de la radio: la posibilidad de mandar mensajes y transmitir programas a través de las fronteras nacionales. Cuando Novo se asombra ante el hecho de que su voz se pueda estar oyendo «de un polo a otro», apunta hacia una de las características más seductoras del medio. Los primeros teóricos de la radio señalaban que, gracias al nuevo medio, una persona cualquiera que nunca había viajado ni entrado en contacto con otra cultura, podía sintonizar programas en idiomas extranjeros, escuchar música de jazz americana, y entrar en contacto instantáneo con otros países. Como argumentaba Rudolf Arnheim en *Radio* (1936), el nuevo medio transformó a los radioescuchas en sujetos acústicamente cosmopolitas.[53]

Pero además de transitar entre distintas regiones geográficas, «...IU IIIUUU IU...» también mezcla distintos géneros típicos de la transmisión radiofónica. Kyn Taniya ofrece un verdadero catálogo de sonidos. Su poema incluye noticieros (los barcos de guerra ingleses entrando a los Dardanelos); programas musicales (las bandas de jazz en Virginia y Tenesí); reportajes deportivos (la estrella del béisbol, Babe Ruth, y el campeón de boxeo Jack Dempsey); y datos curiosos (el plesiosaurio diplodocus bañándose por las tardes en los pantanos de la Patagonia). Pero estas yuxtaposiciones aparentemente aleatorias reflejan, en última instancia, la estructura de los primeros programas de radio, que combinaban un poco de todo sin prestar mucha atención a la coherencia del resultado final.

Entre todos los sonidos incluidos en el poema de Kyn Taniya, quizás el más específico a la radio sea la interferencia –el «ruido» que genera la recepción involuntaria de más de un canal. La interferencia había formado parte de la comunicación por radio desde los días de la telegrafía inalámbrica, como vimos en la representación que hace Apollinaire en la espiral de monosílabos – *cré cré cré cré* y *hou hou hou* que emanaban de la

Torre Eiffel en «Lettre-Océan». En «…IU IIIUUU IU…» la interferencia aparece tanto en la onomatopeya del título como en la mezcolanza acústica que se registra en el poema. En contraste con una recepción clara, sin ruido, bien sintonizada de una sola estación de radio, el poema evoca un paisaje sonoro en el que fragmentos de la programación de varios canales se escuchan simultáneamente.

La interferencia formaba parte de la experiencia radiofónica y, durante los primeros años de experimentación con el medio, el proyecto entero de la transmisión radiofónica era visto –especialmente por los críticos más conservadores– como una forma de interferencia. Los antagonistas de la radio criticaban el desorden de un medio que metía la música clásica en la misma frecuencia en que después entraban noticieros y anuncios publicitarios. El mismo Novo, presentó el medio como un espacio caótico en el que chocaban valses italianos y una banda de jazz produciendo, como resultado, un paisaje sonoro absolutamente anárquico.

Algunos enemigos de la radio, como el crítico conservador Georges Duhamel –uno de los tecnófobos que Walter Benjamin reprueba en su famoso ensayo «La obra de arte en la época de su reproducción técnica»– fueron aún más lejos, y denunciaron la heterogeneidad de la programación radiofónica como una amenaza al conocimiento y al aprendizaje. En su *Defensa de las letras* (1937), Duhamel escribió: «Los verdaderos amantes de la radio, esas personas simples que realmente necesitan ser educadas, están empezando a preferir el ruido a los libros (…) lo absorben todo en desorden: Wagner, jazz, la política, la publicidad, la señal del tiempo, y el aullido de las ondas secundarias (…) Vivimos en absoluta confusión (…) hoy en día el hombre común se alimenta, tanto moral como físicamente, de una masa de desperdicios que en nada se parece a una dieta nutritiva. No hay método en esta locura que es la negación misma de la cultura».[54] Para Duhamel, todo lo que tenía que ver con la radio era una forma de interferencia, cuya irrupción de sonidos inesperados reverberaba de forma insoportable y aturdía su mente cartesiana que tanto ama la claridad. La diatriba de Duhamel contra la radio condena precisamente el tipo de mezcolanza que el poema de Kyn Taniya reproduce tan juguetonamente: la «masa de desperdicios» que consiste en fragmentos de jazz, noticias, publicidad, e incluso «el aullido de las ondas secundarias». Pero a diferencia de Duhamel, Kyn Taniya consideró estos alaridos de la interferencia dignos de ser transformados en el título de un poema.

La mezcla que hace Kyn Taniya en «…IU IIIUUU IU…» está mucho más cercana a esos textos más bien juguetones de entusiastas de la radio como Apollinaire y Novo, que de las acusaciones sentenciosas de Duhamel. El poeta goza al yuxtaponer pantanos de la Patagonia, el poeta italiano D'Annunzio, Gandhi, el futbol, los volcanes mexicanos y los dinosaurios. El poema concluye con una imagen que cristaliza el sentimiento del poeta con respecto al caos de la programación radiofónica: «y podréis pescar los sonidos que se mecen/ en la hamaca kilométrica de las ondas/ …IU IIIUUU IU…». Escuchar la radio es una manera de pescar. Sujetando la caña en alto, girando la perilla, nunca se sabe lo que aparecerá: la pesca del día puede ser cualquier cosa, desde un reportaje sobre las corridas de toros en Sevilla, hasta «el aullido de las ondas secundarias». En el mundo sonoro de «…IU IIIUUU IU…», la interferencia es una pesca tan legítima como un programa musical o un noticiero. La interferencia introduce una polifonía más salvaje y apasionante que la monofonía intelectualizante que pregonaba Duhamel. La radio es perversamente polifónica, y su promiscuidad acústica encantó a mentes aventureras, al tiempo que escandalizó a oídos más conservadores, como el de Georges Duhamel.

Vallejo hubiera celebrado el tratamiento literario que hace Kyn Taniya de la radio. El poema no sólo evoca los rasgos más importantes del medio –su cualidad cosmopolita, su susceptibilidad a la interferencia, la heterogeneidad de la programación–, sino que el lenguaje que utiliza es un auténtico resultado de la transmisión radiofónica. Como «Lettre-Océan», el poema de Kyn Taniya está compuesto de fragmentos de enunciados. No hay puntuación, y la composición entera se lee de corrido. El resultado es un ejemplo perfecto del «estilo telegráfico» que Marinetti proclamó en sus manifiestos: una forma truncada de la escritura, que sacrifica la sintaxis a favor de la velocidad.

Si Apollinaire representó la cualidad heterogénea y anárquica de la transmisión radiofónica, transformando la página en un caligrama multiforme, Kyn Taniya hizo lo mismo al componer un bloque de texto donde todo se mezcla y confunde. Frente a este monolito textual, no es fácil para el lector descubrir dónde termina una transmisión y dónde empieza la otra. Como en el poema ideal de Vallejo, «…IU IIIUUU IU…» obliga al lector a experimentar la velocidad y la desorientación general que caracterizó el espacio radiofónico.

«Lettre-Océan» expresa la fascinación que Apollinaire sintió al descubrir el hecho de que un mensaje enviado desde México pudiera cruzar el mar, viajar miles de kilómetros y materializarse en Francia en la forma de un telegrama. En «…IU IIIUUU IU…» el objeto de fascinación es el mismo fenómeno, pero la transmisión corre en dirección opuesta, de Europa a México.

El poema de Kyn Taniya es una prueba de que la transmisión por radio era el antídoto perfecto para el aislamiento legendario de nuestro país. La radio transforma cada estación receptora en el centro del universo, donde se reciben las noticias y mensajes de los cinco continentes. En «…IU IIIUUU IU…» la fantasía de El Buen Tono se realiza plenamente: las ondas de radio dan la vuelta al mundo, llegan hasta el Polo Norte y regresan a México, trayendo consigo noticias del mundo entero. El radioescucha hipotético de Kyn Taniya se ve transformado, en la lectura del poema, en un sujeto plenamente cosmopolita, sintonizando programas internacionales en varios idiomas.

Mientras El Buen Tono pretendía transformar a todo fumador en un radioescucha, el poema de Kyn Taniya transforma a cada lector en un sujeto moderno, utilizando un caligrama que bien pudo haber sido escrito por Apollinaire. En la portada de su libro (figura 58), el poeta eligió una inscripción que a primera vista parece un ideograma chino —un juego más con el pseudónimo orientalista del autor. La figura, sin embargo, es simplemente un amalgama de las iniciales del poeta: la letra K está colocada horizontalmente sobre la letra T —combinación que, acorde con el título del libro, produce una antena de radio esbelta y elegante. El poeta se sentía tan fascinado por la radio que se transformó a sí mismo —su firma, al menos— en un emblema de la radio. O, para ser más precisos, en una parte de un radio: una antena. Y como bien sabían los promotores de El Buen Tono en la feria de la radio, una antena necesita estar conectada a otros aparatos, como el receptor y las bocinas, para recibir transmisiones.

Esta antena onomástica conecta con la palabra *Radio* del título: funciona como un aparato textual que permite a los lectores sintonizar con el autor. Pero hay una parte fundamental que aún falta en este dispositivo: el altoparlante. Un radio conectado a una antena podría captar programas, pero sin bocinas —o al menos un par de audífonos— éstos serían inaudibles para el oído humano. ¿Dónde están, entonces, las bocinas del *Radio* de Kyn Taniya? La respuesta es sencilla y termina de completar el juego literario y tecnológico del poeta: la parte faltante es el lector.

Si el poeta funciona como una antena que capta ondas de distintas transmisiones, y su poema funciona como un aparato receptor, entonces el lector debe ser la bocina: cuando alguien lee «...IU IIIUUU IU...» en voz alta se completa el ciclo de la transmisión. Así, Kyn Taniya construyó un aparato textual, de ondas herzianas que viajan del poeta-antena al texto-radio y, finalmente, son emitidas por el lector-bocina. Y si el lector decidiera leer el poema en silencio, se puede pensar que entonces se convierte en un par de audífonos, que funcionan para un solo escucha a la vez, y preservan la calma que lo rodea. ¿Bocinas? ¿Audífonos? En todo caso, el poeta y sus lectores se han convertido en sujetos plenamente modernos –tan modernos que empiezan a aparecer en ellos rasgos de máquinas: androides sintonizados con la «locura de la radio» a la que la modernidad mexicana dio rienda libre.

Figura 58: Kyn Taniya [Luis Quintanilla], Frontispicio,
Radio (1924). Las letras K y T forman una antena.
Biblioteca Nacional, México, D.F.

Si ahora volvemos a la foto de aquel niño que escuchaba la radio, me doy cuenta de que hay una pregunta fundamental que falta discutir: ¿qué estaba escuchando ese niño? Los textos que vimos en este capítulo podrían dar una pista: bandas de jazz, lecturas de poemas, reportajes deportivos, u ópera. Todo a la vez. Y, a juzgar por su gesto, no parece improbable que estuviera escuchando un IU IIIUUU IU…

CAPÍTULO CUARTO

EL CEMENTO

«... se acerca el principio de la edad del concreto».

Federico Sánchez Fogarty,
«El polvo mágico» (1928)

«Los latinoamericanos de mi generación conocieron un raro destino que bastaría por sí solo para diferenciarlos de los hombres de Europa: nacieron, crecieron, maduraron en función del concreto armado».

Alejo Carpentier,
«Conciencia e identidad de América» (1975)

Las cámaras, las máquinas de escribir y la radio introdujeron una mediación mecánica a la representación visual, textual y sonora. A su vez, el cemento, o para ser más exactos, las nuevas técnicas de construcción que utilizaban concreto armado, mecanizaron el lenguaje de la arquitectura. Beatriz Colomina argumenta que la arquitectura moderna es un medio de masas que comparte algo más que un mero momento histórico con otros medios del siglo xx. Y, en efecto, como veremos en este capítulo, la historia del cemento corre paralela a la de los otros tres artefactos.[1]

El cemento fue una de las tecnologías –en este caso, una tecnología de construcción– que adquirió popularidad durante el periodo posrevolucionario en México. Como las cámaras y las máquinas de escribir, la llegada del concreto armado reemplazó las técnicas manuales que se utilizaban en el siglo diecinueve con materiales y procedimientos industriales. Este hecho dio pie entre arquitectos y críticos mexicanos a intensos debates sobre los «méritos artísticos» del nuevo invento. Como la radio, el cemento incitó a muchos arquitectos a buscar técnicas para explotar el nuevo producto –proceso arquitectónico equivalente a lo que Coeuroy llamaba escritura «radiogénica».

La arquitectura que floreció durante este periodo es una demostración literal de la aseveración de Kittler de que los «medios determinan nuestra situación». La situación de los habitantes de la ciudad de México, esto es, el ambiente en donde vivían y trabajaban, así como la manera en que podían moverse por el espacio, estaba ahora determinada por los nuevos edificios, carreteras y demás proyectos públicos que transformaron radicalmente el paisaje urbano. Las construcciones de cemento introdujeron una lógica espacial completamente distinta, y los habitantes de la urbe tuvieron que aprender a existir en los nuevos espacios de la modernidad.

A diferencia de las cámaras, las máquinas de escribir y la radio, que inicialmente estaban confinadas a los estrechos círculos de intelectuales y aficionados a la tecnología, el cemento fue un nuevo medio plenamente visible y al alcance de todos. Durante el *boom* de construcción de los años veinte, la ciudad de México se llenó de edificios nuevos —ministerios, escuelas, proyectos de vivienda— que, entre otras cosas, sirvieron al propósito de propagar la nueva ideología, al tiempo nacionalista, revolucionaria y moderna, del gobierno posrevolucionario. Así como Modotti había utilizado su cámara como un medio para comunicar mensajes revolucionarios, los gobiernos de Obregón y Calles utilizaron el cemento como un medio para difundir sus ideas políticas.

En los anales de las reacciones culturales a los cambios tecnológicos, el cemento se destaca como un caso atípico. A diferencia de la cámara, la máquina de escribir y la radio, el cemento tenía que recorrer un camino más complicado para llegar a ser un medio de representación visual. Desprovisto de la apariencia glamourosa típica de las máquinas modernas, y carente del aura futurista que rodeaba a otros artefactos tecnológicos, el cemento fue ignorado en un inicio por la *intelligentsia* mexicana. Ningún poeta compuso odas al nuevo material de construcción; ningún artista lo representó como símbolo de futuras utopías; ningún ensayista exploró su significado para la cultura. El cemento se antojaba banal y escasamente interesante, y durante muchos años quedó excluido del debate estético y cultural. Los fabricantes de cemento en México estaban preocupados por el exiguo interés que la gente mostraba ante su producto e hicieron todo lo posible para que el cemento recibiera la atención que merecía. Quizá, como los demás empresarios, habían empezado a asumir que todos los avances tecnológicos inspirarían una revolución literaria, como ocurrió con la radio y su recepción por parte de los estridentistas. Tal vez sospechaban que las representaciones artísticas del cemento generarían mayores ventas; o quizá simplemente querían que se le pusiera un poco de atención a su modesto material. Fuera cual fuera su motivación, los fabricantes de cemento se pusieron de acuerdo para acabar con el rechazo cultural de su producto y en 1923 unieron fuerzas para formar el Comité para Propagar el Uso del Cemento Portland, una organización dedicada a propagar, entre otras cosas, el uso del cemento y su integración a la cultura. El cemento se convirtió en el primer y único artefacto tecnológico que tenía un comité entero dedicado a su estetización. Y, como se verá más adelante, la estetización del cemento fue un proceso lento, tortuoso, y profundamente paradójico.

El cemento no fue, propiamente, un invento. La palabra «cemento» se refiere simplemente a un material hecho de piedras molidas, y su uso puede trazarse hasta la Roma antigua. Pero en el siglo diecinueve y durante los primeros años del siglo veinte, los desarrollos de la tecnología posibilitaron una innovación que revolucionaría la arquitectura: el cemento reforzado, también llamado ferroconcreto o concreto armado. Esta nueva técnica de construcción, que combinaba la flexibilidad y versatilidad del cemento con la solidez del metal, consistía básicamente en verter cemento en un marco de acero. El acero le daba aún más solidez y estabilidad al concreto armado, así como la resistencia necesaria para sobrevivir a terremotos.

En México floreció el uso del cemento, y particularmente del concreto armado, en los años veinte. Después de casi una década de guerra civil, el cemento se convirtió rápidamente en el material preferido de los proyectos gubernamentales de construcción. Todo se hacía con cemento: escuelas, oficinas, fábricas, mercados, estadios, y hasta autopistas. La motivación no era sólo práctica sino también ideológica. Los arquitectos buscaban un material de construcción que representara la nueva realidad del México posrevolucionario: un material que evidenciara un claro rompimiento con el pasado y, particularmente, con la arquitectura del Porfiriato, en la que dominaban estructuras de acero y vidrio, como lo son el Palacio de Bellas Artes y el Palacio de Correos. Además de tener una apariencia muy distinta a la del mármol típicamente porfiriano, el cemento ya había sido alabado como el material más moderno de construcción por arquitectos como Le Corbusier y Walter Gropius, así como por los funcionalistas, constructivistas, y otros grupos de las vanguardias. Económico y moderno, eficiente e innovador, el cemento emergió como la sustancia perfecta para construir el México que imaginaba el gobierno posrevolucionario.

Sin embargo, a pesar del creciente éxito de la arquitectura de cemento, la élite intelectual mexicana no se interesaba por el nuevo material, y se resistía a representarlo artísticamente o a explorar su significado para la cultura. Así fue como apareció el Comité para Propagar el Uso del Cemento Portland, que lanzó una campaña publicitaria con ánimo misionario, publicando anuncios glorificantes, como el que se muestra en la figura 59. Un personaje central en la campaña publicitaria para estetizar el uso del cemento fue Federico Sánchez Fogarty, un joven publicista lleno de energía, que fue miembro fundador del comité (figura 60). Durante las décadas de 1920 y 1930, Sánchez Fogarty lanzó innumerables iniciativas para crear conciencia pública del cemento y su importancia cultural: organizó competencias para determinar el mejor uso del cemento; invitó a artistas a pintar y fotografiar estructuras de cemento; y compuso decenas de eslóganes publicitarios que exaltaban la modernidad del nuevo material: «El cemento es para siempre», «El concreto es la letra, el verbo de la arquitectura contemporánea». Pero la contribución más importante de Fogarty fue la creación de dos revistas dedicadas a explorar el cemento desde un punto de vista cultural: *Cemento*, que publicó treinta y ocho números entre 1925 y 1930, y *Tolteca*, publicada entre 1929 y 1932. En las páginas de estas dos publicaciones, Sánchez Fogarty incluía fotografías de los últimos edificios de concreto construidos en México, artículos sobre la historia y la importancia del cemento, y hasta dibujos de jóvenes artistas, comisionados especialmente para la portada de cada número. Pero el objetivo central de estas dos publicaciones era contrarrestar la indiferencia general de la *intelligentsia* mexicana hacia el cemento y promover una nueva estética de la construcción.

Fue en el ensayo «El polvo mágico» donde Federico Sánchez Fogarty abordó por primera vez la indiferencia que la clase intelectual mexicana mostraba hacia el cemento. El ensayo se publicó en un número de *Cemento* en enero de 1928 y abría con el siguiente párrafo:

> Hay un polvo gris que, si resucitara algún autor de *Las mil y una noches*, se haría el tema de un cuento maravilloso. Este polvo es tan impalpable como el talco que usamos para la cara después de rasurarnos. Se mezcla con partículas de piedra y agua, y a la resultante masa, tan plástica como el barro con que modelan los escultores, puede dársele la forma de un bloque o de

Figura 59: Anuncio de cemento.
Cemento, 18.

Figura 60: Federico Sánchez Fogarty,
The Architectural Record.

una cornisa o de lo que usted necesite o quiera imaginarse. A las tres horas aquello que era un polvo se ha transformado, como por obra de magia, en una roca... Este polvo gris, este polvo mágico se llama Cemento Portland, y esa roca artificial, concreto.[2]

La extravagancia del párrafo inicial puede ser leída como un mensaje dirigido directamente a los escritores mexicanos y un reproche de su falta de interés por el cemento. En él, Sánchez Fogarty conjura a un escritor —un cuenta cuentos de *Las mil y una noches*— que va a lograr lo que los escritores mexicanos no han podido hacer: crear una literatura del cemento. En un tono más bien didáctico, el resto del ensayo explica por qué el cemento sería el tema perfecto para una obra de ficción: posee atributos «maravillosos», argumenta el autor, como la capacidad de transformarse de polvo («tan impalpable como el talco») en una masa plástica y de ahí en piedra. El cemento es un «polvo mágico» no sólo por su maleabilidad —pasa rápidamente de un estado sólido a uno líquido y de nuevo a uno sólido— sino también por su habilidad, cual personaje de leyenda, para asumir cualquier forma —un «bloque», una «cornisa» o «lo que usted necesite o quiera imaginarse».

Dado que el cemento era un polvo cuyas propiedades rayaban en lo real maravilloso, y puesto que los escritores debían escribir sobre los asuntos mágicos, como hicieron los autores de *Las mil y una noches*, a Sánchez Fogarty le resultaba inexplicable que ningún poeta o novelista se hubiese interesado en este material de construcción. Como editor de *Cemento*, dedicaría una gran cantidad de energía a convencer a los escritores y artistas de producir obras sobre el cemento.

Irónicamente, cuando Sánchez Fogarty escribió «El polvo mágico» en 1928, un escritor ya había dedicado una novela entera al cemento. Tres años antes, en 1925, el novelista soviético Fydor Gladkov publicó *Cemento*, un relato socialrealista que contaba el destino de una fábrica de cemento en la naciente Unión Soviética. Unos meses después de la publicación de «El polvo mágico» en 1928, José Viana tradujo la novela de Gladkov al español y la publicó en Madrid y en Santiago de Chile.[3] La novela fue un éxito instantáneo en España, donde se convirtió en el cuarto libro mejor vendido de la Feria del Libro de Madrid de 1929 (después de la biografía de Isadora Duncan y dos novelas de guerra),[4] y fue muy bien recibida por la pequeña minoría de simpatizantes comunistas en México; Baltasar Dromundo, miembro del Partido Comunista Mexicano, escribió una reseña muy favorable en el *Universal Ilustrado*, y Frances Toor, la editora de *Mexican Folkways* y amiga de Tina Modotti, la consideró una «gran novela».[5]

Parece extraño que, pese a la popularidad de la novela de Gladkov en el mundo de habla hispana, Sánchez Fogarty nunca la haya mencionado en las páginas de su revista. Dado que la revista se comenzó a publicar en noviembre de 1930, resulta inexplicable que al editor se le haya escapado la oportunidad de comentar el texto del único escritor que había dedicado una novela entera al cemento.

Examinado la situación más cuidadosamente, sin embargo, resulta claro que la noción que exponía Gladkov del cemento tenía poco que ver con la visión de Sánchez Fogarty. La novela soviética *Cemento* es la historia de Gleb Chumalov, un trabajador que regresa a casa después de luchar en la Revolución Bolchevique y descubre que la única industria de su región es una fábrica de cemento completamente abandonada. «¡Maldita gente!», dice Chumalov, «Qué maravillosa fábrica ésta que han arruinado los desgraciados».[6] La fábrica, que había sido un monumento a la producción y a la eficiencia, ha pasado a ser «nada más que una pila de basura, y los obreros unos holgazanes, buenos para nada». Para la consternación de Gleb Chumalov, secciones enteras de la fábrica se utilizaban ahora para guardar animales: «hay cabras en la fábrica y ratas, nada más que animales»; «la fábrica ya no es una fábrica sino una granja».[7]

Enfurecido por la apatía y la indolencia que llevaron a la ruina su viejo lugar de trabajo, Gleb jura resucitar la fábrica. Así, pasa la novela entera organizando a los trabajadores, peleándose contra la burocracia y recaudando fondos para su causa. En una sección titulada «Robos de manteca y judías en el restaurante comunal», Gleb dirige un discurso apoteósico a sus colegas: «Camaradas, el cemento es un material de construcción grandioso. Con el cemento, podremos reconstruir la república. Somos cemento, camaradas: somos la clase trabajadora».[8]

En un intento para motivar a los obreros a restablecer la fábrica, Gleb invoca una extraña metáfora: dado que el cemento sirve para construir los fundamentos de cualquier estructura, ellos, en tanto obreros, son un tipo de cemento. El cemento proletario —los obreros— tiene que unirse con el cemento industrial —la fábrica— para construir una nueva república. A pesar de que el protagonista pasa por un sinnúmero de pruebas —incluyendo la traición de su mujer, historia que se va desarrollando paralelamente, como un bochornoso subtema romántico—, logra finalmente lo que quiere. En la última escena de la novela, una masa jubilosa de obreros se reúne a la sombra de las rugientes máquinas, y Gleb, el héroe proletario, es aplaudido y alabado. Juntos, los obreros celebran que se haya reanudado el trabajo de su fábrica, la gran fábrica de la República. Dirigiéndose a sus camaradas, Gleb pronuncia las frases finales de la novela: «Estamos construyendo el socialismo, Camaradas, y nuestra cultura proletaria ¡Hasta la victoria, Camaradas!».[9]

El tratamiento que hace Gladkov del cemento no podría ser más diferente de aquel que imaginaba Sánchez Fogarty en «El polvo mágico». Gladkov no escribió su novela para resaltar las cualidades «mágicas» del cemento, ni para narrar su transformación maravillosa de polvo a pasta y a piedra, sino como un soporte didáctico en la construcción del socialismo soviético y la «cultura del proletariado». De hecho, *Cemento* no tenía nada que ver con el cemento como material de construcción moderno. A pesar de que la novela entera gira en torno a una fábrica de cemento, se menciona al «polvo mágico» sólo una vez, cuando Gleb, explorando la vieja fábrica, se da cuenta de que en una esquina hay unos sacos de cemento que «llevaban tiempo guardados en una bodega húmeda, se habían petrificado, y ahora estaban tan duros como el acero».[10]

A Sánchez Fogarty no le habría convencido un tratamiento como éste del material que tanto empeño ponía en promover. Aquellos sacos petrificados no sólo carecían de la maleabilidad mágica que se celebraba en «El polvo mágico», sino que además eran absolutamente inútiles, ya que con ellos nunca se podría construir nada. Gladkov, al parecer, no era amante del cemento.

La novela *Cemento* nunca tuvo mayor resonancia. Susceptible a los críticos que decían que la dimensión romántica del relato era demasiado melosa y melodramática, Gladkov reescribió la novela dos veces (en 1934 y 1941).[11] En contraste con los sacos de cemento en aquella bodega, arruinados por exceso de solidez, a la trama de la novela le falta un poco de firmeza, dado que en cualquier momento Gladkov le volvía a meter mano y cambiaba todo. No obstante, a Anatoly Lunacharsky, el entonces ministro de cultura soviético, le convenció lo suficiente la novela como para declarar que «sobre estas bases de cemento podemos construir».[12]

A Gladkov nunca le interesó realmente la arquitectura de cemento, y simplemente utilizó la idea del material como metáfora del tipo de sociedad que deseaba para la incipiente Unión Soviética: una sociedad sólida, fuerte, indestructible. Como escribe la crítica Katerina Clark, «*Cemento* es una novela sobre la reconstrucción en la época de la posguerra».[13] Como las bolsas de cemento petrificado que encuentra el personaje de la novela en la bodega abandonada, la nueva sociedad soviética tenía que ser sólida. En la traducción castellana del libro, cuando el personaje se dirige a los obreros, enfatiza la relación entre el cemento y el *cimiento*: «El cemento cimienta bien. Nuestro cemento es una buena base de la República. El cemento somos nosotros, camaradas, la clase obrera».[14] La novela trata, fundamentalmente, de la construcción de cimientos sólidos para el socialismo. El juego de palabras entre «cemento» y «cimiento», también prominente en la versión original en ruso, sugiere que Gleb mismo no es sólo un cimiento (fundador y fundamento de una nueva sociedad, una nueva fábrica, y de la novela de Gladkov), sino también cemento (él mismo le dice a los trabajadores «somos cemento»). Y en última instancia, por cierto, Gleb es también un semental (en la subtrama romántica, Gleb es un «galán» destinado a preñar a las mujeres soviéticas de ímpetu revolucionario).

A pesar de que Sánchez Fogarty pudo haber estado horrorizado por la representación del cemento como una sustancia ahora húmeda e informe, ahora petrificada e inútil, habría aplaudido la elaboración que hace Gladkov del cemento como un tropo de lo sólido y lo inquebrantable. Al publicista mexicano también le maravillaba la solidez del material y fue autor de numerosos eslóganes —muchos de ellos reproducidos en las páginas de *Cemento* y *Tolteca*— que exaltaban el cemento como un símbolo de la fuerza, la estabilidad y la permanencia: «El concreto es eterno», «El concreto es para siempre»; «La casa de concreto tiene la fortaleza de El Palacio de Hierro» (ver figura 61).[15] En «El concreto es eterno», otro ensayo publicado en *Cemento*, Sánchez Fogarty exalta la solidez invencible de las estructuras de cemento: «El concreto es eterno: mezclado con materiales adecuados en proporciones convenientes, resiste todas las fuerzas de destrucción. Es más sólido que muchas de las rocas que se aglomeran en las montañas».[16] El concreto, repetiría Sánchez Fogarty en varios ensayos y anuncios, es tan sólido que es virtualmente indestructible.

A Sánchez Fogarty le gustaba el cemento por las razones contrarias a las que esgrimían los estridentistas a favor de la radio: mientras el cemento simbolizaba la concreción de las ideas en una estructura sólida, la radio simbolizaba la desmaterialización de los eventos que podían transmitirse a través de ondas herzianas. Si los estridentistas inventaron la estética de

Figura 61: Anuncio del Comité para Propagar el Uso
del Cemento Portland. *El Universal Ilustrado*, 435
(10 de septiembre de 1925), p. 87.

lo inalámbrico, entonces Sánchez Fogarty, como Gladkov, promovió una
estética de lo concreto: la celebración de todo lo sólido, estable y duradero
(como la chimenea fálica de la figura 62).

No es una mera coincidencia que la estética de lo concreto, que tanto
Gladkov como Sánchez Fogarty promovían, estuviera basada en el cemento.
Ambos vivían en países fragmentados y divididos por guerras civiles pro-
longadas, que ahora aspiraban a la unidad y estabilidad. Para ambos, el
cemento se convirtió en el antídoto a todos los males del viejo régimen.
Como escribe el historiador de la arquitectura Enrique de Anda Alanís,
muchos arquitectos mexicanos creían que el cemento sería una cura mágica a todos los males que aquejaban a la sociedad posrevolucionaria.[17] En
contraste con los malestares sociales que conllevan a las revoluciones —la
división social, la debilidad de la infraestructura, la inestabilidad política—,

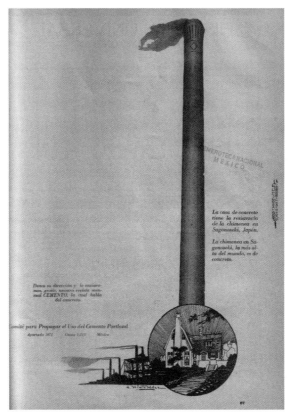

Figura 62: Anuncio del Comité para Propagar el Uso del Cemento Portland.
El Universal Ilustrado, 433 (25 de agosto de 1925), p. 9.

el cemento representaba la unidad, la solidez, y la estabilidad. Para un país fragmentado, el cemento emerge como el perfecto adhesivo social y promete extender sus poderes de cohesión y solidez más allá de la esfera de la arquitectura, hasta el tejido social, para reemplazar el caos del *conflicto armado* con el orden del *concreto armado*.

A pesar de que tanto Gladkov como Sánchez Fogarty gravitaron hacia la estética concreta del cemento, sus motivaciones para ello no pudieron haber sido más diferentes. El objetivo de Sánchez Fogarty era propagar el uso del cemento, mientras que la misión unívoca de Gladkov era hacer propaganda de la Revolución Soviética. A Sánchez Fogarty lo motivaban preocupaciones más bien mercantilistas –la creciente comercialización y capitalización del cemento–, mientras que a Gladkov le interesaba pregonar el ideal comunista de la construcción de una sociedad fraternal y bien ordenada. Uno se dedicaba a vender cemento; el otro, a promocionar revoluciones.

Así pues, se entiende que Sánchez Fogarty, el capitalista, nunca haya mencionado siquiera la novela de Gladkov. Como empresario del cemento, Sánchez Fogarty habría desaprobado el tratamiento que hacía Gladkov del material de construcción. La poco halagadora representación del cemento en la novela soviética como una masa humedecida, petrificada dentro de unos costales abandonados en una bodega decadente, habría ahuyentado a los clientes potenciales. De hecho, la representación que hace Gladkov del cemento, como un material más bien feo y frío, correspondía precisamente al estereotipo que Sánchez Fogarty estaba tratando de combatir. El público general, al parecer, era mucho más renuente que los arquitectos e ingenieros, y el «polvo mágico» no encontró aceptación inmediata entre la gente. La mayoría de las personas, como lamenta Sánchez Fogarty en «El polvo mágico», aún se aferraban a la concepción errónea de que el cemento no era más que tierra molida: «Pero no se crea (muchas personas así lo creen (…), no se crea que el cemento Portland es tierra molida (…) el cemento Portland no es tierra molida. La fabricación de este artículo es compleja y costosa».[18] Para la gran decepción del publicista, la mayoría de las personas no concebía el cemento como un polvo mágico sino como mera tierra —un material más bien feo que se utilizaba sólo cuando las limitaciones del presupuesto obligaban a ello, e incluso entonces era preferible disimular su uso mezclándolo con alguna otra sustancia más noble.

Varios artículos publicados en la revista *Cemento* aluden al prejuicio generalizado contra el cemento y se oponen con vehemencia a la percepción del cemento como un material de construcción antiestético. En «Cenicienta», un artículo publicado en *Cemento* en el número de julio de 1929, el autor lamenta que el cemento se haya convertido en la Cenicienta de los materiales de construcción: una sustancia noble pero relegada a un papel de subalterno: «El papel que representa el concreto armado en los talleres de muchos arquitectos americanos [es] el de Cenicienta: un auxiliar muy útil pero despreciado (…) El concreto armado no solamente no puede exhibirse —sino que se le clasifica con [los materiales] innombrables».[19] La analogía con Cenicienta no es demasiado exagerada. Muchos de los edificios construídos en el México posrevolucionario se hicieron con cemento, pero la mayoría de los arquitectos trataban de disfrazar el material cubriéndolo con otra cosa, o bien, como sucedió durante el movimiento conocido como el renacimiento neocolonial, lo trabajaban para que pareciera cantera. En la mansión de la arquitectura, el cemento estaba relegado al sótano, mientras el mármol, la cantera y otras hermanastras superficiales del cemento que decoraban las fachadas y exteriores, recibían la admiración de los visitantes. Sánchez Fogarty tenía frente a sí la difícil tarea de estetizar el cemento, de convencer al público mexicano de que el cemento –como Cenicienta– era una princesa y no una vil sirvienta; «polvo mágico» y no «tierra molida».

El debate sobre los méritos estéticos del cemento, sin embargo, era más complicado que una mera tensión entre defensores y detractores del cemento. Como en el caso de las cámaras, las máquinas de escribir y la radio, la llegada del cemento terminaría por transformar las prácticas estéticas. La aparición del cemento transformaría radicalmente la arquitectura –tanto, al menos, como la fotografía transformó el arte moderno.

Ante el repentino incremento de edificios de concreto durante los años veinte, muchos arquitectos mexicanos se resistieron a la idea de edificar con cemento. La mayoría de los arquitectos había empezado su carrera durante el Porfiriato, cuando los materiales de construcción en boga eran el mármol italiano y el hierro de París. En contraste con estos materiales «nobles», veían al cemento como un producto barato, no profesional, con el cual no se podía construir nada memorable ni sobresaliente. La arquitectura era un arte y como tal requería de materiales refinados. Desde su punto de vista, las estructuras de cemento podían ser interesantes y estar bien construidas, pero la rudeza del material impedía que fueran verdaderas obras a la talla del arte de la arquitectura. La pregunta que se hacían –¿podrá el cemento formar parte de la arquitectura?– hacía eco, de alguna manera, de las dudas que tenían los pintores tradicionales con respecto a la fotografía y su lugar en el arte. Como ocurrió con la fotografía, se sospechaba del cemento por su origen mecánico: era un material producido por máquinas, generado por medio de procesos industriales que parecían antitéticos a la naturaleza manual de la creación artística.

En una maniobra que recuerda las tácticas que utilizaban los fotógrafos de la época para defender su trabajo, los apologistas del cemento respondieron a las críticas de los tradicionalistas con dos estrategias opuestas. Algunos arquitectos buscaban demostrar los méritos artísticos del cemento a través del hecho de que los edificios de concreto podían *parecer* idénticos a los edificios de cantera y mármol del siglo diecinueve. Como los fotógrafos pictorialistas que se empeñaban en producir fotografías que fueran indistinguibles de un cuadro, estos arquitectos erigían edificios que imitaban el estilo arquitectónico que por entonces se consideraba aceptable. Para probar que el cemento podía, en efecto, ser utilizado para hacer obras de arte, los arquitectos lo moldeaban a la manera de los materiales tradicionales. En *Cemento* 19 (noviembre de 1926), Sánchez Fogarty reproduce una fotografía de una casa elegante de la colonia Roma, construida con bloques de cemento que parecen cantera –un *trompe l'œil* que llegó a conocerse como «cantera artificial»; y en *Cemento* 28, reprodujo la fachada pseudocolonial del Banco Nacional de México, una estructura construida en la Plaza Santo Domingo en 1928 (figura 63). «Viendo este edificio por primera vez –escribe Sánchez Fogarty sobre la casa de la colonia Roma–, no cabía duda de que su fachada estaba hecha de cantera (…) me quedé atónito cuando el arquitecto me informó que estaba hecho de cantera artificial».[20] Otro ejemplo más extremo de este intento por elevar el prestigio del cemento utilizándolo como imitación de materiales tradicionales es el Partenón de Nashville (figura 64), una reproducción a escala del famoso Partenón de Atenas, hecha de cemento. Este edificio se publicó en *Cemento* 25 (agosto de 1928).[21] Un crítico –nada partidario de estas prácticas– se refirió a tales experimentos arquitectónicos como una forma de *pastelería*.[22]

Pero también existía un segundo grupo de defensores del cemento, en su mayoría ingenieros, que intentaban enfrentar el escepticismo tradicionalista ante los materiales modernos con otras estrategias. Como los fotógrafos modernos que Walter Benjamin defendía, estos ingenieros argumentaban que el debate mismo sobre el mérito artístico del cemento era cuestionable, dado que las nociones del arte y la arquitectura se habían transformado completamente con el advenimiento de los procesos mecánicos. El cemento, como la fotografía, se producía mecánicamente –como bien decía Sánchez Fogarty: «el cemento es una de las manufacturas más mecanizadas que existen».[23] Este segundo grupo de defensores del cemento creía que la pregunta que había que hacer no era si los edificios de cemento eran verdaderas obras de la arquitectura, sino simplemente: «¿cómo ha transformado el cemento a la arquitectura?». Haciendo eco de la insistencia de los modernos en tomar fotografías que manifestaran la naturaleza mecánica de su arte, estos ingenieros levantaron edificios que ostentaban abiertamente el uso de cemento. La más famosa y exitosa de estas estructuras fue el Estadio de Xalapa (figura 65), un encargo que hizo Heribierto Jara durante su periodo como gobernador de Veracruz. El encargado de construir el estadio fue Modesto C. Rolland, un joven

Figura 63: Edificio de cemento imitando el estilo de la arquitectura decimonónica. «Banco Nacional de México, sucursal Santo Domingo». *Cemento*, 28 (marzo de 1929) p. 12.

Figura 64: Un Partenón de cemento en Nashville. *Cemento*, 25 (agosto de 1928).

*Estadio de JALAPA—arquitectura de la REVOLUCION
FUERTE en lo material y en el afán ESPIRITUAL
que lo ERIGIO*

Fot. Casillas

Figura 65: El estadio de Xalapa. *Horizonte*, 8 (noviembre de 1926), p. 1.

ingeniero aficionado a todo lo moderno (también era miembro de la Liga
de la Radio y fue uno de los organizadores de la Feria de la Radio de 1923).
En un perfil de la revista *Cemento* dedicado a él, Rolland fue bautizado, nada menos, como el «especialista en concreto».

En el Estadio de Xalapa, cuyas superficies lisas no pretenden camu-
flajear la estructura de concreto, el cemento no adopta la apariencia de
otros materiales de construcción. Este estadio fue, de hecho, el primer
edificio en México en donde se aprovecharon plenamente las nuevas posibilidades que ofrecía el cemento. Rolland se dio cuenta de que el concreto armado era una nueva tecnología que ofrecía ventajas considerables
por encima de las viejas técnicas de construcción, y experimentó, lleno de
entusiasmo, con las posibilidades que éste brindaba. Un techo volado en
forma de u, por ejemplo, rodea el edificio entero, apoyado únicamente
sobre una serie de columnas (figura 66). El techo, las columnas que so-

portan su peso, y los escalones, forman una sola estructura −efecto técnico que sólo podía lograrse con concreto armado−. En un artículo escrito para *Cemento* y firmado ozy, anagrama de FedericO SáncheZ FogartY, el autor enfatiza el hecho de que la estructura consta de una sola pieza, como una gran estatua de piedra: «El estadio de Xalapa, es, pues, de una sola pieza continua: cimientos, muros, graderías, columnas y techo: algo así como una colosal piedra de enorme dureza que hubiera sido esculpida por un artífice mitológico».[24]

Así pues, resulta claro que existían dos estrategias opuestas para defender el cemento de los ataques de los tradicionalistas, que lo consideraban un material demasiado corriente para ser digno de la arquitectura. Aunque ambos grupos defendían el uso del cemento, sus respectivos fines estéticos no podrían ser más distantes. Un grupo buscaba probar que el cemento tenía un uso artístico por medio de la construcción de estructuras que parecían de mármol o de cantera, de forma que el material pasaba a ser un *trompe-l'œil*; el otro defendió una verdadera «estética del cemento» e insistió en el hecho de que el cemento fuera distinto de cualquier otro

Figura 66: El estadio de Xalapa. *Cemento*, 10-11 (1925).

material de construcción. En el caso del primer grupo, el cemento se moldeaba para imitar otros materiales que sí se consideraban estéticamente aceptables, mientras que en el segundo caso el cemento era utilizado y presentado como un material estéticamente innovador y valioso en sí mismo. Sobra decir que Sánchez Fogarty pertenecía al segundo grupo. Y Sánchez Fogarty no sólo quería presentar el cemento como un material atractivo, sino que también quería demostrar que el cemento poseía una belleza única.

La batalla en contra de los detractores del cemento tenía que ser librada en el frente cultural, y no sólo a través de la construcción de edificios del mismo estilo que el Estadio de Xalapa. Era igual de importante educar al público mexicano a apreciar la estética del cemento. ¿Pero cómo? ¿Cómo promover algo tan novedoso? Sánchez Fogarty pensó en una solución y la expuso en «El polvo mágico». Según él, un escritor podría producir una obra literaria que exaltara la magia del cemento. Pero, como ya se ha dicho, ningún escritor mexicano se interesó por ello. Ni siquiera los estridentistas, obsesionados como estaban con los artefactos modernos, se interesaron por el material. La revista *Cemento*, incluso, no siempre encontraba quienes quisieran contribuir con textos sobre el cemento, aunque las colaboraciones se pagaban. Sánchez Fogarty tuvo que compensar esta falta de interés por parte de los escritores mexicanos convirtiéndose él mismo en el bardo del cemento que buscaba. Los textos más entusiastas de la revista, entre ellos «El cemento es eterno» y «El polvo mágico», fueron escritos por Sánchez Fogarty. Dada la ausencia de escritores locales interesados en el tema, *Cemento* comenzó a publicar traducciones de textos extranjeros. Estos textos –que como «Cenicienta» se rescataban casi siempre de revistas estadounidenses o europeas– hacían un esfuerzo por crear una estética del cemento narrando sus maravillosas virtudes.

Los textos extranjeros publicados en la revista de Sánchez Fogarty recurrían a otras estrategias para promover el cemento. Por ejemplo, «Desafío» –un texto breve escrito por C.A. Monroe y rescatado de una revista estadounidense o inglesa sobre la construcción y traducido al español por Sánchez Fogarty bajo el pseudónimo Derisanty (FeDERIco SÁNchez fogarTY)– abría con una personificación del cemento que se dirige a los lectores y presume sus virtudes:

Yo soy el cemento y desafío a comparaciones... Soy universalmente indispensable. No solamente soy el más grande constructor, sino también el más grande civilizador. Soy el guía, el innovador de las ideas constructivas. Y pues construyo, soy el poderoso aliado de toda la humanidad.[25]

A pesar de que Monroe tenía la noble intención de establecer una genealogía respetable para el cemento («mi árbol familiar es tan antiguo que Nerón se sentó sobre mí en el Coliseo de Roma», decía una de sus frases más célebres), su ensayo no logró los objetivos estéticos que buscaba. Monroe presentaba el cemento como un material respetable, de linaje ilustre, e incluso como un «civilizador», pero no atendía al problema de la estética. Su ensayo no refutaba, en ningún momento, la percepción del cemento como un polvo con la apariencia de mera tierra molida. En el fondo, «Desafío» se enfocaba en las propiedades metafísicas, y no tanto en las propiedades físicas del cemento.

A fin de cuentas Sánchez Fogarty desistió de la imposible tarea de encontrar escritores que dieran un giro estético al cemento. Fue entonces cuando recurrió a los artistas plásticos. Quizá los artistas, pensó, podrían producir representaciones del «polvo mágico» que convencieran al público. En 1928, invitó al pintor Jorge González Camarena a diseñar el frontispicio y la portada de *Cemento*. Para cada número, el artista diseñaba una portada distinta donde reproducía, por ejemplo, imágenes de sacos de cemento (sacos útiles, a diferencia de los de Gladkov) y obreros construyendo los edificios de una ciudad moderna. En el frontispicio de *Cemento* 25 (figura 67), se representa una escena más bien utópica que Gladkov hubiera celebrado: a la izquierda vemos a unos trabajadores mezclando cemento y construyendo paredes; a la derecha, una ciudad de deslumbrantes estructuras futuristas y cielos azules —un mundo nuevo hecho de concreto armado. Además de representar el cemento como un material bello y deseable, estas imágenes también lo relacionan con las innovaciones estilísticas de la vanguardia soviética.

Las artes visuales resultaron más eficientes que la literatura en el proyecto de estetizar el uso del cemento, y en 1931 Sánchez Fogarty concibió un plan ambicioso para incitar a los artistas mexicanos más importantes del momento a celebrar el material. Por entonces, se acababa de abrir una planta de Cementos Tolteca en las afueras de la ciudad de México. Naturalmente, la fábrica se había construido con cemento, y sus tanques, hornos y bodegas eran estructuras sobrias, del estilo que los arquitectos mexicanos llamaban «funcionalista». Sánchez Fogarty, que en ese momento trabajaba como publicista y editor del la revista *Tolteca*, decidió

Figura 67: Frontispicio diseñado por Jorge González Camarena. *Cemento*, 25.

aprovechar la inauguración de la nueva fábrica para promulgar las virtudes estéticas del cemento. Lo que ocurrió a continuación habría de ser la campaña más ambiciosa, más espectacular y más exitosa para estetizar el uso del cemento en México.

En agosto de 1931 *Tolteca* anunció un concurso para ver quién podría hacer la mejor representación artística de la nueva planta de la compañía. A los artistas que fueron convocados se les pidió que entregaran cuadros, dibujos o fotografías originales, que capturaran el estilo arquitectónico radicalmente nuevo de la fábrica, así como el uso innovador que sus arquitectos habían hecho del cemento. Como premio, se ofrecía a los jóvenes artistas una suma considerable, así como la oportunidad de que Diego Rivera y otros prestigiosos miembros del jurado evaluaran sus trabajos.[26] La fábrica también se comprometía, por último, a exhibir todos los trabajos en el Teatro Nacional (ahora el Palacio de Bellas Artes).[27] La competencia tuvo éxito inmediato. Llegaron casi quinientos trabajos y entre los finalistas estaban varios artistas que más adelante se harían de prestigio internacional. Estaban, por ejemplo, los pintores Juan O'Gorman, Rufino Tamayo, Jorge González Camarena y Carlos Tejeda, así como los fotógrafos Manuel Álvarez Bravo, Lola Álvarez Bravo y Agustín Jiménez.[28]

El jurado entregó los primeros lugares a las obras que subrayaban más claramente las virtudes del estilo arquitectónico que se inauguraba con el uso del cemento: superficies lisas y sólidas, estructuras simples que evocaran figuras geométricas, formas libres de elementos decorativos. Manuel Álvarez Bravo resultó ganador con una foto de la caldera de la planta, titulada *Tríptico Cemento-2* (figura 68), que claramente representa la «estética del cemento» con la que Sánchez Fogarty había soñado.[29] Al pie de un gran muro de concreto, se ve una montaña de cemento en polvo –una especie de metonimia visual de la extraña habilidad del material para metamorfosearse. Para ser precisos, la foto no muestra una acumulación de cemento Portland, o el producto final, sino el cemento en un estado intermedio de su producción –un estado más cercano al cascajo que al talco.[30] La foto de Álvarez Bravo no sólo cumplía una función didáctica, ilustrando las diferentes etapas de la elaboración del cemento, sino que también capturaba la cualidad «mágica» del material que se resaltaba en «El polvo mágico»: su maravillosa capacidad para asumir un sinfín de formas.

Además de mostrar las diferentes etapas y formas de la construcción a base de concreto, la foto de Álvarez Bravo estetiza el cemento de dos

Figura 68: Manuel Alvarez Bravo, *Tríptico Cemento-2* (1932), también conocida como *La Tolteca*. © Colette Álvarez Bravo Urbajtcl.

maneras distintas. Primero, transforma la planta de Cementos Tolteca en una composición abstracta —una pared rectangular y una pirámide de cemento—, del mismo tipo que los fotógrafos modernos como Tina Modotti creaban en sus obras. *Tríptico Cemento-2* sigue la misma estrategia a la que recurrió Álvarez Bravo en *Instrumental* (figura 69) y en otras de sus obras: la cámara se utiliza para revelar patrones geométricos escondidos en los objetos cotidianos. Descubrir la lógica geométrica detrás de las cosas era una de las ambiciones del arte moderno, y en la disposición sobria de las formas de *Tríptico Cemento-2* hay alguna reminiscencia de esas composiciones elegantes y ordenadas de Rodchenko o de las fotografías de Albert Renger-Patzsch que resaltan la geometría de objetos industriales.

En *La peinture moderne*, Le Corbusier y Amédée Ozenfant asociaban la geometría con la estabilidad y el orden de la modernidad. Ambos celebraban los patrones geométricos de la ciudad moderna, «cuya traza —las casas dispuestas en una cuadrícula casi uniforme de ventanas, las líneas ordenadas de las banquetas, la alineación de los árboles con sus rejillas circulares

Figura 69: Manuel Alvarez Bravo, *Instrumental* (1931).
© Colette Álvarez Bravo Urbajtel.

idénticas, la puntuación regular de los faroles callejeros, los listones brillantes de las vías de tren, el impecable mosaico del pavimento– nos resguarda para siempre dentro de la geometría». El hombre, concluyeron Le Corbusier y Ozenfant, es «un animal geométrico».[31] Al transformar la planta de Tolteca en una composición geométrica, la foto de Álvarez Bravo subraya la relación del nuevo material con la estética vanguardista del arte moderno.

En otro nivel, la fotografía de Álvarez Bravo exalta el tipo de arquitectura que sólo podía ser construida con cemento. La imagen revela la belleza rústica de la pared de la caldera, una estructura de concreto liso que se yergue —como un verdadero monumento a la nueva arquitectura de concreto. La pared es un ejemplo perfecto de la elegancia que puede lograrse reduciendo la arquitectura a sus elementos fundamentales. «La forma sigue a la función», dictaba el precepto básico del funcionalismo, y la forma sencilla de la pared está determinada por su función como estructura de soporte.

Yuxtaponiendo la pared con la pila de cemento, Álvarez Bravo evoca el vínculo entre la arquitectura moderna y el concreto. El nuevo estilo arquitectónico exigía superficies lisas, y ese efecto sólo podía lograrse utilizando cemento. El cemento se podía verter en cualquier tipo de molde —esférico, cilíndrico, rectangular— y la estructura resultante siempre tendría una apariencia uniforme, lisa. Otros materiales, como el ladrillo o los bloques de cantera, dejaban marcas y accidentes en sus superficies, pero el cemento producía estructuras prístinas.

En un ensayo titulado «¿Por qué este primer premio?», publicado en *Tolteca* 21 junto con la foto ganadora de Álvarez Bravo, Sánchez Fogarty celebra *Tríptico Cemento*-2 por el vínculo que logra establecer entre la pared de cemento y los preceptos del funcionalismo. «Este muro mineral —escribe— revela en la fotografía de Álvarez Bravo toda la sutil y, al mismo tiempo, toda la tosca sensibilidad grisácea, viril, desafiadora del concreto, la piedra humana que es eterna y, al mismo tiempo, esbelta; fruto maravilloso e internacional del genio del inglés Aspdin, albañil, inventor desde 1824 del cemento».[32] La foto podría servir, en efecto, como la imagen para un póster de la arquitectura moderna. Demuestra que las estructuras sencillas de cemento podían resultar atractivas por atributos como su «solidez», «armonía», «sutileza» y su carácter «eterno».

No resulta sorprendente que Sánchez Fogarty, particularmente durante su periodo como editor de *Tolteca*, se haya convertido en un defensor de la arquitectura funcionalista –un movimiento que convirtió el uso del cemento en una afirmación estética. En cuestión de unos pocos años, el cemento dejó de ser un material despreciado para transformarse en un elemento emblemático de la arquitectura de vanguardia. Sánchez Fogarty fue de tal modo eficaz en su promoción de la nueva arquitectura que Anita Brenner, una extranjera que llevaba años viviendo en México, autora de la guía de viajes *Your Mexican Holiday* (1932), lo señala como la persona que transformó la ciudad de México en una de las mecas funcionalistas:

> Creado en Estados Unidos y cultivado en Francia, Alemania y Holanda, [el funcionalismo] es, sin embargo, una novedad en casi todos los países excepto en México, donde se ha aclimatado tan bien que se da por sentado. Vale la pena recordar, no sin dejar aparecer una sonrisa, cómo fue que sucedió eso. Primero, la fábrica Cementos Tolteca tenía cantidades de concreto para vender y contaba por entonces con los servicios de un publicista infatigable y sofisticado, el señor Federico Sánchez Fogarty, quien se dedicó a inventar concursos de arte, revistas, lecturas y toda clase de propaganda a favor de la modernidad. Acto seguido, algunos arquitectos jóvenes con cargos oficiales establecieron una suerte de dictadura, en la que era obligatorio que todas las obras del gobierno fueran «funcionales». Después, los arquitectos más vanguardistas empezaron a construir casas en ese mismo estilo, utilizando sus propios medios. Las casas se vendían en cuanto quedaban terminadas, ya que eran baratas y a los compradores les gustaba su apariencia ligerita y esbelta. Finalmente, los conservadores recapacitaron, abrazaron el dogma, y ahora la vieja batalla de «cubistas versus tradicionalistas» es cosa del pasado. [33]

El concurso de arte que organizó *Tolteca* fue uno de los ejemplos más exitosos de la «propaganda a favor de la modernidad» que lanzó Sánchez Fogarty para hacerle publicidad a la nueva arquitectura. Con su exaltación de la estética funcionalista, el concurso de *Tolteca* marcó el final de la percepción del cemento como mera «tierra molida». Con el patrocinio, la exhibición y la puesta en circulación de obras como la foto ganadora de Álvarez Bravo, Sánchez Fogarty logró por fin la estetización del cemento. *Tolteca*, como él mismo escribió algunos años más tarde, fue la chispa de una «revolución estética».[34] La historia de la Cenicienta de los materiales de construcción tuvo un final feliz: el cemento, antes un material abyecto, mera «tierra molida», por fin sería reconocido como un producto de vanguardia, «polvo mágico».

Irónicamente, en su misión mesiánica por la estetización del cemento, Federico Sánchez Fogarty jugó un rol muy parecido al del protagonista de la novela de Gladkov. Como Gleb Chumalov, el héroe proletario de *Cemento*, Sánchez Forgarty recorrió la ciudad dando discursos y promoviendo su proyecto y, al igual que Gleb, su éxito fue finalmente reconocido y aplaudido por «camaradas» como Anita Brenner. Y si Gleb Chumalov renovó la capacidad industrial de producción de la fábrica soviética, Sánchez Fogarty inauguró la producción cultural en torno al cemento en México.

A pesar del éxito de Sánchez Fogarty, el proyecto de estetizar el cemento, como la estetización de cualquier tecnología, estuvo repleto de paradojas. Como medio de construcción, el cemento está diseñado para ser útil y no necesariamente bello. Originalmente, el cemento fue aceptado entre constructores y arquitectos no por sus cualidades estéticas, sino por su maleabilidad, su versatilidad y su capacidad de resistencia. En pocas palabras, se prefería el uso del cemento por su funcionalidad. Pero, ¿qué sucede cuando alguien como Sánchez Fogarty se enfoca no sólo en la utilidad del cemento sino en sus atributos estéticos? ¿Podría haber algo fundamentalmente problemático en este giro estético? ¿Podría el proyecto de estetizar el cemento afectar negativamente su funcionalidad? ¿Cómo se relacionan las actividades promocionales de Sánchez Fogarty con otros esfuerzos semejantes por estetizar una tecnología?

Estas preguntas se pueden responder mejor si se invocan dos conceptos que clarifican la relación entre la tecnología y la estética: «valor de uso» y «valor de culto».[35] En *El capital*, Marx escribe: «La utilidad de un objeto lo convierte en un valor de uso». El valor de uso es, en otras palabras, una medida de la funcionalidad de un objeto.[36] Los objetos que generalmente resultan útiles, como las máquinas de escribir, los radios y las cámaras, tienen un gran valor de uso, mientas que las cosas inútiles, como el saco de cemento petrificado en la novela de Gladkov, carecen de este tipo de valor. En contraste, el valor de culto, concepto que Walter Benjamin desarrolló ampliamente en su famoso ensayo «La obra de arte en la época de su reproductibilidad técnica», es una medida estética. Un paisaje, un mural, cualquier obra de arte, despiertan la admiración de los espectadores. Las obras de arte atraen y seducen y por ello están dotadas de valor de culto: inspiran a los espectadores a formar un «culto» alrededor de ellas. El valor de culto está estrechamente relacionado con lo que Walter

Benjamin denominaba el «aura» –una medida de la «autenticidad», «originalidad», «distancia» y el carácter «sublime» de las obras de arte. El valor de culto decrece con la reproducción mecánica, así como el aura de una obra de arte se pierde en la era de los medios masivos.[37] Pero, ¿cuál es exactamente la relación entre el valor de uso y el valor de culto cuando se trata de artefactos tecnológicos como el cemento? Parece perfectamente plausible que un objeto pueda poseer tanto valor de uso como valor de culto. El Estadio de Xalapa, por ejemplo, fue una construcción extremadamente útil (podía utilizarse, simultáneamente, por veinte mil espectadores) y también estéticamente convincente –el estadio era un verdadero monumento a la «estética del cemento» que Sánchez Fogarty promovía. Pero como se verá más adelante, salvo excepciones como el Estadio de Xalapa, la mayoría de los esfuerzos por darle un giro estético a la tecnología –incluyendo el cemento– fracasan a la hora de intentar armonizar el valor de uso y el valor de culto.

Cuando se trata de artefactos tecnológicos, el valor de culto es inversamente proporcional al valor de uso. Hay que pensar, por ejemplo, en las numerosas exposiciones que hubo en el Museo de la Tecnología de la ciudad de México. Construido en los años setenta por la Compañía Federal de Electricidad, el museo alberga un buen número de artefactos que alguna vez fueron emblemas de las maravillas de la modernidad. Automóviles, vagones de tren y aviones están ahí, como los testigos silenciosos del éxito que tuvo el gobierno en la difícil empresa de la modernización del país; motores gigantes, turbinas y transformadores se exhiben como monumentos al poder y la fuerza de la industria moderna; radios y televisiones se presentan como tesoros, dentro de vitrinas tapizadas en terciopelo. Pero, no obstante la elocuencia con la que los paneles didácticos exaltan las funciones de cada objeto, hay una gran ironía en este museo: ninguno de los artefactos, expuestos en el museo por su eficiencia y funcionalidad, funciona. Los aviones y trenes, radios y televisiones, motores y turbinas están en el museo como objetos decorativos, y, dado que no pueden ponerse en operación, carecen por completo de valor de uso.

Los objetos del museo resultan inútiles precisamente porque están en exhibición: hay motores sacados de fábricas y trenes desviados de sus vías para que los visitantes puedan apreciarlos. El museo, al exponer estos artefactos, los dota de valor de culto; pero al hacer eso, los priva de su valor de uso. La ironía está en que los objetos del museo están allí gracias a su enorme utilidad, pero al estar exhibidos pierden precisamente esa utilidad. Como escribe Denis Hollier, «los objetos entran a un museo sólo después de haber sido separados del contexto de su valor de uso».[38]

Una máquina que aún tiene utilidad rara vez se pone en exhibición. Cuando los motores y herramientas de una fábrica están en uso, casi siempre se encuentran detrás de letreros de Prohibido el paso, como si los ojos de los visitantes curiosos pusieran en peligro su productividad. Parte de la fascinación que provocaban los artefactos tecnológicos en los años veinte y treinta tenía que ver con el hecho de que estas máquinas rara vez aparecían a la luz pública. Todo el mundo hablaba de los nuevos inventos del siglo veinte, pero pocas personas habían tenido el privilegio de verlos: estaban en uso y, por ende, eran inaccesibles. En la cima de su vida productiva, las máquinas estaban saturadas de valor de uso y carecían enteramente de valor de culto.

En el Museo de la Tecnología de la ciudad de México, el valor de uso y el valor de culto son atributos mutuamente excluyentes. Una máquina puede ser útil y por ende no estar a la vista, o bien, puede ser visible e inútil. Y dado que las tecnologías, al parecer, pueden estar o en uso o en exhibición, pero nunca las dos cosas a la vez, el museo es un Museo de Tecnología Inútil.

Para regresar al cemento, se debe hacer la pregunta de si la campaña de Sánchez Fogarty para estetizar el uso del cemento es comparable con la estetización de las piezas y artefactos expuestos en el Museo de la Tecnología. ¿Qué sucedió con el valor de uso del cemento cuando, gracias a Sánchez Fogarty, adquirió valor de culto? ¿Produjo la estetización del cemento una degradación en su utilidad? Las respuestas a estas preguntas se encuentran, al menos en parte, en la historia de Heriberto Jara, uno de los primeros conversos al culto del cemento que produjo la campaña de Sánchez Fogarty. Jara era un general revolucionario que fue también gobernador de Veracruz de 1924 a 1927. Se convirtió, en 1941, en el primer ministro de la Marina que hubo en México y tuvo, además, el dudoso honor de haber recibido el Premio Stalin de la Paz. Jara era también un promotor entusiasta de todo lo moderno. Admiraba a los estridentistas e incluso ayudó a financiar el movimiento colocando a sus miembros −Maples Arce entre ellos− en puestos del gobierno de Veracruz. Inspirado por el culto de los jóvenes poetas a la tecnología moderna, en 1925 Jara mandó a construir el Estadio de Xalapa. La idea era que éste fuese una suerte de monumento a la arquitectura de cemento. Al parecer, el presidente Calles veía con tanta reticencia el entusiasmo del gobernador por la poesía futurista y la arquitectura moderna que, durante la ceremonia inaugural del Estadio de Xalapa, Jara tuvo que explicar, en un gesto de deferencia, que «en Veracruz no se hace más futurismo que seguir los lineamientos y anhelos del Presidente Calles en pro del engrandecimiento de la Patria».[39] Sin embargo, a pesar de este mensaje conciliador, Jara continuó dando apoyo a proyectos «futuristas» no poco controversiales.

Durante sus primeros años como ministro de la Marina (1941-1946), Jara se embarcó en uno de los proyectos más ambiciosos que impulsaría el gobierno del estado. En cuanto fue nombrado, en plena guerra mundial, Jara comenzó a planear la modernización total de la marina mexicana, con el fin de apoyar a los Aliados. La renovación de la marina, decidió, se haría con la ayuda del cemento. Jara reclutó a Miguel Rebolledo, un ingeniero que durante los años veinte había construido muchos de los edificios más notables de la ciudad de México: el Club de Polo, el Edificio Gante, las tiendas El Puerto de Liverpool y El Palacio de Hierro –proyectos, por cierto, que se habían celebrado en las páginas de *Cemento* como emblemas de la nueva estética del cemento.

En 1942 Jara le comisionó a Rebolledo la modernización de la ciudad portuaria de Veracruz, que había caído en la decadencia y el abandono, así como otras reformas para renovar la pequeña marina mexicana. Rebolledo debía emprender estos proyectos haciendo uso del cemento, como había hecho anteriormente. Jara esperaba, de alguna manera, revivir el éxito de su proyecto más famoso, el Estadio de Xalapa: si el cemento le había permitido construir la obra más celebrada del estado en los años veinte, el mismo material le ayudaría ahora a construir una marina moderna. El cemento debía ponerse al servicio de la lucha en contra del nazismo, como explicó Jara en una entrevista publicada en el *Excélsior*: «Estas obras públicas permitirán que México contribuya a la batalla por la libertad y la justicia, dado que los astilleros, dársenas y bodegas que estamos construyendo aquí en Veracruz pueden ser utilizados por las naciones democráticas en su lucha heroica contra el nazismo y el fascismo (...) Estas obras [portuarias] forman parte de las tareas que corresponden a México en la jornada mundial de defensa de la libertad y la justicia, pues los astilleros, diques y talleres que aquí se construyen, en breve podrán ser utilizados por las fuerzas democráticas en la tremenda batalla para destruir al nacifascismo, hoy, y después en la imponderable tarea de construir al mundo».⁴⁰ La guerra la ganarían los Aliados, y se ganaría, en parte, con cemento mexicano.

El proyecto naval de Jara, aunque inicialmente fue bien recibido por la prensa y el público, pronto se convirtió en el foco de innumerables críticas y reproches. A principios de 1944, el *Excélsior* dio lugar a un escándalo nacional, al publicar una serie de notas que ridiculizaban los planes de Jara, tachándolos de inútiles y de un gran derroche de fondos públicos. El periódico se burlaba de la infatuación de Jara con el cemento. La mayoría de las notas estaban firmadas por Jorge Piño Sandoval, un miembro del Partido Comunista que se convirtió en uno de los críticos más feroces de Jara.⁴¹ Piño Sandoval le reprochaba a Jara haber contratado a Rebolledo —un ingeniero del concreto— para llevar a cabo proyectos navales. «El Ingeniero Miguel Rebolledo es un reconocido experto de las estructuras de concreto, pero sólo ha construido edificios habitacionales, que requieren de una técnica completamente distinta de aquella que se utiliza para construir un astillero (...) cualquier persona con un mínimo de sentido común sabe que construir sobre tierra firme no es lo mismo que construir sobre agua».⁴²

El artículo de Piño Sandoval critica, más adelante, el fetichismo de Jara y Rebolledo por el cemento y argumenta que ambos habían elegido el cemento como el material para reconstruir Veracruz no por su utilidad, sino porque estaban obsesionados con él. El articulista tacha los proyectos de Veracruz de inútiles, salvo porque eran un buen ejemplo de los usos absurdos que podían dársele al cemento. Entre estos proyectos había uno diseñado para extender la Isla de los Sacrificios virtiendo toneladas de cemento sobre el islote. Piño Sandoval se burlaba, con cierta malicia, de este «fantástico relleno» hecho de cemento.⁴³ El crítico se mofaba igualmente de una dársena de concreto armado, «el material que se le da al Sr. Rebolledo para sus experimentos», y de un muro de contención malogrado, también hecho del «material favorito del Ingeniero Rebolledo».⁴⁴

Pero entre estos proyectos absurdos, había uno que, por descabellado, llamaba particularmente la atención. Se trataba de un plan para construir barcos de ferro y concreto —o «barcos burocráticos», como los llamó el columnista del *Excélsior*.⁴⁵ El cemento, razonaba Jara, era un material maravilloso, y si había servido para construir un estadio, debía servir para hacer una armada. Desde los inicios de su cargo como ministro de la Marina en 1941, Jara había trabajado con Rebolledo para construir barcos «experimentales» de cemento. En 1943, frente a un público de burócratas gubernamentales y mirones curiosos, Jara y Rebolledo botaron el primer barco de concreto, orgullosamente hecho en México. En el *Excélsior* no faltó la crónica de Piño Sandoval:

> Como se sabe, el Señor Ingeniero... Rebolledo es un devoto del concreto armado. Su larga experiencia en la materia lo ha inducido a rechazar cualquier otro material. Este amor al concreto lo llevó a idear un chalán todo de cemento. Aún puede verse la empalizada que se hizo para vaciar allí, no lejos del legendario astillero, el famoso chalán... se vaciaron, para obtener el famoso chalán de una pieza, tantos costales de concreto como se pueden comprar con 40,000 pesos. Concluido el vaciado, fraguado el concreto –la brisa contribuyó gratuitamente a esta labor–, llegó la fecha de botar el chalán.
>
> Aquélla iba a ser la primera embarcación de concreto –toda una casa, como las que hace el ing. Rebolledo en la metrópoli–, que iba a surcar hasta las aguas del golfo.
>
> El chalán se deslizó hasta el agua y segundos después, ante la deslumbrada concurrencia que servía de testigo al notable hecho histórico, el mar levantó una inmensa burbuja.
>
> Una burbuja que exclamó
> –¡Bluff!
> Y –oh triste final– el chalán se fue al fondo del mar.[46]

Y así también se hundieron los sueños que tenía Jara sobre la flota mexicana que vencería a los nazis.

Pero el proyecto de construir un barco de cemento no era tan desquiciado como parece a primera vista. En el pasado se habían construido barcos de concreto, y durante la Primera Guerra Mundial fueron una forma barata de transporte marino.[47] Muchos factores contribuyeron al hundimiento de ese barco en las costas de Veracruz –los planos habían sido hechos en Checoslovaquia, una nación sin costa marítima, y luego el equipo de Jara los había modificado a su antojo–, pero entre éstos es de capital importancia la ciega obsesión de Jara con el cemento. Los artículos del *Excélsior* evidencian que a Jara le interesaba más el cemento que los barcos, y la aventura entera se convirtió en una suerte de experimento con el uso del concreto, más que un proyecto de ingeniería naval. Como bien notó Piño Sandoval, la decisión de contratar a Miguel Rebolledo, y no a un ingeniero naval con experiencia, era señal de la fijación obsesiva de Jara con el cemento.

El triste finale del barco de cemento convirtió a Jara en el blanco de un sinfín de chistes y empañó para siempre su reputación. En los anales de la historia de México, Jara sería recordado no por su exitoso proyecto del Estadio de Xalapa, sino por el hundimiento del famoso barco (y también por su decisión de construir los astilleros del país en Las Lomas). El fantasma de estos fracasos persiguió a Heriberto Jara hasta su muerte en 1968.[48]

El experimento de Jara con el barco de cemento fracasó porque respondía a un fetichismo exacerbado por la tecnología. El general Jara escogió el cemento no porque fuera práctico o útil para construir barcos, sino porque le resultaba espectacular –el objetivo era que el evento apantallara a los «espectadores atónitos» que se habían reunido en torno al embarcadero a presenciar la inauguración del barco experimental. El proyecto de Jara fue muy similar a otro caso famoso de fetichismo tecnológico que ocurrió en la Unión Soviética, por la misma época. Cuando estalló la Segunda Guerra Mundial, Stalin ordenó que se construyeran aviones. Pero Stalin no eligió aviones ligeros y veloces –del tipo podían ser más útiles para la defensa–, sino unos mamotretos que se *veían* impresionantes en los desfiles militares: máquinas voluminosas, obsoletas, que resultaron completamente inútiles para defender el país de los ataques de Hitler. A pesar de su poca utilidad, los aviones causaban sensación en los desfiles militares por su enorme tamaño y volumen.[49] Como las máquinas de Stalin, los barcos de Jara se construyeron para impresionar, y no para un uso práctico. Al igual que el líder soviético, Jara tenía cierta debilidad por la tecnología y sus poderes extraordinarios.

Si se piensa en la diferencia entre el valor de uso y el valor de culto, resulta claro que el barco de cemento era un proyecto dotado de valor de culto. El barco se expuso frente a un público que quedó admirado por sus atributos espectaculares: el tamaño del navío, sus superficies lisas y homogéneas, su solidez de monolito. El espectáculo que ofreció Jara ese día se desarrolló sin contratiempos hasta que el barco se puso a prueba y se utilizó. Como observó el columnista del *Excélsior* con cierto sarcasmo, dado que el barco no se pudo mantener a flote, carecía por completo de valor de uso. El navío experimental fue un éxito en tanto objeto de culto –un monolito de verdad maravilloso–, pero fue un rotundo fracaso en términos de utilidad real: un exceso de aura lo hundió para siempre en el fondo del mar.

Al final, el barco de Jara no era más que un monumento al cemento. Su destino no era cumplir con la función práctica de flotar sino con la función estética de impresionar a los espectadores y demostrar el uso que se le podía dar al cemento. En ese sentido, el barco de Jara no era muy distinto de los artefactos que alberga el Museo de la Tecnología: podía ser visto y admirado, pero no utilizado, y era inutilizable precisamente porque había sido diseñado para ser exhibido. El barco, de hecho, hubiera sido un éxito si, en vez de ser lanzado al mar, se hubiera colocado en un museo, como monumento al cemento. El error trágico de Jara fue no darse cuenta de que los monumentos no son siempre funcionales.

A pesar de su poderoso efecto sobre las masas que esa tarde se habían reunido en el embarcadero de Veracruz, el barco de Jara no dista demasiado de aquellas bolsas de cemento de la novela de Gladkov. Como el cemento de Gladkov, el barco de Jara había resultado inútil debido a un exceso de agua; y, como el barco, los costales de cemento petrificado que aparecen en la novela soviética eran el símbolo del fracaso de un proyecto ambicioso. Resulta tremendamente irónico que el amor apasionado e irracional que le profesaba Jara al cemento («amor al concreto», decía Piño Sandoval) culminara en el hundimiento de un barco –imagen tan escasamente estética como la de los sacos de cemento de Gladkov. En ambos episodios, además, el cemento es privado tanto de su valor de uso como de su valor de culto.

El barco de cemento de Jara representa la culminación de los esfuerzos de Sánchez Fogarty por estetizar el cemento. Jara, como ningún otro, logró llevar el deseo del publicista de promover el valor de culto del cemento a un punto extremo. Jara estetizó el cemento hasta tal punto que lo convirtió en un mero espectáculo tecnológico.

Para cuando se hundió el barco de cemento en 1943, los intelectuales mexicanos habían andado un buen trecho y no albergaban el mismo desprecio por la tecnología que sus predecesores porfirianos. Las máquinas, los artefactos tecnológicos y los nuevos medios ya no eran considerados, como pensaba Manuel Gutiérrez Nájera, meras distracciones vulgares, síntoma de un mundo sin principios que se había desviado de los ideales estéticos del siglo diecinueve. Ahora se aceptaban, se celebraban apasionadamente y, en algunas ocasiones –como en el caso de Heriberto Jara– incluso llegaban a provocar cierto fetichismo febril. La revolución tecnológica había sido un éxito rotundo: se había consolidado un discurso en torno suyo, y una ideología protecnológica había reemplazado a las viejas fobias y ansiedades que despertó el inicio de la modernidad en México.

Irónicamente, el rechazo de Gutiérrez Nájera y el entusiasmo de Jara por las nuevas tecnologías tenían una característica en común: ambos soslayan el valor de uso de los medios modernos. Cegado por el deseo de vivir en los «jardines de Academo», Gutiérrez Nájera no se detuvo a considerar que una máquina de escribir pudo haber incrementado su productividad literaria, dejándole más tiempo para reposar en un campo idílico. De igual manera, Jara se obsesionó con el cemento al grado de perder de vista su objetivo inmediato –construir un barco y hacerlo flotar, y no consideró que otros materiales, quizá menos modernos, hubieran sido más apropiados. Tanto los tecnófobos como los tecnófilos pueden resultar cegados por sus pasiones.

Y, ¿adónde ha llevado a México la revolución tecnológica desde los años del barco de Jara? Sin duda, a una modernidad que se aproxima velozmente a la posmodernidad, como se verá en el epílogo de este libro. Pero, antes de eso, valdrá la pena detenernos sobre un tipo particular de edificio que se benefició de la arquitectura de cemento: el estadio.

En los capítulos anteriores vimos cómo cuatro artefactos tecnológicos dieron paso a nuevas formas de representación, marcadas por las condiciones mecánicas de su producción: la cámara sentó la pauta para la experimentación moderna de la fotografía; la máquina de escribir significó el principio de la escritura mecanogénica; la comunicación inalámbrica inauguró las transmisiones radiogénicas; y el concreto inspiró la arquitectura funcionalista. En este último capítulo veremos cómo otro invento tecnológico de la modernidad –el estadio monumental– dio paso a una de las formas más extrañas de representación: los espectáculos masivos, donde la alineación de miles de cuerpos humanos generaban grandes formaciones geométricas. Como la fotografía, la escritura mecánica, la transmisión radiofónica y la arquitectura de cemento, los estadios constituyeron un nuevo medio y produjeron, en el México posrevolucionario, toda una cultura en torno a ellos.

A pesar de que los estadios habían existido en la antigüedad, la obsesión que hubo, en los albores del siglo veinte, con la construcción de estructuras masivas capaces de albergar a cientos de miles de espectadores, fue un fenómeno sin precedentes. Esta tendencia comenzó en 1896, cuando se reconstruyó el estadio de Atenas y se resucitaron los Juegos Olímpicos, y se repitió cada cuatro años en los países que serían anfitriones de las siguientes olimpiadas. Cuando se aproximaba la fecha, en el país anfitrión comenzaba una carrera por construir infraestructuras más grandes, más modernas y más vistosas que las que se habían hecho para los Juegos Olímpicos anteriores. En 1912, Estocolmo inauguró su estadio olímpico; en 1924, fue París; le siguió Ámsterdam, en 1928; Los Ángeles, en 1932; y luego Berlín, en las olimpiadas nazis de 1936.

Había varias diferencias importantes entre los estadios del siglo veinte y sus predecesores. Las nuevas estructuras estaban hechas de materiales modernos, como el cemento y el hierro, y estaban diseñadas para albergar a muchos más espectadores; pero, sobre todo, la mayor diferencia entre estos estadios y las construcciones antiguas era su función. Los estadios modernos estaban diseñados como escenarios donde los países anfitriones demostrarían ante el mundo su progreso tecnológico. Los países dedicaban años enteros a planear las ceremonias inaugurales de los estadios, que terminaban siendo verdaderos *performances* de la modernidad, puestas en escena para la comunidad internacional. (Hay que recordar que, además de las delegaciones olímpicas que asistían, los medios como la fotografía, la radio y el cine hacían posible que estos eventos fueran accesibles al resto del mundo). Como los pabellones de las ferias mundiales, los estadios olímpicos fueron construcciones con gran importancia alegórica: estaban diseñados para proyectar una imagen particular de la nación. Alrededor de todo el mundo, los países construían estadios, como monumentos al progreso o como evidencia de que pertenecían a un grupo selecto de naciones.

Al igual que los artefactos tecnológicos descritos en capítulos anteriores, los estadios eran modernos en varios sentidos: casi siempre se construían utilizando las técnicas y los materiales más novedosos, reflejaban las tendencias de vanguardia en la arquitectura y, sobre todo, estaban diseñados para albergar el producto más vistoso y ubicuo de la modernidad: las masas. Como escribe Hans Ulrich Gumbrecht, «Los grandes públicos en los estadios modernos y los cada vez más frecuentes eventos internacionales eran el panorama que moldeó la historia moderna de los deportes entre 1896 y 1936».[1] Construidos para albergar a miles de espectadores, los estadios sirvieron de escenarios para eventos masivos: desfiles militares, números de acrobacia y, por supuesto, formaciones geométricas elaboradísimas en las que cada cuerpo se convertía en una parte minúscula de un gran espectáculo visual.

En los años veinte México sucumbió también a esta obsesión internacional y se construyeron dos estadios gigantes: el Estadio Nacional en la ciudad de México, en 1924, y, al año siguiente, el Estadio de Xalapa en Veracruz. A diferencia de otros estadios en el mundo, estas dos estructuras no se erigieron para las olimpiadas (México no sería anfitrión de los Juegos Olímpicos sino hasta 1968), ni tampoco fueron diseñados para impresionar a la comunidad internacional y dar una imagen particular de México. Los estadios mexicanos fueron construidos para el consumo nacional: dirigidos al público mexicano, ambos estadios eran símbolo de la modernidad posrevolucionaria, monumentos erigidos al progreso que el gobierno de Obregón había logrado desde el final de la Revolución en 1920.

El Estadio Nacional fue el proyecto más caro, más ambicioso y más controversial que emprendió José Vasconcelos durante sus años como Secretario de Educación bajo la presidencia de Álvaro Obregón entre 1921 y 1924. Durante esos cuatro años, Vasconcelos comisionó una gran cantidad de edificios, incluyendo escuelas, instalaciones deportivas, y la sede de la secretaría ubicada en la calle Argentina, en el centro de la ciudad de México. En sus memorias, Vasconcelos describe cómo en aquellos años llegó a obsesionarse con los estadios. Había construido varios estadios pequeños —estructuras «modestas» con capacidad de entre dos y seis mil asientos— pero soñaba con un estadio monumental para la ciudad y el país. Así, imaginó una vasta construcción que serviría como teatro al aire libre, con capacidad para sesenta mil espectadores (casi el seis por ciento de la población de la ciudad de México en 1921).[2] El proyecto era exorbitantemente caro —costaría alrededor de un millón de pesos de entonces— y, dado que la secretaría no podía financiarlo, a Vasconcelos se le ocurrió una solución «democrática»: anunció que, a menos que alguien se opusiera, cada empleado del ministerio sacrificaría un día de salario para financiar la obra. Nadie se opuso. «La obra sería grandiosa —proclamó Vasconcelos—; además, indispensable para una ciudad como México».[3]

Vasconcelos encontró el lugar perfecto para el estadio en los límites de la elegante y muy parisina colonia Roma. El predio mismo donde se construiría, sin embargo, no era precisamente elegante ni parisino: era un viejo cementerio abandonado, conocido como el Panteón de la Piedad. Vasconcelos le pidió a Obregón que expropiara el terreno y le encargó a un arquitecto joven, José Villagrán García, el diseño de la obra. Vasconcelos imaginaba una construcción estilo anfiteatro griego, hecho completamente de piedra pero, para su gran decepción, le anunciaron que los únicos materiales para los que alcanzaba el presupuesto eran el hierro y el cemento. Vasconcelos, que en cierto modo era un hombre tallado a la antigua, despreciaba estos dos materiales modernos. «Detesto esas construcciones de hierro que en cincuenta años tienen que ser derribadas, al estilo de los rascacielos de Estados Unidos».[4] Como escribe Valerie Fraser, Vasconcelos veía el uso del cemento para construir el estadio como un «mal necesario [y] no como un símbolo de la modernidad».[5] Tal como los fotógrafos pictorialistas que utilizaban tecnologías modernas como la cámara para componer paisajes de estilo premoderno —pastores, pueblecillos y demás–, Vasconcelos usaba materiales modernos como el cemento y el hierro para recrear edificios de la antigüedad clásica.

Igual que el estadio de Atenas erigido en los Juegos Olímpicos de 1896, el Estadio Nacional tenía la forma de una enorme herradura. A pesar de que Vasconcelos quería que el estadio tuviese el mismo «estilo que tuvieron los grandes estadios que, para gloria del arte, se irguieron bajo el cielo azul de la Hélade»,[6] el proyecto final fue un popurrí de estilos. La fachada curva tenía murales de Diego Rivera, y la parte superior estaba decorada con una galería de arcos de estilo colonial, como se puede ver en la figura 70.

El estadio fue inaugurado el 5 de mayo de 1924, día del aniversario de la Batalla de Puebla, y unas cuantas semanas antes de que Obregón terminara su mandato y Vasconcelos renunciara a su cargo. El ministro planeó cuidadosamente la ceremonia inaugural –a la que acudieron Obregón, su gabinete, y otros sesenta mil espectadores–, para mostrar ante todos los logros que había conseguido en materia de cultura. Había miles de colegiales, marchando y haciendo bailes elaborados. Éstos eran los niños de la Revolución Mexicana, educados en las escuelas que Vasconcelos había construido. La ceremonia inaugural pretendía demostrar que las reformas educativas de México habían logrado imponer orden y estructura a las

Figura 70: Maqueta del Estadio Nacional.
Archivo Histórico de la Secretaría de Educación Pública, México, D.F.

masas desposeídas. El Estadio Nacional era, ante todo, un imponente monumento al triunfo de la educación posrevolucionaria: El estadio era el «coronamiento de los cuatro años de labor educativa nacional».[7]

Sin embargo, lo que distingue al Estadio Nacional de los demás edificios de gobierno de la época es que se convirtió en el escenario para las ceremonias políticas más importantes del país. Pasó a ser, por ejemplo, el recinto usado para la toma de posesión de los nuevos presidentes –Calles recibió la banda presidencial ahí mismo, en 1924, seguido por Portes Gil en 1928, Pascual Ortiz Rubio en 1930, y Lázaro Cárdenas en 1934. También se recibían ahí a dignatarios del extranjero: hubo recepciones oficiales para Harry Truman, el primer presidente estadounidense que visitó México en el siglo veinte, y para el presidente cubano Carlos Prío Socarrás. En todos estos eventos, el estadio servía como un escenario alrededor del cual se reunían miles de espectadores para ser testigos de las ceremonias políticas del país.[8]

A pesar de su costo, su popularidad, y su papel central en la vida política del país, el Estadio Nacional tuvo una vida corta. Pocos meses después de su inauguración, la estructura se comenzó a cuartear (el arquitecto culpó a Vasconcelos,[9] y éste a los ministros que lo sucedieron),[10] y el edificio que Vasconcelos había querido eterno, se mantuvo en pie apenas veintiseis años. En 1950, durante el sexenio de Miguel Alemán, el estadio fue derrumbado para construir el Multifamiliar Presidente Juárez, el primer proyecto en México inspirado en la arquitectura de Le Corbusier y diseñado por el arquitecto Mario Pani. El evento indicó la dirección que tomarían a partir de entonces las políticas culturales mexicanas. Los equipos de demoledores también se encargaron de terminar con el programa oficial nacionalista de arquitectura, que pronto fue reemplazado por un estilo internacionalista, más moderno. (El multifamiliar Juárez tuvo tan mala suerte como el estadio: varios de sus edificios se vinieron abajo en el terremoto del 85, junto con otros tantos proyectos de Pani; en su lugar quedó un terreno baldío, reminiscencia del viejo panteón).

Hoy en día, lo único que queda del estadio de Vasconcelos es una estatua de un lanzador de jabalina, solitaria y fuera de contexto, en contra esquina del multifamiliar (figura 71). Casi nadie recuerda el estadio, y los habitantes de la colonia Roma a menudo se preguntan por qué las calles alrededor del complejo habitacional tienen la forma de una enorme herradura.

Figura 71: El único vestigio del Estadio Nacional:
estatua de un atleta frente al Multifamiliar Juárez.

El Estadio de Xalapa

Unos meses después de la inauguración del gran proyecto de Vasconcelos, ya se estaba construyendo un nuevo estadio de gran escala en la ciudad de Xalapa, Veracruz. El Estadio de Xalapa, inaugurado el 20 de enero de 1925 en una ceremonia masiva que sin duda le hizo competencia a la del Estadio Nacional, fue un proyecto del gobernador del estado, Heriberto Jara, cuya fijación con el cemento discutimos en el capítulo anterior. Como Vasconcelos, Jara vio en el estadio una plataforma política perfecta para dar a conocer los logros de su gobierno. Además de servir como escenario para los mensajes culturales y políticos del gobierno, el edificio mismo sería una estructura masiva, impresionante, que daría pruebas del dinamismo del gobernador Jara.

A pesar de que el Estadio Nacional y el Estadio de Xalapa se construyeron más o menos al mismo tiempo, los dos proyectos eran muy distintos entre sí. Vasconcelos se inspiraba en la antigüedad clásica, mientras que a Jara le interesaba la arquitectura moderna y la estética del cemento. El proyecto de Vasconcelos era claramente nacionalista; el de Jara internacionalista. Vasconcelos veía el Estadio Nacional como una recuperación del pasado; Jara concebía su proyecto como un puente hacia el futuro; Vasconcelos prefería el uso de la piedra y otros materiales trabajados manualmente; Jara, el cemento y el concreto armado; el Estadio Nacional se construyó utilizando las técnicas tradicionales de construcción, mientras que el Estadio de Xalapa se hizo con técnicas innovadoras, como la instalación de un techo volado. Y, finalmente, se debe decir que el estadio de Vasconcelos desapareció después de sólo dos décadas, y el de Jara permanece en pie, junto al campus de la Universidad de Xalapa.

Pero, a pesar de estas diferencias considerables, ambos estadios fueron producto de la obsesión de los albores del siglo veinte con la construcción de estadios.

El Estadio Nacional y la raza cósmica

En los capítulos precedentes se discutió cómo la llegada de nuevas tecnologías estuvo relacionada a menudo con transformaciones ideológicas más profundas: la introducción de la máquina de escribir, por ejemplo, corresponde con el movimiento hacia una literatura vanguardista, capaz de reflejar la creciente mecanización de la vida cotidiana, y el uso del cemento corresponde al auge de la arquitectura moderna. De un modo similar, la popularidad de los estadios en el México posrevolucionario fue una manifestación más del surgimiento de una nueva red discursiva.

Además de constituir una parte fundamental de la campaña de obras públicas que Vasconcelos emprendió durante su periodo como secretario de Educación, el Estadio Nacional también estaba estrechamente vinculado con la utopía que el pensador delineó en dos de sus obras más importantes, *Indología* (1926) y *La raza cósmica* (1925). A pesar de que la mayoría de los críticos ha tratado los proyectos públicos y los escritos de Vasconcelos como dos obras completamente distintas, el Estadio Nacional es una de las muestras más claras de que sus edificios y sus textos fueron partes complementarias de una misma misión cultural.

En *La raza cósmica* –tratado utopista que en ciertos momentos parece un texto de ciencia ficción– Vasconcelos despliega su visión del futuro de

América Latina. Imagina una lenta evolución de la barbarie a la civilización, en tres etapas: primero, un estado primitivo «material» o «guerrero», en el que los países estarían gobernados por la fuerza bruta de un tirano; después viene un estado «intelectual» o «político», en el que se desarrollan las leyes y se crean instituciones encargadas de velar por el bienestar común; y finalmente, el proceso culmina en un periodo «espiritual» o «estético», un estado utópico en el que la vida diaria está consagrada a la realización de ideales estéticos. Una vez alcanzado este último periodo, explica Vasconcelos, la gente ya no necesitará de leyes y normas, dado que se vivirá en un estado de armonía e «inspiración constante», y las personas dedicarán sus vidas a la búsqueda de la belleza y el «pathos estético».[11]

Vasconcelos escribe que la vida en esta tercera etapa estará dominada por una «emoción de belleza y un amor tan acendrado que se confunde con la revelación divina».[12] La religión seguiría siendo la fuerza principal de cohesión social, y sería experimentada como una suerte de «poesía embriagante».[13] Esta nueva civilización sería tan avanzada que Vasconcelos la considera como el establecimiento del «Reino del Señor en la tierra».[14] Curiosamente, Vasconcelos añade que esta tercera etapa también estaría dominada por las máquinas y la tecnología militar, aunque siempre para el bien de los ideales estéticos.

Durante la mítica tercera etapa, pensaba Vasconcelos, las Américas verían el surgimiento de una «raza cósmica» —una etnia superior, resultado de la mezcla de todas las razas latinoamericanas— y vaticinaba una futura lucha entre la civilización anglosajona y la nueva raza latina. (Aquí es cuando el tratado empieza a cobrar aires de literatura de ficción). El autor imagina la futura capital de América Latina como una gran ciudad junto al Amazonas, llamada «Universópolis». Al sentirse amenazados por el crecimiento latino, dice, los norteamericanos tratarían de conquistar esta ciudad para rebautizarla «Anglotown».[15] Sin embargo, escribe Vasconcelos, «si la quinta raza se adueña del eje del mundo futuro, entonces sus aviones y ejércitos irán por todo el planeta, educando a las gentes para su ingreso a la sabiduría. La vida fundada en el amor llegará a expresarse en formas de belleza».[16]

Aunque parece haber un mundo de diferencia entre la extraña teología que Vasconcelos propone en *La raza cósmica* y los numerosos proyectos de obras públicas emprendidos durante su periodo como secretario de Educación, hay un hilo común que los ata: una visión de la historia de

México como una evolución de la barbarie hacia la civilización. Vasconcelos veía la Revolución Mexicana como un retorno a la etapa más primitiva del desarrollo social —el gobierno del caudillo y la fuerza bruta que dominaba en la «etapa del guerrero».[17] En este contexto, Vasconcelos consideró a Obregón como el héroe que había puesto fin a las luchas revolucionarias, y como el hombre que logró llevar al país hacia la paz y la estabilidad de aquella segunda etapa «intelectual» de los años veinte en la que estaba viviendo. En ese momento, gracias a los múltiples programas culturales desarrollados durante sus años como ministro, la nación estaba progresando rápidamente hacia la etapa evolutiva final —esa utopía estética que vería el triunfo de la raza cósmica.

Vasconcelos concebía sus proyectos de construcción como catalizadores que llevarían al país hacia la utópica «tercera etapa»: las escuelas públicas, los centros deportivos, el edificio de la SEP y hasta los murales de Diego Rivera estaban diseñados para consolidar el lugar de México en la escena intelectual e impedir que hubiera un retroceso hacia el barbarismo de la «etapa del guerrero». Como bien lo articula Valerie Fraser, Vasconcelos «veía en la educación la llave para el progreso de México hacia la tercera etapa».[18] Pero entre todos estos proyectos, el Estadio Nacional ocupaba un lugar privilegiado. Si las escuelas y los edificios de gobierno pertenecían a la segunda etapa de la evolución de un país, Vasconcelos veía el Estadio Nacional como un proyecto muy superior, que anticipaba la llegada del periodo «estético» y el advenimiento de la raza cósmica.

En el discurso pronunciado durante la ceremonia inaugural del estadio, Vasconcelos puso de manifiesto la relación entre los ideales estéticos del tercer periodo y la nueva construcción. Mientras introducía a los miles de niños que estaban por presentar una coreografía de danza folclórica, anunció: «En el estadio balbuce una raza que anhela originalidad expresada en la más alta belleza. Canta coros, ejercita deportes, y así se adiestra buscando su verdad».[19] Su descripción de los niños en el estadio es idéntica a su evocación de la tercera etapa en *La raza cósmica*: en ellos ve «el nacimiento de una nueva raza» dedicada a la búsqueda de la belleza y otras actividades con fines estéticos, como el canto, el ejercicio, y la búsqueda de lo bello y lo bueno.

En *Indología*, Vasconcelos recuerda la inauguración del estadio, haciendo énfasis en la dimensión estética de la ceremonia: «Se sintió durante la espléndida fiesta, que por sí sola requeriría una crónica aparte, que se estaba llegando a la creación de un arte nacional colectivista, arte continental más bien dicho, porque el espíritu todo de la América Latina palpitaba en la obra».[20] La ceremonia inaugural del estadio fue simbólica, no sólo del avance del pueblo mexicano, sino de toda Latinoamérica. Como en la tercera etapa de *La raza cósmica*, Vasconcelos imaginaba a todas las naciones latinoamericanas reunidas en el nuevo estadio, unidas por la búsqueda común de ideales estéticos que estuvieran preñados del «espíritu de América Latina».

Quizá el indicio más claro de que Vasconcelos consideraba el Estadio Nacional como el catalizador del «periodo estético» puede encontrarse en el lema que compuso para éste. Grabadas sobre la gran puerta principal, a la vista de cualquier espectador que cruzara el arco de la entrada, estaban las palabras «alegre, sana, fuerte, esplende: raza». Como si ya se hubiese alcanzado la tercera etapa civilizatoria, el imponente edificio daba la bienvenida al público anunciándole que pertenecía a una raza «alegre, sana y fuerte». Una vez acomodados en sus asientos, los sesenta mil espectadores constituirían un monumento viviente a la raza cósmica.

Vasconcelos consideraba el Estadio Nacional como el primer edificio del futuro «tercer periodo», la mismísima piedra angular de la Universópolis. En su propuesta original, Vasconcelos escribió sobre «ese estadio que la ciudad entera verá levantarse como la esperanza de un mundo nuevo»,[21] y enfatizaba la importancia que tenía el proyecto en la construcción de una utopía. El estadio estaba diseñado para darle a los mexicanos un vistazo del país que los estaría esperando en un futuro, siempre y cuando siguiera avanzando por las vías correctas, hacia la última etapa evolutiva de la civilización. Era, además, una prueba tangible de que la concepción utópica de una civilización latinoamericana poderosa –una raza cósmica–, comenzaba a volverse una realidad.

Eventos «estadiogénicos»: el ornamento de masas

En capítulos anteriores consideramos varias formas de la especificidad mediática que impulsaron las nuevas tecnologías: fotos para las cuales se habían utilizado técnicas fotográficas específicas, textos mecanogénicos, transmisiones radiogénicas, arquitectura funcionalista y construcciones de cemento. Si los estadios, como la fotografía o la radio, constituyen realmente un nuevo medio, es necesario preguntar si estas estructuras generaban nuevas formas de representación que fueran específicas a los estadios, es decir, si los estadios llegaron a albergar eventos que sólo podían ocurrir en este tipo de estructuras y que explotaran el potencial de representación del nuevo medio. ¿Existe tal cosa como un «evento estadiogénico»? O, para formular la pregunta de otra manera, ¿en qué se diferenciaban los eventos que transcurrían dentro de un estadio de eventos similares que ocurrían en otros escenarios?

La característica primordial de los eventos concebidos para un estadio era su capacidad para hacer uso del poder de las masas. A diferencia de otros espacios públicos anteriores a los estadios, éstos estaban diseñados para acomodar a las masas —otro invento moderno. No sólo cabían decenas de miles de espectadores en un estadio, sino que también cabían miles de personas en el «escenario», moviéndose en coreografías estrictas: los estadios albergaban eventos masivos presentados ante una masa de espectadores. Como los periódicos y la radio, los estadios estaban diseñados para saciar el apetito de las masas por el entretenimiento espectacular.

La ceremonia de inauguración del Estadio Nacional fue un evento arquetípicamente estadiogénico. Esta ceremonia fue realizada por y para las masas, como se ve claramente en la primera plana de *El Universal* (figura 72). El estadio funcionaba como un amplísimo escenario para la exhibición de un México nuevo, posrevolucionario, plenamente moderno. Había una «multitud de sesenta mil espectadores» y más de diez mil estudiantes que hacían las coreografías y tablas gimnásticas. Un coro de doce mil niños cantó canciones mexicanas y españolas (Vasconcelos fue muy claro en declarar que ninguna otra melodía sería permitida en la ceremonia);[22] otro grupo de mil parejas, vestidos en sus trajes regionales, bailaron el jarabe tapatío; cientos de gimnastas formaron pirámides humanas, y un desfile de cadetes militares deletrearon la palabra «México» con una alineación perfecta de cuerpos.[23] En la ceremonia inaugural del estadio estas masas demostraron el avance de México desde los días sangrientos de la Revolución. Las masas que ejecutaban rutinas y coreografías en el gran escenario del Estadio Nacional distaban muchísimo de las bandas barbáricas que fusilaban rebeldes y saqueaban pueblos durante los conflictos armados; éstas eran masas civilizadas, educadas en las escuelas del propio Vasconcelos, que supeditaban cada uno de sus movimientos a las reglas estrictas de la razón y el orden.

Los artistas y escritores se interesaron en el potencial del nuevo estadio para representar a estas nuevas masas de ciudadanos ordenados.

Figura 72: Portada del *El Universal* (6 de mayo de 1924) donde se anuncia la inauguración del Estadio Nacional.

A diferencia de todos los demás edificios construidos por el gobierno posrevolucionario, el estadio se convirtió en una fuente inagotable de inspiración para las representaciones artísticas –moda que acabó dotando de credibilidad la concepción vasconceliana del estadio como un monumento al «tercer periodo». Kyn Taniya, el poeta estridentista cuyas creaciones radiofónicas discutimos en el tercer capítulo de este libro, compuso un poema al estadio. Escrito en 1926 y dedicado a Vasconcelos, «Estadio» celebra a la masa de espectadores que se reúne a presenciar los eventos del Estadio Nacional: «¡Hip! ¡Hip! 80,000 personas!», escribe el poeta, exagerando un poco:

> ochenta mil
> con una sola idea,
> con una sola alma que las cubre
> como enorme toldo negro.[24]

Kyn Taniya representa a las masas como una manifestación de la raza cósmica: estos espectadores no sólo son ordenados y civilizados (y por ende completamente distintos de las multitudes violentas que un espectador encontraría hoy en día en un estadio mexicano), sino que también comparten el mismo «ideal» y una misma «alma». El poema (reproducido en la figura 73) se publicó en *El Universal Ilustrado*, acompañado de un grabado de Bolaños Cacho que mostraba a un hombre musculoso, de pie frente a un estadio, lanzando un disco –imagen utópica que imitaba a una de las estatuas del estadio y que habría servido también como ilustración del nuevo hombre descrito en *La raza cósmica*.

Un año después de que Kyn Taniya escribiera su poema celebratorio, Tina Modotti fotografiaría el Estadio Nacional. *Estadio, ciudad de México* (figura 74) es un *close-up* de las gradas donde normalmente estarían sentados los sesenta mil espectadores que cabían en el estadio (figura 75). La

Figura 73: «Estadio» de Kyn Taniya [Luis Quintanilla], con una ilustración de Bolaños Cacho. *El Universal Ilustrado*, 494 (28 de octubre de 1926), p. 40.

247

foto es un retrato de las masas *in absentia*: la forma en que está cortada la imagen genera la impresión de que los escalones se extienden sin límite en todas las direcciones, creando la ilusión de que la estructura puede sentar a una infinidad de personas (como Kyn Taniya, Modotti exagera la capacidad real del estadio, quizá en señal de un entusiasmo exacerbado por la nueva construcción). A pesar de que Modotti y Vasconcelos no compartían posturas políticas y no estaban en muy buenos términos, la representación de Modotti del estadio —como un símbolo de la estabilidad, el orden y la armonía— corresponde perfectamente a la visión de Vasconcelos. En la foto, los escalones dibujan un conjunto de líneas paralelas y bloques rectangulares, creando el efecto de una armonía geométrica perfecta. En su esfuerzo por enfatizar el orden, la foto genera la impresión de que el estadio era una estructura funcionalista —una estructura sobria, de elegancia minimalista—, mientras que en la realidad el estadio era un popurrí de estilos arquitectónicos dispares —había desde unos escalones neoclásicos hasta unos arcos coloniales (ver, por ejemplo, la vista del estadio en la figura 70).

Unos años después de que Tina Modotti tomara aquella foto, la escritora y coreógrafa Nellie Campobello montó un espectáculo, diseñado específicamente para el Estadio Nacional, que resultó ser la muestra más palpable de cómo el nuevo estadio estaba diseñado para las masas posrevolucionarias. El ballet *30-30* de Campobello, anunciado como un «ballet de masas» y un «ballet proletario», se estrenó el 22 de noviembre de 1931. El nombre de la coreografía estaba inspirado en el rifle que se había puesto de moda durante la Revolución: la carabina 30-30, un Máuser inventado en el siglo diecinueve. El ballet, que consistía de tres cuadros —«Revolución», «Siembra» y «Liberación»— era una representación, bastante sofisticada y estilizada, de la Revolución Mexicana. El ballet representaba la Revolución como un levantamiento popular en cuyo feliz final la vida de los campesinos mejoraba radicalmente. Como en los demás eventos montados en el Estadio Nacional, el ballet de Campobello utilizó una multitud de bailarines y cantantes, cuyos cuerpos formaban en una serie de cuadros cuidadosamente coreografiados. Había más de mil bailarines: cuatrocientas mujeres vestidas de rojo, doscientas mujeres disfrazadas de labradoras, otros doscientos hombres vestidos de campesinos, así como doscientos obreros.[25]

Además de ser un evento estadiogénico, el ballet *30-30* de Campobello fue la representación más directa e imaginativa de la visión histórica de

Figura 74: Tina Modotti, *Estadio* (1927).

Figura 75: Estadio Nacional, México, D.F. Las gradas fotografiadas por Modotti.
Archivo Histórico de la Secretaría de Educación Pública, México, D.F.

Vasconcelos. El mensaje de la obra era básicamente que el país había progresado desde los días caóticos de la Revolución y que en el nuevo México vivían masas civilizadas que ya no luchaban ni mataban, sino que iban a la escuela, bailaban ballet, y acudían a eventos en el Estadio Nacional. El final de *30-30* puede leerse como una puesta en escena de la descripción vasconceliana del triunfo de la raza cósmica: después de luchar en la Revolución, los campesinos sueltan las armas y se dedican a construir escuelas rurales, a cultivar la tierra y a organizar talleres industriales. Si Campobello hubiese disfrutado de los juegos metareferenciales del modernismo, habría agregado un cuarto elemento a su coda utópica y habría cerrado el número poniendo a los bailarines a construir un estadio nacional.

Además de utilizar a las masas, los eventos estadiogénicos tienen otra característica que los distingue de los espectáculos teatrales. A saber, en ellos se presentaban tablas gimnásticas, en donde los cuerpos de los actores o bailarines, vistos por los espectadores desde arriba, forman figuras geométricas o palabras. En muchos eventos del Estadio Nacional se hacían coreografías de este tipo (ver figuras 76 y 77) que, sin duda, Vasconcelos consideró como prueba fehaciente de que el caos revolucionario había sido sucedido por el orden posrevolucionario.

Pero estos espectáculos geométricos no fueron, en realidad, invento de Vasconcelos –formaban parte del repertorio común de los estadios alrededor del mundo, desde Los Ángeles hasta Berlín–, ni tampoco eran universalmente populares. En 1927 el crítico alemán Siegfried Kracauer notó con cierta preocupación que «espectáculos con la misma precisión geométrica se están llevando a cabo en lo que podría ser el mismo estadio, siempre a reventar, sea en Australia, India o, por supuesto, América».[26] Kracauer acuñó el término «ornamento de masas» para describir los espectáculos en los que cuerpos humanos formaban patrones y figuras geométricas. «El ornamento», escribió, «transforma a los miles de cuerpos humanos en líneas y círculos como los que encontramos en nuestros libros de geometría euclidiana, y también incorpora algunas formas elementales de la física, como las ondas y las espirales». Este ordenamiento geométrico se extendía también hasta los espectadores, ya que los patrones humanos «eran celebrados por las masas, también ordenadas escalón por escalón».[27]

Mientras Vasconcelos concebía las tablas gimnásticas que se representaban en los estadios como un símbolo del orden social, Kracauer los consideraba un síntoma de la deshumanización de los tiempos modernos.

Figura 76: Tablas gimnásticas en el Estadio Nacional, *ca.* 1920. SINAFO-Fototeca Nacional, México, D.F.

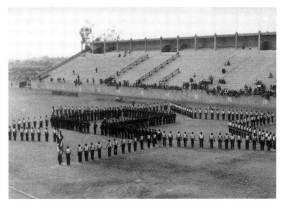

Figura 77: Tablas gimnásticas en el Estadio Nacional, *ca.* 1920. SINAFO-Fototeca Nacional, México, D.F.

«Los patrones que vemos en los estadios –escribe– están compuestos de elementos que funcionan como meros bloques de construcción, y nada más». Al participar en este tipo de eventos, los participantes perdían su individualidad, ya que «sólo como parte de la masa y nunca como individuos pueden las personas ser un fragmento de una figura».[28] Quienes participaban en los diseños masivos no recibían un trato digno, sino que eran considerados como meros fragmentos de una figura, cúmulos de partes corporales: «brazos, muslos y otros segmentos son las partes más pequeñas de la composición».[29] Kyn Taniya parece haber llegado a una conclusión similar, aunque menos crítica. Su poema celebra las figuras formadas por los cuerpos desarticulados de los deportistas del Estadio Nacional: «Estas piernas dinámicas, estos muslos tendidos, / son columnas de los templos robustos de mañana».[30]

Kracauer consideraba la fragmentación del cuerpo humano en estos espectáculos como un síntoma del tratamiento moderno de los cuerpos individuales como materia intercambiable, sin valor en sí misma. «La estructura del diseño masivo refleja el principio que rige la producción capitalista», escribe. No sólo son estos espectáculos experiencias enajenantes («la comunidad y la personalidad se desvanecen cuando lo que se requiere es la predictibilidad»), sino que además replican la lógica de la producción industrial. Kracauer compara a los artistas de los diseños masivos con obreros de una fábrica —«cada uno hace su tarea sobre la línea de montaje, realizando una labor parcial, sin participar de la totalidad»— y concluye que las manos de los obreros cumplen la misma función desarticulada que las extremidades de quienes participan en estos eventos.[31] Los espectáculos estadiogénicos extienden de esta manera el proceso de taylorización del cuerpo humano.

Mientas Vasconcelos celebraba los eventos que ocurrían en los estadios como ejemplo del orden estético y la madurez política, Kracauer los denunciaba como síntomas de pasividad política. Los espectáculos estadiogénicos requerían de masas de individuos serviles, que renunciaban a su individualidad para formar figuras geométricas. Estos eventos, escribió Kracauer, «expropian la energía de las personas, mientras la producción y el consumo inconscientes de diseños geométricos nos distraen del urgente imperativo de cambiar el orden establecido».[32] Como la religión, los eventos en los estadios eran el opio del pueblo: un poderoso analgésico que adormecía la capacidad de las masas para pensar críticamente.

FASCISMO

Vasconcelos y Kracauer llegan así a dos evaluaciones completamente distintas de los eventos presentados en los estadios. Desde el punto de vista de Vasconcelos, estos espectáculos elaborados eran símbolo de la civilización, producciones culturales de una nación ilustre y bien organizada —tan organizada que los cuerpos de sus habitantes se transforman en escritura, como se puede ver en uno de los ornamentos de masas documentado en la figura 78, donde una serie de atletas se alinean para formar las iniciales «E» y «N». El crítico alemán, en cambio, consideraba que estos ornamentos eran moralmente repudiables, ya que contribuían a la explotación capitalista de las masas. ¿A cuál de los dos creerle? ¿Eran los eventos de los estadios las maquinaciones de un villano o las hazañas de un héroe?

Figura 78: Tablas gimnásticas en el Estadio Nacional, *ca.* 1920. Los atletas forman las letras «E» y «N» («Estadio Nacional»). SINAFO-Fototeca Nacional, México, D.F.

La respuesta yace en una tercera característica —más allá de las masas y sus ornamentos— que distingue los eventos en los estadios de otros espectáculos: la ideología fascista. Como ha argumentado Elias Canetti, los déspotas necesitan de las masas, ya que éstas funcionan como un espejo, reflejo inflado de sí mismos, y los estadios modernos proporcionaron precisamente el espacio para las masas aduladoras.[33] Los estadios eran el medio preferido de los líderes fascistas para la puesta en escena de la visión que tenían de la nación que regían. Tanto Hitler como Mussolini construyeron estadios vistosos y elaborados, donde se organizaron los grandes espectáculos que contribuyeron a la popularización del nazismo y el fascismo. La obsesión de Hitler con los estadios resulta una muestra ejemplar de cómo los estadios modernos fueron el medio ideal para el espectáculo del fascismo.

Poco después de su llegada al poder en 1933, Hitler empezó a soñar con un estadio gigante: Berlín sería anfitrión de los Juegos Olímpicos de 1936, y la ciudad necesitaba un escenario amplio para desplegar ante el gran público internacional los logros del nacionalsocialismo. Así, encargó al arquitecto Otto March el diseño del estadio más grande del mundo, una estructura oval con capacidad para 110,000 espectadores (rebasando así al estadio de Los Ángeles, donde cabían 104,000).[34]

Pero cuando el Fürher fue a inspeccionar el edificio, se decepcionó tanto que amenazó con cancelar los Juegos Olímpicos: el estadio le pareció demasiado pequeño y modesto.[35] Al poco tiempo Hitler decidió de que el estadio tenía remedio y le pidió a Albert Speer, quien más tarde se convertiría en su arquitecto oficial, que implementara una serie de arreglos de último minuto, como recubrir la fachada de piedra (Hitler, como Vasconcelos, odiaba el cemento), y al final los juegos pudieron llevarse a cabo.

La ceremonia de inauguración fue un ejemplo perfecto de los ornamentos de masas que discutía Kracauer. Entre los eventos inaugurales hubo un desfile de jóvenes que, formando una sola fila, soltaron 200,000 palomas; un coro de 3,000 voces; y una escolta gigantesca con banderas de cada nación que participaba en los juegos. Leni Riefenstahl capturó las dimensiones de estos ornamentos de masas en *Olympia*, una película compuesta de miles de tomas de gente formando líneas paralelas afuera del estadio olímpico (figura 79), y una cuadrícula de atletas haciendo lagartijas (figura 80).

Después de los Juegos Olímpicos, Hitler le encargó a Speer un estadio aún más grande para que formara parte del complejo de edificios del partido en Nuremberg. Hitler quiso una estructura cuya escala y capacidad rebasaran cualquier intento arquitectónico previo: el nuevo estadio sentaría a 400,000 espectadores. Éste sería un proyecto de dimensiones gulliverianas, como evidencia Speer en sus memorias: «La pirámide de Keops, con una base de 150 metros y una altura de 230 metros, medía 2,490,748 metros cúbicos. El Estadio de Nuremberg mediría 550 metros de largo, 460 de ancho, y tendría un volumen de 8,436,000 metros cúbicos, casi tres veces más que la pirámide. El estadio sería, por mucho, el más amplio del mundo y también una de las estructuras más grandes que se hubieran construido en la historia de la humanidad. Los cálculos mostraron que, para poder sentar al número de espectadores que se querían, las gradas tendrían que medir más de 90 metros de alto».[36] Cuando Speer avisó a Hitler que el proyecto que tenían en mente costaría más de 250 millones de marcos, la respuesta fue: «Eso es menos que dos acorazados de clase *Bismarck*. Hay que considerar lo rápido que un barco de guerra puede ser destruido, y si no, de todas maneras se vuelve un vejestorio en cuestión de una década. Pero este estadio seguirá en pie dentro de cien años». Y cuan-

Figura 79: Leni Riefenstahl, foto fija de *Olympia* donde se muestran las tablas gimnásticas durante los Juegos Olímpicos de 1936 en Berlín. *Schoenheit im Olympischen Kampf* (Berlín: Im Deutschen Verlag, 1937).

Figura 80: Leni Riefenstahl, foto fija de *Olympia* donde se muestran las tablas gimnásticas durante los Juegos Olímpicos de 1936 en Berlín. *Schoenheit im Olympischen Kampf* (Berlín: Im Deutschen Verlag, 1937).

do Speer advirtió a Hitler que el estadio de Nuremberg no respetaba las proporciones prescritas por el comité olímpico, Hitler respondió que no importaba, dado que Alemania sería la nación dominante y los Juegos Olímpicos se celebrarían en Nuremberg «por el resto de los tiempos, en su estadio. Entonces, seremos nosotros quienes determinaremos las proporciones de los campos atléticos». Speer observó que la obsesión de Hitler con el estadio de Nuremberg era un síntoma clarísimo de su megalomanía política: «Él quería lo más grande de todo cuanto se hacía, para glorificar sus obras y magnificar su orgullo. Estos monumentos fueron una forma de confirmar su ambición de dominio, antes de que se atreviera a confesar tal ambición a sus colaboradores más cercanos».[37]

«Éste es el día más importante de tu vida», le dijo Hitler a Speer cuando puso la primera piedra del Estadio de Nuremberg, el 9 de septiembre de 1937. Pero la guerra interrumpió la obra, y el estadio gigante, programado para inaugurarse en 1945, nunca se terminó.

Las similitudes entre los proyectos de Hitler y Vasconcelos son asombrosas. El crítico de la arquitectura Antonio Méndez Vigatá sugiere, incluso, que la construcción del Estadio Nacional y el uso político que tuvo para Vasconcelos fue una suerte de anticipación del «Zeppelinfeld que construyó Speer en 1934 como un artefacto arquitectónico político».[38] Pero las similitudes entre los dos proyectos llegan aún más lejos. Tanto el Estadio Nacional de Vasconcelos como el estadio fallido de Hitler revelan una megalomanía típicamente fascista: ambos querían estadios que fueran más grandes y opulentos que cualquier otra estructura construida hasta entonces en sus respectivos países; ambos presupuestaron sumas exorbitantes –un millón de pesos para el Estadio Nacional y doscientos millones de marcos para el estadio de Nuremberg; los dos proyectaron sus edificios para la eternidad (Vasconcelos escribió: «admiro a los pueblos que saben construir para la eternidad»,[39] mientras que Hitler decía que el estadio de Nuremberg seguiría «en pie dentro de cien años»).[40] Tanto Hitler como Vasconcelos concebían los estadios como escenarios para espectáculos donde se representara el triunfo de la educación física del pueblo, y ambos presentaban sus respectivos proyectos como monumentos a la raza –como ya vimos, el lema de Vasconcelos para el Estadio Nacional era «alegre, sana, fuerte, esplende: raza», mientras que el complejo de Nuremberg fue una especie de templo que Hitler dedicó al *Volk* alemán.

Tanto Hitler como Vasconcelos solicitaron la filmación de sus estadios. El estadio olímpico de Hitler está registrado en *Olympia* de Riefenstahl, y Vasconcelos encargó un documental sobre la ceremonia de inauguración del Estadio Nacional.[41] La película que se filmó se envió al extranjero como prueba de los enormes avances que había logrado el gobierno posrevolucionario del país. «En lo sucesivo —escribe Vasconcelos—, cada vez que en el país o en el extranjero quería el gobierno dar muestra de su labor, lo primero que hacía era exhibir la película tomada en la fiesta del estadio».[42] Para compensar la falta de Juegos Olímpicos en México, esta cinta aseguraba que el Estadio Nacional recibiría tanta atención como los estadios del resto del mundo: si los demás países no podían viajar a México para visitar el estadio, el estadio viajaría a ellos a través del cine.

Sin embargo, a fin de cuentas, tanto el estadio de la ciudad de México como el de Nuremberg fueron un absoluto fracaso. Uno de ellos tuvo que ser demolido después de sólo dos décadas; el otro nunca se terminó.

Llegado este punto, el lector podría protestar y decir que, pese a las similitudes entre los dos proyectos, Vasconcelos y Hitler fueron figuras completamente distintas. Uno fue el padre de la educación moderna en México, construyó escuelas, impulsó campañas de alfabetización y financió el movimiento de los muralistas; el otro era un dictador megalómano que llevó a la civilización al borde del colapso. ¿No es injusto comparar a estos dos políticos simplemente sobre la base de su obsesión por los estadios?

Pero Vasconcelos no fue simplemente un pedagogo altruista ni el santo patrón de la cultura mexicana. También tuvo un lado tiránico, que suele ser soslayado en la mayoría de las biografías e historias oficiales. Vasconcelos tenía una sed insaciable de poder. Contendió por la la presidencia en 1929 y, cuando perdió la elección —que había sido muy reñida—, llamó a los mexicanos a levantarse en armas y organizar una guerra civil (no debemos olvidar que éste era un hombre que siempre había asociado la revolución con la barbarie).[43] Vasconcelos también fue un defensor de la limpieza étnica: después del fracaso de su campaña presidencial, se exilió en Europa, donde, durante un viaje a Constantinopla, instó a los nacionalistas griegos a prender fuego a los barrios turcos.[44]

Aún más alarmante resultó la postura política de Vasconcelos durante la Segunda Guerra Mundial. En 1940, editó la revista *Timón*, una publicación de extrema derecha financiada por la embajada alemana en México y el

Ministerio de Propaganda del Reich en Alemania. Sus páginas estaban repletas de un antisemitismo corrosivo, y en ellas se celebraban las hazañas de Hitler, Mussolini y Franco.[45] Vale particularmente la pena leer, por ejemplo, el artículo sobre Hitler publicado en *Timón* 16 (ver figura 81). Repasando los artículos de Vasconcelos en *Timón*, resulta evidente cómo su obsesión con la raza y el espíritu –ideales que parecen innocuos y más bien nobles y utópicos en *La raza cósmica*– compartía raíces con el discurso del *Blut* y el *Volk* de Hitler.

Resulta interesante considerar los siguientes ejemplos de los textos, llenos de odio y desprecio, que aparecían en *Timón*. Veamos, por ejemplo, un artículo sobre la inmigración judía a México:

> No podemos consentir que este país, de extraordinarias generosidades, se transforme en la cloaca máxima de todos los detritus que arrojan los pueblos civilizados, sin más requisitos que los empleados hace años por las prostitutas francesas (...)[46]

Sobre Hitler y los judíos:

> El Führer de la Magna Alemania, clarividente hombre de acción, no tuvo temblores en el pulso ni debilidades en la conciencia cuando repitió el gesto gallardo de Isabel y de Fernando. El «tabú» judío no tuvo fuerza ante la voluntad de un hombre de hierro, sólidamente apoyado por su pueblo...[47]

Sobre el posible desenlace de la guerra:

> Decirle por lo mismo a una nación, que va a suceder tal cosa, que va a ganar Alemania y que se prepare para aprovechar ese evento hasta donde puede ser aprovechable, no es hacer propaganda por Alemania. Es hacer labor de orientación nacional.[48]

Un último ejemplo: en un editorial de su autoría, Vasconcelos ofrece las siguientes reflexiones sobre sus héroes:

> Hitler [...] está destinado [...] a librar a su pueblo de la conjura de aplastamiento que fue el Tratado de Versalles. Lección provechosa la de Hitler, la de Mussolini, para todos los pueblos hispánicos de América que vivimos aplastados y sin embargo creemos contar con el porvenir.[49]

Hitler es la escoba de Dios que está barriendo de la superficie de la Tierra todo lo malo que se había acumulado durante siglos, pero sobre todo, la concepción judaica del mundo de aprovechar a la humanidad diezmando sus legítimas riquezas mediante la usura y la creación de valores ficticios.

¿No son robos en gran escala los famosos "columpios" provocados artificialmente en las Bolsas por los "príncipes" de la Banca Internacional, que hacen bajar los valores despojando a media humanidad para después comprar esas mismas acciones a precios irrisorios, volviéndoselos a vender a los incautos una vez pasado el pánico, a precios diez veces más altos?

La guerra actual es una lucha del trabajo honrado en contra del poder abusivo del dinero, una lucha entre el verdadero socialismo y los ídolos y parásitos a quienes trata de derrumbar de su altivo pedestal, desde donde siguen chupando la sangre roja de hombres, mujeres y niños.

Si Hitler ha lastimado a ciertos pueblos lo ha hecho en contra de su voluntad, y por la sencilla razón que no puede cumplir la misión que se le ha encomendado el Creador en una forma menos enérgica y severa. Jesu-

HITLER
Para Labrar su Moisés, Miguel Angel Tuvo que Usar su Cincel a Golpe de Martillo

cristo también arrojó a latigazos a los mercaderes que profanaban el templo. Hasta un buen padre en ciertas ocasiones se ve obligado a lastimar a sus hijos con tal de evitarles mayores males en el futuro.

Como el marinero trepado en el mástil grita lleno de entusiasmo: —Tierra—, al ver a lo lejos la costa entre la bruma, dándoles la grata nueva a todos los demás tripulantes del barco, así yo grito con fuerza: —Optimismo—, y os doy la grata nueva que el porvenir de la humanidad encierra en su seno las más grandes esperanzas que puede concebir el cerebro del hombre.

La repartición más justa de la riqueza proporcionará a cada ser humano la oportunidad de vivir desahogadamente, los inventos mecánicos puestos a disposición de todos acor-

tarán las horas de trabajo, dejándo[le] a cada individuo más tiempo para [el] estudio y la meditación, para el de[s]envolvimiento espiritual y el cul[tivo] del alma. El enorme desarrollo de [la] aviación tenderá a borrar fronte[ras] y linderos, creando una cultura [co]mún y superior, que será puest[a a] disposición de todos, aun de los [más] humildes.

Todo hombre trabajará en bien [de] su patria y de toda la humanidad, [sin] que se enriquezca indebidame[nte] aprovechando su puesto o posi[ción] será declarado traidor a la patria. C[a]da nación fijará su meta y todos s[us] hijos, sin excepción, harán caus[a co]mún y procurarán realizar lo pla[nea]do. Aunque habrá orden y disci[plina] cada hombre disfrutará de sufici[ente] libertad para forjarse su propia f[iloso]fía, siempre y cuando ésta no e[sté] en contradicción con el bien de tod[os].

Hitler ha sido duro y severo, p[ero] con guantes de seda ningún escu[ltor] ha podido esculpir su obra sobre [el] granito, para labrar su Moisés, [Mi]guel Angel tuvo que usar su cin[cel] a duro golpe de martillo.

Para juzgar la obra de Hitler h[ay] que remontarse a las estrellas y v[er] hacia el porvenir.

Francisco STRUCK.

Figura 81: «Hitler», *Timón*, 16 (8 de junio de 1940).

Sobre la propaganda pro nazi de Vasconcelos, José Joaquín Blanco observa que la mayoría de los críticos han lidiado con esta perturbadora faceta fascista del político avanzando la hipótesis de «los dos Vasconcelos»: la opinión de que el Vasconcelos de los años veinte –el secretario de Educación, humanista, patrón de la cultura mexicana– debe ser considerado una persona distinta de aquel lunático posterior a 1929, como si todo lo que hubiera hecho durante la guerra fuera el delirio de un desquiciado. Pero Blanco nota, con buen ojo crítico, que en los escritos y actos públicos de los años veinte ya podemos vislumbrar el principio de la ideología fascista de Vasconcelos. «Entre uno y otro Vasconcelos corren muchas cosas comunes –escribe Blanco–: la raza, la nación, los mesianismos culturales, el Espíritu, el culto al superhombre, la idealización del pasado hasta identificarlo con Utopía, y estos elementos admitieron *lo mismo* el uso progresista del secretario de Educación como el a veces escalofriante del simpatizante del Eje».⁵⁰ Podríamos agregar a la lista la obsesión por los estadios y la puesta en escena de ornamentos de masas.

El Estadio Nacional es evidencia de que la ideología fascista del Vasconcelos tardío ya motivaba muchas de las decisiones de su proyecto cultural y educativo de los años veinte. El estadio era un monumento a la raza y a la nacionalidad –dos ideales que Vasconcelos invocaría más adelante, en su apoyo a los dictadores europeos–, y también funcionaba como un escenario para los espectáculos que glorificaban el «espíritu» latinoamericano. El Estadio Nacional fue la culminación de las reformas vasconcelianas de educación y cultura, pero también la primera manifestación de sus tendencias fascistas.

Es fácil imaginar el giro desastroso que hubiese tomado la historia de México si Vasconcelos hubiera llegado a la presidencia en 1929 y le hubieran otorgado pleno poder para llevar aún más lejos los delirios megalómanos que se comenzaban a gestar desde la construcción del Estadio Nacional. Si Vasconcelos hubiera tenido la posibilidad de llevar a cabo el proyecto político que describe en *La raza cósmica*, y hubiese construido no sólo el estadio sino la ciudad entera de Universópolis, el mundo habría visto, quizá, un ejemplo más de una utopía convertida en distopía. La conclusión de Frédéric Rouvillois sobre la aparentemente inevitable relación entre las utopías y los totalitarismos, describe perfectamente los planes de Vasconcelos. Parecería, escribe Rouvillois, «como si la utopía no fuera más que la premonición del totalitarismo, y el totalitarismo nada más que la ejecución trágica de una utopía».⁵¹ De la misma manera, Czeslaw Milosz

261

apunta que son los tratados utópicos (como *La raza cósmica*) los que acaban sirviendo para justificar los actos más inhumanos: «Innumerables millones de seres humanos fueron asesinados en este siglo en nombre de la utopía, fuera progresista o reaccionaria, y siempre hubo escritores que produjeron justificaciones convincentes para las masacres».[52] Uno de estos escritores, como lo demuestran los artículos de *Timón*, fue José Vasconcelos.

Pero, ¿por qué fueron los estadios –y en particular el Estadio Nacional– el medio perfecto para la propagación de la ideología fascista? En 1936, mismo año en que se celebraron los Juegos Olímpicos nazis, Walter Benjamin escribe su famoso ensayo «La obra de arte en la época de su reproductibilidad técnica», en donde argumenta que los eventos masivos en estadios y los grandes mítines organizados por el partido nazi son vehículos perfectos para la estetización de la política –una operación peligrosa por medio de la cual las masas quedan cegadas ante las acciones de sus líderes. En los eventos masivos de los estadios los espectadores no conciben la política racionalmente sino estéticamente: en vez de cuestionar el comportamiento de sus líderes o la viabilidad de sus programas políticos, las masas se abandonan al gozo estético de los desfiles, mítines, y demás actividades fútiles. «El resultado lógico del fascismo –escribe Benjamin– es la estetización de la vida política».[53]

El Estadio Nacional siguió siendo un catalizador de la estetización de la política mexicana incluso después de que Vasconcelos renunciara a su cargo en la Secretaría de Educación Pública. Durante casi dos décadas, las tomas de posesión, las visitas de dignatarios extranjeros, y hasta los festejos de las secretarías se celebraban en el estadio con desfiles, números acrobáticos, y demás ornamentos masivos. Como las ceremonias fascistas que ocurrían del otro lado del Atlántico, estos eventos reemplazaron la posibilidad del pensamiento crítico con el mero gozo estético. Y, a pesar de que México nunca sucumbió realmente al fascismo, la fotografía en la figura 82 es una muestra palmaria del grado en que el espectáculo de la política mexicana se asemejaba a los eventos fascistas. A pesar de que la foto parece retratar a un hombre haciendo el saludo típico de los nazis, ésta imagen muestra al presidente Emilio Portes Gil saludando a las masas entusiastas en el Estadio Nacional durante su toma de posesión en 1928. Portes Gil, como se sabe, fue uno de los títeres a través de los cuales Plutarco Elías Calles, en una clara muestra de desprecio por las normas electorales, continuó gobernando el país hasta 1934. Es altamente proba-

Figura 82: Toma de protesta de
Emilio Portes Gil en el Estadio
Nacional, 1928.
Cineteca Nacional, México, D.F.

ble que, durante la toma de posición de Portes Gil, los espectadores no
estuvieran pensando en los planes maquiavélicos de Calles, sino en los
elaborados diseños masivos que tenían delante.

CONCLUSIÓN

Hasta ahora hemos visto cómo los eventos estadiogénicos tienen al menos
tres características que los distinguen de otro tipo de espectáculos: eran
representados por y para las masas, hacían uso de diseños humanos, y eran
vehículos para la propagación de la ideología fascista –sobre todo porque
contribuían a la estetización de los eventos políticos–.

El Estadio Nacional sirve de coda a esta larga conversación sobre los
artefactos tecnológicos, ya que su historia está muy estrechamente vincu-
lada con la de los artefactos y figuras discutidos en este libro: Rivera pintó
los murales en su fachada, Modotti lo fotografió, Kyn Taniya le dedicó un
poema, y Jara construyó una réplica de cemento en Xalapa. La ceremonia
inaugural del estadio, así como otros eventos importantes que ocurrieron
en él, fueron transmitidos por radio, de manera que el Estadio Nacional también formó parte de la «locura del radio» que se apoderó de la
audiencia mexicana. El estadio también fue un ejemplo clarísimo de cuán
fácilmente las ambiciones utopistas de un gobierno pueden degenerar
en en distopías pesadillescas. El estadio y su enaltecimiento de la raza y

los diseños humanos representan el lado oscuro de los planes idealistas de Vasconcelos.

Los estadios tienen mucho en común con los demás artefactos que se discutieron en este libro y, especialmente, con la fotografía, como bien apunta Benjamin en su ensayo «La obra de arte...»: «En eventos masivos —escribe—, las masas se enfrentan cara a cara consigo mismas. Este proceso, cuya importancia no necesita enfatizarse, está estrechamente vinculado con el desarrollo de las tecnologías de reproducción y grabación».[54]

Benjamin señala dos similitudes importantes entre los estadios y «las tecnologías de reproducción y grabación», como lo son la radio y la fotografía. Antes que nada, tanto los estadios como los nuevos medios fueron fenómenos de masas, inventos diseñados para propagar información a cientos de miles de personas; los estadios, como la fotografía y el cine, constituyen un medio masivo. Segundo, los estadios, como otros artefactos discutidos en este libro, le deben su existencia al auge de tecnologías de reproducción: la escala de los eventos celebrados en estadios es demasiado grande para ser vistos por el ojo, de manera que dichos eventos presuponen la existencia de una extensión mecánica o técnica de la vista. «Los movimientos masivos —explica Benjamin— son capturados mejor y más fácilmente por una cámara que por el ojo. Una vista de pájaro es la mejor manera de captar una reunión de cientos de miles de personas».[55] Como los rascacielos, las torres de radio y otras construcciones típicas de la modernidad, los eventos de los estadios fueron diseñados para la cámara —y especialmente para las perspectivas oblicuas que discutimos en el primer capítulo. Kracauer llega a una conclusión semejante cuando compara los ornamentos de masas con las «fotografías aéreas de paisajes y ciudades».[56] Los estadios, como las cámaras, las máquinas de escribir, la radio y el cemento, son un subproducto de la época de la reproductibilidad técnica —y por eso mismo los fotógrafos y cineastas como Modotti y Riefenstahl fueron admiradores entusiastas de los estadios.

EPÍLOGO
TEPITO EN LA MADRUGADA

«Baltimore, en la madrugada, es la mejor imagen para resumir el inconsciente».

JACQUES LACAN (1966)

En las primeras horas del día, mientras la ciudad se va llenando de coches, las calles de Tepito se convierten en un enorme mercado al aire libre. Los vendedores ambulantes se adueñan de cada centímetro de asfalto: laberinto de lonas rosas y azules, rompecabezas de puestos improvisados donde se exhiben chácharas y «chingaderitas». Las multitudes urbanas —soldados, mujeres de largas trenzas negras, colegialas enfundadas en camisetitas naranjas fosforescentes— pasan entre los marchantes, indiferentes a los pregones de los merolicos: «¿Qué va a llevaaar?», «Pásele, pásele, páaaasele», «Productos de calidad ofreeece a la venta, treeees por cinco peeeesos», «Ándele güero, ándele chatita».

Pero el mercado de Tepito no es un mercado de artesanías cualquiera: no hay ni alebrijes oaxaqueños ni rebozos tejidos a mano. En cambio, los marchantes ofrecen mercancía útil y barata, más popular entre los consumidores. Un puesto se especializa en televisiones: aparatos programables, manipulables por control remoto, todas sintonizadas al mismo canal local y apiladas en una gran pirámide, sobre una lona de plástico. Del otro lado de la calle, un vendedor acomoda una docena de celulares en cruz sobre una manta azul que cubre un tramo de banqueta. A un costado, una pareja joven inspecciona un refrigerador Whirpool —artilugio desproporcionado que empequeñece al de por sí chaparro marchante—. En otros puestos: la versión pirata de la nueva película de Salma Hayek, taladros eléctricos, teléfonos transparentes, estéreos robados, «guoqui-toquis», motores de coches, máquinas de fax, antenas, aspiradoras, y despertadores que te dan los buenos días. Como bien se sabe, para conectar sus aparatos, los vendedores se cuelgan de los postes de luz, de manera que más que las fachadas despostilladas de los edificios coloniales, lo que el peatón ve desde abajo son las marañas interminables de cables de luz. Los vendedores menos afortunados zigzaguean las calles cargando chucherías –llaveros musicales, juguetes de pilas, calculadoras– entre los dedos, como decoraciones suspendidas en un árbol de navidad. Pero no todo gira alrededor de los *gadgets*. En algunas esquinas, hay mujeres con grandes canastas de mimbre, vendiendo alegrías y fruta cubierta; hay albañiles apiñados en torno a cocineras regordetas que distribuyen generosas porciones de menudo desde ollas humeantes; hay niños pequeños, descalzos, que estiran la mano mecánicamente a los peatones inconmovibles. No parece haber ninguna lógica en el vaivén de las calles de Tepito, donde los oficinistas rozan hombros con albañiles, y éstos con los concheros –esa estirpe *new age*, eternamente semidesnuda, bailando a la sombra de la catedral más antigua y más grande de América. En las primeras horas de la mañana, Tepito no es más que una confusa maraña de contradicciones culturales.

Es posible que Tepito no sea, como el Baltimore de Lacan, «la mejor imagen para resumir el inconsciente», pero sí resulta ser un punto de vista provocativo para reflexionar sobre la evolución de las redes discursivas desde el periodo hemos estudiado en este libro, hasta estos primeros años del siglo veintiuno. Los estéreos de coche robados y los teléfonos celulares que se venden todos los días en el mercado de Tepito son artefactos semejantes a las primeras cámaras, máquinas de escribir y radios de los primeros años del siglo xx. Sin embargo, sus repercusiones en la esfera cultural no podrían ser más distintas. Durante las primeras dos décadas del siglo veinte, los artefactos tecnológicos ejercieron una fascinación poderosísima sobre los escritores y artistas: los radios y las cámaras no se percibían como máquinas meramente útiles y eficientes, sino que se celebraban como los heraldos de una nueva era, mensajeros de una revolución tecnológica que mejoraría radicalmente cada uno de los aspectos de la experiencia humana. En contraste, los miles de aparatejos que se venden hoy en día en Tepito carecen de un valor simbólico semejante –son mercancías banales, destinadas a venderse entre restaurantes de comida corrida y puestos de tacos callejeros, sin más valor que lo que se vende en un puesto de frutas y verduras.

Pero, ¿cuáles eran estos poderes simbólicos con los que aparentemente estaban dotados los primeros artefactos tecnológicos y de los cuales los nuevos *gadgets* carecen por completo? Entre los atributos maravillosos de los primeros artefactos, ninguno resultó tan importante como su conexión con el pensamiento utopista. Las cámaras, máquinas de escribir, radios, estadios y otras construcciones de cemento incitaron a los escritores y artistas a imaginar utopías tecnológicas: nuevos mundos en donde las máquinas y los progresos industriales llevarían a México –y al mundo– a un futuro idílico.

El pensador que expresó con mayor claridad esta visión utópica del futuro fue, sin duda, José Vasconcelos. Como vimos en el capítulo quinto, Vasconcelos imaginaba Universópolis, capital futura de la raza cósmica, como una ciudad dominada por la tecnología: los técnicos e ingenieros controlarían presas y turbinas para impulsar el desarrollo de América Latina. Vasconcelos creía que la tecnología no sólo llevaría a Latinoamérica a una etapa de prosperidad, de desarrollo económico, y de superioridad industrial, sino que también conduciría a las naciones de la raza cósmica a la utopía máxima: el «periodo estético», o la etapa de gloria y plenitud espiritual máximas, cúspide de la civilización, que Vasconcelos describe como la versión terrenal del Reino de los Cielos. Todas estas esperanzas y aspiraciones se materializaron, hasta cierto punto, en el Estadio Nacional, primera construcción de Universópolis.

En contaste con Universópolis, un espacio firmemente arraigado en las tradiciones y geografía de América Latina, la utopía tecnológica de Diego Rivera estaba localizada en Estados Unidos. Desde sus primeros murales en San Francisco, el pintor concibió al vecino del norte como la tierra en donde las máquinas habían liberado a la raza humana de la «pesadez y el sufrimiento». Pero el mural de Detroit de Rivera también muestra que el pensamiento utopista no logra mitigar las contradicciones a las que nos somete la realidad: como vimos en la introducción, ese panorama en total armonía representado en *Industria de Detroit* no podría ser más lejano a las terribles condiciones que debían enfrentar los trabajadores en 1932.

Para representar su utopía tecnológica, Rivera tuvo que soslayar no sólo el verdadero Detroit sino también al México de los treinta. En todas sus representaciones celebratorias de la industria, las fábricas y las máquinas, es difícil encontrar siquiera una sola referencia a las contradicciones e injusticias que caracterizaron los esfuerzos de modernización de la era posrevolucionaria. Lejos de aplaudir los avances tecnológicos como la tabla de salvación que Rivera pintó, los mexicanos recibieron los artefactos de la modernidad con sentimientos encontrados –actitud que refleja las diferencias históricas que separaron a México de las naciones industrializadas que inventaron estos artefactos. Para la banda de revolucionarios analfabetas de *Los de abajo*, las máquinas de escribir no eran un invento maravilloso que transformaría la escritura, sino un artículo curioso que pronto se convirtió en una carga opresiva.

En contraste con Vasconcelos y Rivera, Tina Modotti no imaginaba un mundo nuevo redefinido por la tecnología, pero sus fotos revelan una visión moldeada por el utopismo tecnológico. Su trabajo celebra la modernidad mexicana, desde los tanques de petróleo y los cables de teléfono, hasta los edificios construidos por el gobierno posrevolucionario. Como vimos en el capítulo primero, el entusiasmo de Modotti por la tecnología la condujo a encomiar proyectos que, en última instancia, resultaban completamente antitéticos a sus puntos de vista políticos. Se entiende perfectamente que Modotti haya fotografiado escenas políticas, como la de los trabajadores leyendo un periódico comunista, la marcha del día del Trabajo, o la alegoría de la revolución en *Composición: mazorca, guitarra y canana* (1927). Pero, ¿por qué una activista radical celebra el estadio de José Vasconcelos, ese templo al discurso protofascista de la raza y el espíritu? Al menos en este caso, Modotti parece haber caído en la misma trampa que Rivera: su utopismo tecnológico la cegó ante las implicaciones políticas de los proyectos modernos que apoyaba.

Mientras Vasconcelos comenzó a construir una utopía latinoamericana y Rivera pintaba utopías tecnológicas, los poetas Kyn Taniya y Manuel Maples Arce creyeron que el radio llevaría a la utopía global. Como se discutió en el capítulo tercero, Kyn Taniya —como Rudolph Arnheim y otros teóricos de la radio de los veinte y los treinta— celebró la capacidad de la radio para acortar distancias, franquear fronteras y mitigar diferencias entre naciones. Con el advenimiento de la comunicación inalámbrica, todas las naciones formarían parte de una comunidad radiofónica —ambición utópica simbolizada por la imagen, muy común en la poesía vanguardista, de un cielo nocturno atravesado por ondas de radio que llevaban, en clave, desde conciertos de jazz hasta mensajes de amor. Estas transmisiones globalizadas estaban disponibles para todos, en cualquier parte, «por el precio de un dólar», y la tecnología inalámbrica prometía volver accesible, para cualquier persona en cualquier parte, la utopía global.

Mientras los estridentistas imaginaban una utopía inalámbrica e inmaterial, proyectada en el cielo nocturno, Federico Sánchez Fogarty imaginaba un mundo sólido e indestructible, firmemente plantado en el suelo —una utopía de concreto armado—. Embriagado por una suerte de impulso mesiánico, el publicista predicaba la llegada de la «edad del concreto» y trató de convertir a arquitectos e ingenieros a la religión del cemento. En las páginas de *Cemento*, Sánchez Fogarty publicó innumerables artículos técnicos sobre los detalles de los procedimientos para construir casas de cemento, caminos de cemento, fábricas de cemento, muebles de cemento y hasta albercas de cemento[1] —un mundo completamente nuevo, «eterno» e «indestructible»—. Pero el cemento era utópico no sólo por su fuerza y resistencia como material de construcción: también apareció como un antídoto simbólico a los males de la Revolución Mexicana —una especie de pegamento para reparar el tejido social y contrarrestar las tensiones y divisiones que habían conducido a la guerra civil.

Como la radio, el cemento era antitético al nacionalismo mexicano. En contraste con el resurgimiento nacionalista de los años veinte, la arquitectura de cemento que Sánchez Fogarty defendía menospreciaba el contexto específicamente nacional a favor de un estilo internacional. Los edificios funcionalistas hechos de cemento eran todos iguales, estuvieran en París, la ciudad de México, o Chicago, y el nuevo estilo liberaría a la arquitectura de la tiranía de las particularidades nacionales, colocando los edificios de cemento en la estética internacional de la modernidad. Entrar a un edificio de cemento producía el mismo efecto que sintonizar una radio: uno experimentaba una transportación repentina a un mundo moderno, cosmopolita, posibilitado por la tecnología. Como la radio, el cemento prometía un cosmopolitismo que en algún momento diluiría las fronteras nacionales.

Las utopías tecnológicas imaginadas por figuras como Rivera, los estridentistas, Sánchez Fogarty o Vasconcelos tenían una característica en común: estaban localizadas, no en México, sino *en alguna otra parte*. Vasconcelos había imaginado Universópolis, capital de la raza cósmica, en algún lugar remoto de Brasil, cerca de las cataratas de Iguazú; Rivera situaba el paraíso de sus obreros en Detroit; los estridentistas proyectaban su sueño de una utopía global en un cielo imaginario; y Sánchez Fogarty promovía una utopía de cemento cuyos edificios, aunque situados en suelo mexicano, pertenecían al estilo internacional de la arquitectura funcionalista.

Pero, ¿por qué están estas utopías invariablemente localizadas fuera de México? Quizá porque la realidad tecnológica del México de los veinte y los treinta estaba lejos de ser utópica. El país había aceptado la llegada de tecnologías modernas como el radio y la arquitectura de cemento, pero el desarrollo social y económico había sido desigual y hasta azaroso: los últimos modelos de la Ford transitaban por avenidas afrancesadas al lado de carretas tiradas por burros; los radiorreceptores transmitían jazz mientras los mariachis seguían entonando corridos revolucionarios; las estructuras funcionalistas de cemento compartían cuadra con iglesias barrocas. La modernidad había llegado a México, pero no reemplazó el pasado premoderno; coexistía con él, y la vida de la capital se convirtió en una yuxtaposición paradójica de artefactos ultramodernos y rituales conservadores, de ambiciones cosmopolitas y tendencias nacionalistas, tal como Tepito en las primeras horas de la mañana. Cuando los pensadores mexicanos imaginaban utopías modernas, solían concebir un mundo coherente, ordenado y uniformemente desarrollado —un espacio cuya congruencia era diametralmente opuesta al revoltijo anárquico de los periodos históricos que siempre ha sido nuestro país.

Las redes discursivas que se consideraron en este libro eran utópicas en más de un sentido: los escritores y artistas no sólo pensaban que los artefactos tecnológicos conducirían a la postre a un mundo más desarrollado, sino que también creían que la tecnología revolucionaría las prácticas estéticas. Entre estas figuras, los pensadores más progresistas no se conformaban con representar la tecnología, sino que buscaron explorar el potencial de los nuevos medios mecánicos, inventando estrategias de representación tan modernas e innovadoras como las máquinas que querían emular.

Como vimos en el capítulo primero, Tina Modotti fue la primera en México que vio en la fotografía una forma radicalmente nueva de la representación estética. A diferencia de los fotógrafos pictorialistas, que insistían en la continuidad entre la pintura y su oficio, Modotti utilizó técnicas —como los *close-ups*, los enfoques puntuales y las perspectivas oblicuas— que sólo podían lograrse con un instrumento mecánico como la cámara. Mientras los pictorialistas hacían fotos que parecían pinturas, Modotti producía imágenes que enfatizaban el estatus de la fotografía como una tecnología que innovaba la representación visual.

Mientras Tina Modotti exploraba el impacto de la tecnología sobre la representación visual, los entusiastas de la máquina de escribir, como Maples Arce y Mário de Andrade, quisieron crear una nueva escritura mecanogénica. Como otros escritores de las vanguardias, Maples Arce creía que la tecnología, además de transformar la vida cotidiana, también revolucionaría las técnicas de escritura. «Máquina de escrever» no sólo celebra la máquina de escribir, sino que lo hace a través de técnicas experimentales. En ese poema, como en la foto de Modotti de la máquina de escribir de Julio Antonio Mella, la técnica de representación está en sintonía con el tema o materia de representación.

Entre los nuevos inventos del siglo veinte, la radio fue el más exitoso en términos de la red discursiva que produjo en torno suyo. Para capturar la experiencia de estar escuchando las transmisiones de un radiorreceptor, Kyn Taniya viola la mayoría de las convenciones poéticas –el ritmo, la métrica regular, la puntuación, y hasta los espacios gráficos– y crea un lenguaje capaz de transmitir el bombardeo acústico de las voces y estilos musicales dispares que se entremezclan cuando se sintoniza un radio. El resultado fue una forma poética radicalmente nueva, tan innovadora técnicamente en el campo de la literatura como lo fue la radio en el campo de la comunicación. Como Modotti y Andrade, Kyn Taniya buscaba una correspondencia entre el tema y la forma, y así, inventó una poesía radiogénica para emular la radio.

Pero el impacto de la tecnología en las redes discursivas fue más allá del arte y la literatura. Así como los procesos mecánicos transformaron la representación visual y textual, la llegada del concreto armado – «el material más mecanizado», como escribió Sánchez Fogarty– revolucionó la arquitectura. Mientras las técnicas de construcción anteriores estaban basadas en la necesidad de colocar una piedra sobre otra, el cemento permitió la creación de amplias estructuras monolíticas, como el Estadio de Xalapa. Ésta, como otras innovaciones posibilitadas por el concreto, se hacían explícitas en la arquitectura funcionalista, que logró propagar una nueva «estética del cemento».

La ambición por crear utopías demostró ser más exitosa en los registros imaginarios que en la realidad. Universópolis nunca se construyó, pero las utopías textuales y pictóricas proliferaron durante los años veinte y treinta. A menudo, las repercusiones de estos experimentos utópicos trascendieron la esfera de la estética. Los estridentistas, inspirados por una visión de la radio como anuncio de una revolución lingüística, estuvieron muy involucrados con la historia de la radio en México y, de alguna manera, participaron en ella. Igualmente, las poderosas representaciones del cemento como «pegamento social» que circularon en los veinte inspiraron a arquitectos e ingenieros a usar nuevas técnicas de construcción –impulso que, en el caso del barco de cemento de Jara conduzco a un resultado históricamente desastroso, aunque simbólicamente muy afortunado. Gracias a su capacidad para extender su influencia más allá de la esfera de las creaciones estéticas, estos experimentos fueron realmente utópicos.

Modotti, Andrade, Kyn Taniya y Sánchez Fogarty fueron muy progresistas en sus respectivas búsquedas utopistas por una revolución estética modelada a partir de la revolución tecnológica posrevolucionaria. Pero no todos los apologistas de la tecnología fomentaron transformaciones tan radicales en las prácticas estéticas, y el interés en la tecnología como materia no siempre coincidió con la ambición por modernizar el medio de creación. Muchas representaciones de la tecnología, incluyendo la fotografía pictorialista y los murales de Diego Rivera, fueron paradójicas o, al menos, ambivalentes: o bien recurrían a temáticas modernas y rechazaban las técnicas modernas de representación, o bien hacían uso de técnicas innovadoras mientras se ocupaban de temas tradicionales. Así, en *Industria de Detroit* Diego Rivera celebra la maquinaria moderna de las fábricas automotrices de la Ford recurriendo al fresco, una de las técnicas de pintura más tradicionales. Los fotógrafos pictorialistas, por el contrario, utilizaban la cámara, un medio tecnológicamente innovador, para representar escenas rurales o acontecimientos de la Revolución Mexicana. Vasconcelos, por otro lado, utilizó materiales modernos para construir un estadio más bien anticuado, inspirado en modelos grecorromanos. En fin, en todos estos proyectos hay una tensión paradójica entre el medio y la materia de representación. Son obras marcadas, de alguna manera, por el desencuentro con la modernidad.

Al caminar por Tepito podemos ver cuánto ha cambiado «la modernidad», así como sus repercusiones culturales. Los artefactos tecnológicos han dejado de inspirar proyectos utópicos. En las décadas de los veinte y los treinta, artistas plásticos y escritores celebraron la llegada de la radio y las máquinas de escribir como símbolos del progreso y como herramientas para la construcción de un mundo futuro mejor desarrollado tecnológicamente, más próspero económicamente y estéticamente innovador. Pero como se puede ver en las calles de Tepito, el avance de la tecnología no cumplió su promesa utópica. A pesar de que ahora encontramos artefactos tecnológicos en cualquier parte y todo el mundo puede ser dueño de un radio, una televisión, un DVD o una computadora, la tecnología no ha mitigado los males sociales que Vasconcelos ya denunciaba en los años veinte. La pobreza sigue asfixiando al país, el desarrollo económico sigue siendo inequitativo, los políticos están más cerca de los caudillos que de los filósofos, y México sigue a la zaga de los avances que su vecino del Norte sí ha logrado. Igualmente, la mezcolanza paradójica de lo moderno y lo tradicional, que originalmente llevó a tantos artistas y escritores a imaginar utopías plenamente modernas fuera de México, sólo se ha vuelto más aguda: en las calles de Tepito, automóviles último modelo transitan junto a «diablitos» de fierro, puestos de tacos callejeros bloquean el paso a tiendas de computación, policías de guantes blancos dirigen el tráfico bajo semáforos descompuestos. La tecnología no ha creado un mundo utópico sino una distopía: una sociedad disfuncional abrumada por muchos de los mismos males que nos aquejaban en los años posrevolucionarios.

La tecnología no sólo no ha producido la utopía económica que imaginaba Vasconcelos, sino que, más gravemente aún, ha perdido su asociación original con la mejora de los males sociales –idea inherente a todas las visiones utopistas que circularon a principios del siglo pasado–. A diferencia de los estadios de cemento o la radio, con todas sus promesas de un mundo nuevo, los artefactos tecnológicos de hoy son meras mercancías, artículos para consumo personal. Quizá la pérdida de ideales sociales en el campo de la tecnología sea un ejemplo más de «el ocaso de la utopía masiva», para acuñar el término que Susan Buck-Morss utiliza para referirse a la pérdida de ideales colectivos que caracteriza la era posterior a la Guerra Fría.[2]

Sin embargo, la diferencia más radical entre los aparatos de hoy en día y aquellos que examinamos a lo largo de este libro tiene que ver con la representación. Como vimos, en los años veinte y treinta, las cámaras, estadios, máquinas de escribir y el cemento produjeron una nueva red discursiva: inspiraron murales, fotografías, poemas, novelas, revistas, y hasta concursos de artes plásticas. Los nuevos medios tuvieron un impacto profundo en el arte y la cultura. Lo que hoy en día hace falta es, precisamente, ese interés por el potencial de la tecnología para producir nuevas posibilidades de representación. Hoy, Tepito carece de una dimensión simbólica. En un momento en que la vida cotidiana en la ciudad de México está crecientemente dominada por máquinas y computadoras, los escritores y artistas contemporáneos parecen no interesarse en absoluto por la relación entre la tecnología y la representación. Millones de mexicanos están conectados diariamente al Internet, y sin embargo, no existen novelas recientes, de consideración, que exploren el impacto de esta red universal sobre la escritura; en Tepito, los turistas mexicanos y extranjeros disparan sus cámaras digitales, pero ningún fotógrafo reconocido ha considerado seriamente el impacto de la digitalización sobre el medio fotográfico. La tecnología ha dejado de despertar la curiosidad y la imaginación no sólo de los artistas y escritores, sino también de la gente común. Incluso uno de los inventos recientes más disparatados y maravillosos, el «Wi-Fi», carece de poderes de seducción suficientes para suscitar una reacción en el medio artístico. Nadie se pregunta cómo es que estos *gadgets* pueden permitirnos —u obligarnos— a utilizar el lenguaje de forma distinta, cómo transformarán la escritura, o cómo producirán una nueva «imaginación Wi-Fi». Nos hemos acostumbrado a utilizar máquinas que ni siquiera entendemos, y sus mecanismos ya no despiertan nuestra curiosidad ni excitan nuestra imaginación.

La tecnología, al parecer, ha perdido su poder simbólico. En las primeras décadas del siglo anterior, las cámaras, máquinas de escribir, radios, el cemento y los estadios se transformaron en símbolos poderosos, en metáforas del poder, del progreso, de la unidad social y de la gloria colectiva. Como todo tropo, estas metáforas tecnológicas permitieron que una cultura —la del México posrevolucionario— expresara sus miedos y deseos, contemplara su pasado, y reflexionara sobre su futuro. Pero hoy en día, para citar un título de una obra surrealista de los años veinte, ya no hay juego. La tecnología ya no se utiliza como metáfora sino como mera mercancía de consumo, y nuestra cultura, a diferencia del mundo de Modotti, Andrade, Kyn Taniya, Sánchez Fogarty o Vasconcelos, está privada de los placeres lúdicos de lo simbólico.

NOTAS

Introducción

1. Citado en Linda Bank Downs, *Diego Rivera: The Detroit Industry Murals* (Nueva York y Londres: The Detroit Institute of Arts y W.W. Norton and Company, 1999), p. 34.

2. Diego Rivera y Gladys March, *My Art, my Life* (Nueva York: Dover Publications, 1991), pp. 111-112.

3. Manuel Gutiérrez Nájera, «El movimiento literario en México», en *Obras*, vol. 1, (México: Universidad Nacional Autónoma de México, 1959), pp. 191-192.

4. Octavio Paz, *Cuadrivio: Darío, López Velarde, Pessoa, Cernuda* (Mexico: Joaquín Mortiz, 1971), p. 20.

5. Patrick Marnham, *Dreaming with His Eyes Open: A Life of Diego Rivera* (Nueva York: Knopf, 1998), p. 170.

6. Walter Benjamin, «The Work of Art in the Age of Its Technological Reproducibility (tercera versión)», en Howard Eiland y Michael W. Jennings, ed., *Selected Writings, vol. 4*, (Cambridge: Harvard University Press, 2002), p. 257.

7. Citado en Jorge Schwartz, *Las vanguardias latinoamericanas: textos programáticos y críticos* (Madrid: Cátedra, 1991), p. 45. A pesar de que Vallejo se estaba refiriendo a la poesía, su argumento aplica a otras artes.

8. El libro de Moholy-Nagy, *Von Material zu Architektur*, fue traducido al inglés como *The New Vision* (Nueva York: Wittenborn and Company, 1930); Alexandr Rodchenko, «The Paths of Modern Photography», en Christopher Phillips, ed., *Photography in the Modern Era: European Documents and Critical Writings 1913-1940* (Nueva York: Metropolitan Museum of Art / Aperture, 1989), p. 262; David Alfaro Siqueiros, «A Transcendental Photographic Work: The Weston-Modotti Exhibition», en Amy Conger y Beaumont Newhall, eds., *Edward Weston Omnibus: A Critical Anthology* (Salt Lake City: Peregrine Smith Books, 1984), pp. 19-20.

9. Albert Renger Patzsch, «Photography and Art», en Phillips, *Photography in the Modern Era*, p. 143.

10. Rodchenko, «The Paths of Modern Photography», pp. 258-259.

11. *Ibid.*

12. Citado en Sybil Moholy Nagy, *Moholy-Nagy: Experiment in Totality* (Cambridge: MIT Press, 1969), p. 12.

13. Downs, *The Detroit Industry Murals*, pp. 60-61.

14. Ibid., 11; 143; 145. Ver también: Terry Smith, *Making the Modern: Industry, Art, and Design in America* (Chicago: University of Chicago Press, 1993), pp. 93-140.

15. Downs, *The Detroit Industry Murals*, p. 144.

16. *Ibid.*, p. 145.

17. Rosalind Krauss, *The Originality of the Avant-Garde and Other Modernist Myths* (Cambridge: MIT Press, 1985), pp. 204-211.

18. Downs, *The Detroit Industry Murals*, p. 146.

19. Desmond Rochfort, *The Murals of Diego Rivera*, Londres: Journeyman, 1987, p. 67.

20. Rivera, *My Art, My Life*, p. 122.

21. Smith, *Making the Modern*, pp. 210-213. Ver también: Max Kozloff, «Diego Rivera Frescoes of the Modern Industry at the Detroit Institute of the Arts», *Artforum* (noviembre, 1973), pp. 58-63; Laurance P. Hulburt, *The Mexican Muralists in the United States* (Albuquerque: University of New Mexico Press, 1989), p. 148; David Craven, *Diego Rivera as Epic Modernist* (Nueva York: GK Hall, 1997) pp. 143-145.

22. Friedrich A. Kittler, *Gramophone, Film, Typewriter* (Stanford: Stanford University Press, 1999), p. xxix.

23. Citado en: Kittler, *Discourse Networks: 1800/1900* (Stanford: Stanford University Press, 1990), p. 196.

24. Theodor Adorno, «The Curves of the Needle», *Essays on Music*, ed. Richard Leffert (Berkeley: University of California Press, 2002), pp. 271-287.

25. Kittler, *Gramophone, Film, Typewriter*, p. 14.

26. *Ibid.*, p. xxx.

27. Carleton Beals, *Mexican Maze* (Philadelphia y Londres: J.B. Lippincott Co., 1931), p. 152.

28. Carlos Chávez, *Toward a New Music: Music and Electricity* (Nueva York: Norton, 1937).

29. Beatriz Colomina, *Privacy and Publicity: Modern Architecture as Mass Media* (Cambridge: MIT Press, 1994), pp. 15, 73.

1. Tina Modotti, carta inédita a Manuel Álvarez Bravo, 25 de marzo de 1931, colección de Colette Álvarez Bravo Urbajtel.

2. Tina Modotti, «Photos als Waffe der RH-Agitation», MOPR 7:3 (marzo, 1932), pp. 10-11. Traducido al inglés como «Photography as Weapon», en *History of Photography* 18:3 (1994), p. 286.

3. Tina Modotti, «Sobre la fotografía», *Mexican Folkways* 5 (octubre-diciembre, 1929), p. 196.

4. Snapshot (pseudónimo), «Conversaciones sobre el arte en fotografía», *El Universal Ilustrado* 503 (30 de diciembre de 1926), p. 8.

5. *Ibid.*

6. Alfred Stieglitz, «Pictorial Photography», en Alan Trachtenberg, ed., *Classic Essays on Photography* (New Haven: Leete's Island Books, 1980), pp. 117-118.

7. *Ibid.*, p. 116.

8. *Ibid.*, p. 122.

9. *Ibid.*, p. 119.

10. Las fotos de Silva aparecieron en los siguientes números de *El Universal Ilustrado*: no. 395 (4 de diciembre de 1924), p. 25; no. 541 (21 de septiembre de 1927), p. 21; no. 583 (12 de julio de 1928), p. 15; un obituario apareció en el no. 674 (10 de abril de 1930), p. 10.

11. «Un retrato de Silva en 10 minutos», *El Universal Ilustrado* 395 (4 de diciembre de 1924), pp. 25, 53.

12. Walter Benjamin, «Little History of Photography», *Selected Writings: Vol. 2*, ed. Michael W. Jennings, Howard Eiland, *et al.* (Cambridge: Harvard University Press, 1999), pp. 515-517.

13. Diego Rivera, «Edward Weston and Tina Modotti», *Mexican Folkways*, vol. 2, no. 1 (abril-mayo, 1926), p. 16.

14. David Alfaro Siqueiros, «A Transcendental Photographic Work: The Weston-Modotti Exhibition», p. 19.

15. *Ibid.*, pp. 19-20.

16. *Ibid.*, p. 20.

17. Modotti, «Sobre la fotografía», p. 196.

18. Tina Modotti, carta a Edward Weston, 18 de septiembre de 1928, en Amy Stark, ed. *The Letters from Tina Modotti to Edward Weston* (Arizona: Center for Creative Photography, 1986), p. 56.

19. Edward Weston, *Daybooks of Edward Weston*, ed. Nancy Newhall (Nueva York: Aperture, 1973), p. 99.

20. *Ibid.*, p. 21.

21. Rodchenko, «The Path of Modern Photography», en Christopher Phillips, ed., *Photography in the Modern Era: European documents and critical writings 1913-1940* (Nueva York: Metropolitan Museum of Art / Aperture, 1989), p. 256.

22. *Ibid.*, p. 258.

23. *Ibid.*

24. *Ibid.*, pp. 258-259.

25. *Ibid.*, p. 259.

26. Existe un segundo ejemplo de este nombrar y renombrar imágenes: *Woman with Flag* (*Mujer con bandera*), de 1928. *New Masses* la publicó bajo el título: «Mexican Miner's Wife Picketing Before a Mine in Jalisco» («Mujer de minero mexicano protestando frente a mina en Jalisco»). Pero un año después, una publicación soviética, *Puti Mopra* [17 (1929)] y la publicación alemana *AIZ* [17 (1931)], la identificaron como «Woman with Red Flag» («Mujer con bandera roja») y «Woman with a Black Anarco-Syndicalist Flag» («Mujer con bandera negra anarcosindicalista»). Véase: Christiane Barckhausen-Canale, *Verdad y leyenda de Tina Modotti* (La Habana: Casa de las Américas, 1989), p. 239.

27. Carleton Beals, «Tina Modotti», *Creative Art* vol. IV, no. 11 (febrero, 1929), p. l.

28. Walter Benjamin, «The Work of Art in the Age of Its Technological Reproducibility (tercera versión)», *Selected Writings: Vol. 4*, ed. Howard Eiland and Michael W. Jennings (Cambridge: Harvard University Press, 2002), p. 258.

29. En alemán, el texto dice: «Wird die Beschriftung nicht zum wesentlichen Bestandteil der Aufnahme werden?», Walter Benjamin, «Kleine Geschichte der Photographie», *Gesammelte Schriften* (Frankfurt: Suhrkamp Verlag, 1972-1981), II, p. 385.

30. Walter Benjamin, «A Small History of Photography», *One-way Street and Other Writings*, traducción de Edmund Jephcott and Kignlsey Shorter (London: New Left Books, 1979), p. 256. Jephcott y Shorter traducen el término alemán «Beschriftung» como «caption» («leyenda» o «pie de foto») pero Eiland y Jennings lo traducen como «inscription» (inscripción). Véase: Benjamin, «Little History of Photography», *Selected Writings: Vol. 2*, ed. Michael W. Jennings, Howard Eiland, *et al.* (Cambridge: Harvard University Press, 1999), p. 527.

31. Eduardo Cadava, *Words of Light: Theses on the Photography of History* (Princeton: Princeton University Press, 1992), p. 20.

32. Leah Ollman, *Camera as Weapon: Worker Photography Between the Wars* (San Diego: The Museum of Photographic Arts, 1991), p. 25.

33. *Ibid.*, pp. 22-24.

34. Modotti, «Photography as Weapon», p. 289.

35. *Ibid.*

36. Denis Hollier, «Surrealist Precipitates: Shadows Don't Cast Shadows», *October* 69 (verano de 1994), p. 115.

37. Rosalind E. Krauss, *The Originality of the Avant-Garde and Other Modernist Myths* (Cambridge: MIT Press, 1985), p. 204.

38. *Ibid.*, p. 211.

39. Charles Sanders Peirce, «Theory of Signs», Justus Buchler en, *Philosophical Writings of Peirce*, capítulo 3, (Nueva York: Dover, 1955), p.114.

Capítulo segundo

1. Friedrich Kittler, *Discourse Networks* (Stanford: Stanford University Press, 1990), p. 193.

2. Richard Current, *The Typewriter and the Men who Made It* (Urbana: University of Illinois Press, 1954), p. 71.

3. Martin Stingelin, «Comments on a Ball: Nietzsche's Play on the Typewriter», en Gumbrecht *et al.* ed., *Materialities of Communication*, (Stanford: Stanford University Press, 1994), p. 21.

4. Theodora Bosanquet, *Henry James at Work* (Londres: Hogarth Press, 1924), p. 3.

5. Martin Heidegger, *Parmenides*, traducción de André Schumer y Richard Rojcewikz (Bloomington: Indiana University Press, 1988), pp. 80-81.

6. Manuel Gutiérrez Nájera, «El movimiento literario en México», en *Obras*, vol. 1 (México, DF: Universidad Nacional Autónoma de México, 1959), pp. 191-192.

7. Mariano Azuela, *Los de abajo*, en *Obras completas*, (México, D.F.: Fondo de Cultura Económica, 1976), I, p. 363.

8. Azuela, *Sin Amor*, en *Obras*, I, p. 261.

9. Azuela *Sin amor* y *Mala yerba*, en *Obras*, III, p. 1054ss.

10. Azuela, *Sin Amor*, I, p. 307.

11. Azuela, *Los de abajo* en *Obras*, III, pp. 1080-81.

12. Stanley L. Robe, *Azuela and the Mexican Underdogs* (University of California Press, 1979), p. 68.

13. Francisco Monterde, *Mariano Azuela y la crítica mexicana*, (México, D.F.: Secretaría de Educación Pública, 1973), p. 323.

14. Frank T. Masi, *The Typewriter Legend*, (Secaucus: Matsushita Electric Corporation of America, 1985), p. 110.

15. Azuela, *La luciérnaga*, en *Obras*, i: 594. El énfasis es mío.

16. Masi, *Typewriter Legend*, p. 61.

17. Michael H. Adler, *The Writing Machine* (Londres: George Allen & Unwin Ltd, 1973), p. 322. Para la historia de la máquina de escribir Oliver, véase también: Paul Lippman, *American Typewriters: A Collector's Encyclopedia* (Hoboken: Original & Copy, 1992), pp. 140-145; y Bruce Bliven, *The Wonderful Writing Machine* (Londres: George Allen & Unwin Ltd, 1973), p. 108.

18. Kittler, *Gramophone, Film, Typewriter* (Stanford: Stanford University Press, 1999), p. 221.

19. Azuela, *Grandes novelistas*, en *Obras*, iii, p. 814.

20. Azuela, *El novelista y su ambiente* [ii] en *Obras*, iii, p. 1120. Las críticas de Azuela hacia los Contemporáneos lo colocan en el mismo plano que otros críticos reaccionarios como Ermilo Abreu Gómez, quienes denunciaron las técnicas narrativas modernas como meras importaciones extranjeras. El crítico opina que la relación de los Contemporáneos con la narrativa moderna respondía a una «norma europea» que distanciaba a los escritores de «la realidad de la raza mexicana» y de la «tragedia» de su historia. Ermilo Abreu Gómez, *Clásicos, románticos, modernos* (México, D.F.: Ediciones Botas, 1934), p. 217.

21. Azuela, *Ibid.* La relación de Azuela con los escritores modernos siempre estuvo marcada por los desencuentros. En 1924 los estridentistas lo consideraron un alma gemela a ellos (a pesar de que Azuela no tenía interés alguno en el futurismo o en la miríada de máquinas que inspiraba aquel movimiento), y le publicaron una edición de *Los de abajo* que tuvo amplia circulación. Y, a pesar de la repugnancia con que se expresaba Azuela sobre Gide y otros escritores homosexuales «degenerados», publicó varios textos en la revista *Contemporáneos*, dirigida por los mismos escritores a los que luego clasificó de «afeminados» y «degenerados». (En «El afeminamiento de la literatura Mexicana», Jiménez Rueda considera la narrativa naturalista como la de *Los de debajo* de Azuela, como «masculina», y descalifica los experimentos literarios modernistas por ser «afeminados»). Julio Jiménez Rueda, «El afeminamiento de la literatura mexicana», *El Universal*, 21 de diciembre de 1924.

22. Azuela, *El novelista y su ambiente*, en *Obras*, iii, p. 1113.

23. Azuela dice haber probado estas técnicas modernas, y señala tres novelas (*La malhora*, *El desquite*, y *La luciérnaga*) como productos de su coqueteo con

la literatura moderna. Luego, concluye que se sintió «pecador» por sus experimentos modernistas. Azuela, *Obras*, III, pp. 1113-18.

24. «Mi amiga la credulidad» se publicó en 1918 en la publicación neoyorquina *El Gráfico*, II: 5, p. 492. Sobre la historia de este texto, véase: Abreu Gómez, *Clásicos, románticos, modernos*, 281ss.

25. Bosanquet, *Henry James at Work*, p. 7.

26. Martín Luis Guzmán, «Mi amiga la credulidad», en *Obras Completas de Martín Luis Guzmán* (México, D.F.: Compañía General de Ediciones, 1961), p. 131.

27. *Ibid*.

28. Casualmente, la Hammond, una máquina de escribir del siglo diecinueve, tenía un teclado diseñado a partir del modelo de un piano y, de hecho, parecía un pequeño piano. Richard Current escribe: «El inventor describía el teclado de su máquina como *legato*, y el de las otras como *staccato*. Las teclas de la Hammond, se decía, pueden funcionar más como las de un piano, con los dedos sobre más de una tecla a la vez, sin que suceda un desajuste». Este modelo temprano no pudo competir con las máquinas como la Remington, y la habían descontinuado hacía algún tiempo cuando Guzmán escribió su texto. Richard Current, *The Typewriter and the Men who Made It*, p. 106.

29. Kittler, *Gramophone, Film, Typewriter*, p. 191.

30. Kittler describe el éxito de la Underwood: «Ninguno de los modelos previos a la gran innovación de la Underwood en 1897 permitían el control visual inmediato de lo que se escribía en ellos. Para leer un texto escrito en la Remington, uno tenía que levantar las planchas de la máquina...». *Gramophone, Film, Typewriter*, p. 203.

31. Masi, *Typewriter Legend*, p. 82.

32. Lippman, *American Typewriters*, p. 214.

33. Masi, *Typewriter Legend*, p. 82.

34. Frank Masi enfatiza la imitación nada exitosa que la Remington intentó hacer de las maravillas técnicas de la Underwood: «Habiéndose incorporado al siglo XX, veinte años más tarde, la administración de la Remington evidentemente consideró prudente minimizar la adopción de la [Remington] No. 10... que era lo normal desde la aparición de la Underwood». Masi, *Typewriter Legend*, p. 83. Véase también Lippman, *American Typewriters*, 157ss.

35. Sobre *Parade* de Satie: véase Roger Shattuck, *The Banquet Years: The Origins of the Avant-Garde in France, 1885 to World War One* (Nueva York: Vintage, 1968), 151ss.

36. Guzmán, «Mi amiga la credulidad», p. 133.

37. Guzmán, «Acerca del fonógrafo», en *Obras completas*, p. 100.

38. Kittler, *Gramophone, Film, Typewriter*, xxviii, p. 14.

39. «The Express Wagons of Mexico City», *Remington Notes* 1:2 (noviembre, 1907), pp. 1-2.

40. *Typewriter Topics* 28, no. 2 (junio, 1914), p. 116

41. Maples Arce, «Actual No. 1», en Jorge Schwarz, *Las vanguardias latinoameri-canas: textos programáticos y críticos* (Madrid: Cátedra, 1991), p. 269.

42. *Ibid.*, pp. 163-164

43. Mário de Andrade, «Máquina de Escrever», en *Obras completas de Mário de Andrade* (São Paolo: Livraria Martins Editôra, 1966), p. 70.

44. Citado en: Marjorie Perloff, *The Futurist Moment: Avant-Garde, Avant Guerre, and the Language of Rupture* (Chicago: University of Chicago Press, 1986), p. 39.

45. Kittler, *Discourse Networks*, pp. 194-195.

46. Heidegger, *Parmenides*, pp. 80-81.

47. *Ibid.*, p. 81.

48. Andrade, «Máquina de Escrever», p. 70.

49. *Ibid.*, p. 71

50. Flora Süssekind, *Cinematograph of Words: Literature, Technique, and Modern-ization in Brazil* (Stanford: Stanford University Press, 1997), p. 106.

51. Véase la discusión sobre la escritura radiográfica y radiogénica en el capí-tulo 3.

52. Süssekind, *Cinematograph of Words* p. 105.

53. Pedro Salinas, «Underwood Girls», en David L. Stixrude, ed., *Aventura poé-tica (antología)*, (Madrid: Cátedra, 1980), pp. 102-103.

54. Andrade, «Máquina de Escrever», p. 71.

55. Agradezco a mi colega Jussara Quadros por resolver el enigma de la «lagri-ma» y el «ponto fora de lugar», y por su generosidad al compartirlo conmigo.

56. Andrade, «Advertência: *Losango cáqui*», en *Poesias completas*, p. 67.

57. Marco Antonio de Moraes, ed., *Correspondência Mário de Andrade & Manuel Bandeira* (São Paulo: Universidad de São Paulo, 2001), p. 210.

58. *Ibid.*, p. 201.

59. Citado en: Friedrich Kittler, *Discourse Networks: 1800/1900* (Stanford: Stan-ford University Press, 1990), p. 196.

60. En la década de los veinte existían sólo dos máquinas de escribir portátiles: la Remington y la Underwood. Se puede ver que la disposición de las teclas de la Underwood corresponde a la forma de aquellas en la foto de Modotti. El carrete con la cinta entintada de la Remington está oculto bajo una cu-bierta, pero el de la Underwood es completamente visible, como muestra

la foto de Modotti. La pista definitiva viene de la disposición de las barras metálicas: en la Remington están escondidas bajo una cubierta mientras que en la Underwood están a la vista, como también se ve en la foto de Modotti.

61. Bliven, *The Wonderful Writing Machine*, pp. 120-121.

62. Los críticos se refieren a menudo a *La técnica* como una foto de las teclas de una máquina de escribir; Sarah Lowe, por ejemplo, la compara con un *close-up* de Ralph Steiner, de 1927, a las teclas de una máquina –descripción sólo parcialmente precisa porque la foto de Modotti incluye muchos otros componentes de la Underwood, así como el texto escrito en el papel. Sarah Lowe, *Tina Modotti Photographs* (Nueva York: Harry N. Abrams, 1995), p. 312.

63. Masi, *The Typewriter Legend*, p. 110.

64. André Breton, *Manifeste du surréalisme*, en *Œuvres; complètes* (París: Gallimard, 1988), p. 328.

65. *Ibid.*, p. 341.

66. Citado en: Lowe, *Tina Modotti Photographs*, p. 151, n. 236.

67. Leon Trotsky, *Literature and Revolution* (Nueva York: International Publishers, 1925), p. 253. La palabra rusa *technika* puede significar ingeniería, técnicas o tecnología, pero también, como la voz griega *techne*, puede referirse a la técnica del arte.

68. *Ibid.* p. 236. En otra parte de *Literature and Revolution*, Trotsky proporciona otro ejemplo de cómo el arte puede derivar un «propósito» de la tecnología. Trotsky señala la Torre Eiffel, enfatizando que ésta fue un fracaso cuando se acababa de construir ya que, a pesar de sus dimensiones desproporcionadas, carecía de propósito. Esta enorme falla se corrigió, empero, cuando la torre se convirtió en una antena de radio. «Si la torre se hubiese construido como antena desde un principio probablemente hubiera logrado una mayor racionalidad en su forma, y así, mayor perfección como objeto artístico. Trotsky, *Literature and Revolution*, p. 247.

Capítulo tercero

1. Rudolf Arnheim, *Radio* (Londres: Faber and Faber, 1936), p. 13-14.

2. Stephen Kern, *The Culture of Time and Space 1880-1918* (Cambridge: Harvard University Press, 1983), p. 275.

3. F.T. Marinetti, «Futurist Sensibility and the Wireless Imagination», en Marinetti, *Selected Poems and Related Prose*, ed. Luce Marinetti (New Haven: Yale University Press, 2002), p. 87.

4. Velimir Khlebnikov, «Radio of the Future», en Gary Kern, ed., *Snake Train: Poetry and Prose* (Ann Arbor: Ardis, 1976), p. 234.

5. Manuel Maples Arce, «T.S.H. El poema de la radiofonía», *El Universal Ilustrado* 308 (5 de abril de 1923), p. 19.

6. Felipe Gálvez, «Cincuenta años nos contemplan desde las antenas radiofónicas», *Comunidad*, 46 (Dic. 1973), p. 736.

7. Carlos Noriega Hope, «Notas del director», *El Universal Ilustrado*, 308 (5 de abril de 1923), p. 11.

8. Alfonso Reyes, «La radio, instrumento de la *paideia*», *Todo*, enero 21, 1945. Reimpresión en Gloria Fuentes, *La radiodifusión* (México: Secretaría de Comunicaciones y Transportes, 1987), pp. 187-190.

9. «Solemnemente fue inaugurada anoche la estación radiofónica de El Mundo», *El Mundo*, 15 de agosto de 1923, p. 1.

10. Benedict Anderson, *Imagined Communities: Reflections on the Origin and Spread of Nationalism* (Londres: Verso, 1983).

11. Gálvez, «Cincuenta años», p. 733.

12. Maples Arce, «tsh», p. 19.

13. César Vallejo, «Poesía nueva», *Favorables París Poema* (1926), en Schwarz, *Las vanguardias latinoamericanas: textos programáticos y críticos* (Madrid: Cátedra, 1991), p. 45.

14. Octavio Paz, «Poema circulatorio (para la desorientación general)», en Octavio Paz, *Obra poética* (Barcelona: Seix Barral, 1990), pp. 620-622.

15. Marjorie Perloff, *The Futurist Moment* (Chicago: University of Chicago Press, 1986), pp. 205-213.

16. Guillaume Apollinaire, *Correspondance avec son frère et sa mère*, ed. Gilbert Boudar and Michel Décaudin (París: Librairie José Corti, 1987), p. 125.

17. *Ibid.*, pp. 139-140.

18. Pierre-Marcel Adéma y Michel Décaudin, eds., *Album Apollinaire* (París: Gallimard, 1971), p. 186.

19. Apollinaire, *Correspondance*, p. 142.

20. Blaise Cendrars, «Ocean Letter», *Complete Poems*, trad. Ron Padgett (Berkeley: University of California Press, 1992), p. 150.

21. Apollinaire, estaba tan cautivado que en 1916 escribió un cuento, «Le roi Lune», sobre un fantástico aparato de radio que podía transmitir sonidos en vivo por todo el mundo, México incluido. Con sólo pulsar una tecla la máquina reproduce «las violentas plegarias que se elevan frente a un crucifijo en la ciudad de México». «Le roi Lune», *Le poète assassiné* (París: Gallimard, 1979), p. 147.

22. F. T. Marinetti, «Futurist Sensibility and Wireless Imagination», p. 87.

23. Maples Arce, «Actual No. 1», en Schwartz, *Las vanguardias*, p. 270.

24. Ignotus (pseud), «La locura del radio», *El Universal Ilustrado*, 263 (18 de mayo de 1922), p. 29.

25. *El Universal*, 17 de junio de 1923, 1:1.

26. Citado en Perloff, *The Futurist Moment*, p. 225.

27. *El Universal*, 17 de junio de 1923, 1:9.

28. *El Universal*, 17 de junio de 1923, 2:8.

29. Roald Amundsen y Lincoln Ellsworth, *First Crossing of the Polar Sea* (Nueva York: George H. Dorani, 1927), p. 230.

30. Roald Amundsen y Lincoln Ellsworth, *Air Pioneering in the Arctic: The Two Polar Flights of Roald Amundsen and Lincoln Ellsworth* (Nueva York: National Americana Society, 1929), p. 80.

31. *Ibid.*, p. 86.

32. *Ibid.*, p. 95.

33. *Ibid.*

34. *Ibid.*, p. 103.

35. *Excélsior*, 6 de junio de 1926, p. 1.

36. Jorge Mejía Prieto, *Historia de la radio y la televisión en México* (México, D.F.: Octavio Colmenares Editor, 1972), p. 34. Este episodio se repite literalmente en Gloria Fuentes, *La radiodifusión* (México, D.F.: Secretaría de Comunicaciones y Transportes, 1987), p. 71, y también se menciona en Fernando Mejía Barquera, *La industria de la radio y la televisión*, Vol. 1 (México, D.F.: Fundación Manuel Buendía A.C., 1989), p. 26.

37. *Excélsior*, 18 de junio de 1926, p. 8.

38. *Excélsior*, 25 de junio de 1926, p. 8.

39. «Amundsen y Byrd hacen elogios de *Excélsior*», *Excélsior*, 4 de junio de 1924, p. 1.

40. *Sesión solemne en homenaje al ilustre explorador de los polos Roald Amundsen*, (México, D.F.: Sociedad Mexicana de Geografía y Estadística, 1928), p. 144.

41. *Ibid.*, p. 135.

42. André Coeuroy, *Panorama de la radio* (París: Éditions Kra, 1930), p. 224.

43. *Ibid.*

44. Denis Hollier, «The Death of Paper: A Radio Play» *October*, 78 (otoño 1996), pp. 10-11.

45. *Ibid.* p. 11.

46. Salvador Novo, «Radioconferencia sobre el radio», *Toda la prosa* (México, D.F.: Empresas Editoriales, 1964), p. 23.

47. *Ibid.*

48. *Ibid.*

49. *Ibid.*

50. Ignotus, «La locura del radio».

51. Coeuroy, *Panorama de la radio*, p. 224.

52. Kyn Taniya [Luis Quintanilla], «IU IIIUUU IU», *Radio: poema inalámbrico en trece mensajes* (México, D.F.: Editorial Cultura, 1924), n/p.

53. Arnheim, *Radio*, pp. 13-14.

54. Georges Duhamel, *Defense of Letters* (Nueva York: Graystone Press, 1939), 30; 35.

Capítulo cuarto

1. Beatriz Colomina, *Privacy and Publicity: Modern Architecture as a Mass Media* (Cambridge, MIT, 1994), p. 73.

2. Sánchez Fogarty, «El polvo mágico», *Cemento*, 21 (enero de 1928), p. 30.

3. Una segunda versión, mejor distribuida, se publicó en 1929 a cargo de la Editorial Cenit en Madrid. Le siguieron otras ediciones latinoamericanas: 1932 y 1934 (Santiago: El Esfuerzo) y 1958 (México: Editora Nacional).

4. Luis Fernández Cifuentes, *Teoría y mercado de la novela en España: del 98 a la República* (Madrid: Gredos, 1982), pp. 305-306.

5. Baltasar Dromundo, «Libros, arte de la semana», *El Universal Ilustrado*, 676 (24 de abril de 1930), p. 127.

6. Feodor Vasilievich Gladkov, *Cement* (Nueva York: International Publishers, 1929), p. 13.

7. *Ibid.*, pp. 14, 17, 64.

8. *Ibid.*, p. 65.

9. *Ibid.*, pp. 309, 311.

10. *Ibid.*, p. 76.

11. Katerina Clark, *The Soviet Novel: History as Ritual* (Chicago: University of Chicago Press, 1981), pp. 72, 78.

12. *Ibid.*, p. 72.

13. *Ibid.*, p. 75.

14. Gladkov, *Cemento*, trad. José Viana (Madrid: Editorial Cenit, 1929), p. 93.

15. «La casa de concreto tiene la fortaleza de El Palacio de Hierro. El Palacio de Hierro es un palacio de concreto», *El Universal Ilustrado*, 433 (27 de agosto de 1925), p. 9.

16. Federico Sánchez Fogarty, «El concreto es eterno», *Cemento*, 21 (enero de 1928), p. 7.

17. Enrique X. de Anda Alanís, *La arquitectura de la Revolución mexicana: corrientes y estilos de la década de los veinte* (ciudad de México: Universidad Nacional Autónoma de México, 1990), pp. 50-51.

18. Sánchez Fogarty, «El polvo mágico», p. 31.

19. Onderdonk (pseud)., «Cenicienta», *Cemento* (julio de 1929), p. 19.

20. Federico Sánchez Fogarty, «Tópicos Generales», *Cemento*, 19 (noviembre de 1926), p. 25.

21. Raúl Arredondo, «Las posibilidades del concreto», *Cemento*, 25 (agosto, 1928): 28-29.

22. Martí Casanovas, «Pastelería y arquitectura», *¡30-30!*, 3 (1928), p. 8.

23. Sánchez Fogarty, *Medio siglo de cemento en México* (Ciudad de México: Cámara Nacional del Cemento, 1951), p. 34.

24. OZY [Federico Sánchez Fogarty], «Qué es el concreto», *Cemento*, 10-11 (noviembre de 1925).

25. C.A. Monroe, «Desafío», *Cemento*, 24 (julio de 1928), p. 6.

26. Federico Sánchez Fogarty, «Fue un éxito el concurso artístico de La Tolteca», *Nuestro México* 2 (marzo de 1932), p. 138.

27. La exposición se realizó en el Teatro Nacional (ahora el Palacio de Bellas Artes) del 5 al 15 de diciembre de 1931. Apareció una reseña en *Tolteca*, 21 (enero de 1932), y algunas de las obras fueron reproducidas en la sección fotográfica del *Excélsior*.

28. Sobre este concurso, véase: James Oles, «La nueva fotografía y Cementos Tolteca: una alianza utópica», *Mexicana: fotografía moderna en México, 1923-1940* (Valencia: IVAM, 1998).

29. Álvarez Bravo recibió seiscientos pesos, mismos que utilizó para comprarse una nueva cámara. Susan Kismaric, entrevista inédita con Manuel Álvarez Bravo, 7 de enero de 1996, archivos, Museum of Modern Art, Nueva York.

30. Para una descripción detallada del proceso de la manufactura del cemento, ver Sánchez Fogarty, «El polvo mágico».

31. Amédée Ozenfant y Edouard Jeanneret, *Foundations of Modern Art* (Nueva York: Brewer, Warren, and Putnam Inc., 1931), p. 284.

32. Federico Sánchez Fogarty, «¿Por qué este primer premio?» *Tolteca*, 21 (enero de 1932), p. 294.

33. Anita Brenner, *Your Mexican Holiday: A Modern Guide* (Nueva York: Putnam, 1935), p. 53.

34. Sánchez Fogarty, *Medio siglo de cemento en México* (Ciudad de México: Cámara Nacional del Cemento, 1951), p. 22.

35. Mi discusión en torno al valor de uso y el valor de culto está en la línea del ensayo de David Hollier «The Use Value of the Impossible», en donde examina el llamado del grupo Documents a encontrar un espacio de exhibición que no prive a los objetos de su valor de uso. Ver Denis Hollier, *Absent Without Leave: French Literature under the Threat of War* (Cambridge: Harvard University Press, 1997).

36. Karl Marx, *Capital: A Critique of Political Economy* (Nueva York: Modern Library, 1996), p. 42.

37. Walter Benjamin, «The Work of Art in the Age of Its Technological Reproducibility (Third Version)», Howard Eiland y Michael W. Jennings ed., *Selected Writings: Vol. 4*, (Cambridge: Harvard University Press, 2003), pp. 258-260.

38. Hollier, «Use Value», pp. 128-129.

39. «El Sr. Presidente Inauguró ayer el estadio de Jalapa», *Excélsior*, 21 de septiembre de 1925.

40. Jorge Piño Sandoval, «Iniciación de las grandes obras en el puerto de Veracruz», *Excélsior*, 21 de diciembre de 1942, p. 1.

41. Sobre Piño Sandoval, véase Baltasar Dromundo, *Rescate del tiempo* (México, 1980), p. 154.

42. Jorge Piño Saldoval, «Perfílase colosal fraude en las obras del Puerto de Veracruz», *Excélsior*, 23 de enero de 1944, p. 1.

43. Jorge Piño Sandoval, «Desenfreno administrativo en la obras de Veracruz», *Excélsior*, 11 de febrero de 1944, p. 1.

44. *Ibid*.

45. Concha de Villareal, «Hay despilfarro por impericia en la Marina», *Excélsior*, 23 de enero de 1944, p. 1.

46. Piño Sandoval, «Desenfreno administrativo en la obras de Veracruz», p. 1.

47. La revista *Time* reportó: «De todos los desquiciados intentos de ingeniería con los que Estados Unidos trató de acotar distancias en el Atlántico durante la Primera Guerra Mundial, el más descabellado fue el de su barco de concreto». «Floating Stones», *Time* (noviembre de 1941), pp. 95-96.

48. Carlos Zapata Vela, *Conversaciones con Heriberto Jara* (México: Costa Amic, 1982), p. 132.

49. Kendall E. Bailes, *Technology and Society under Lenin and Stalin: Origins of the Soviet Technical Intelligentsia, 1917-1941* (Princeton: Princeton University Press, 1978), pp. 399-400.

1. Hans Ulrich Gumbrecht, *Lob des Sports* (Frankfurt: Suhrkamp Verlag, 2005), p. 88. Véase también David Gilman Romano, *Athletics and Mathematics in Archaic Corinth: The Origins of the Greek Stadion* (Philadelphia: American Philosophical Society, 1993), p. 6.
2. En 1921 la población de la ciudad de México era de 906,000 personas INEGI, *IV Censo de Población y Vivienda* (México: Instituto Nacional de Estadística Geografía e Informática).
3. Vasconcelos, *El desastre*, en *Memorias* II (México: Fondo de Cultura Económica, 1993), pp. 248-50.
4. *Ibid.*, p. 249.
5. Valerie Fraser, *Building the New World: Studies in the Modern Architecture of Latin America, 1930-1960* (Nueva York, Londres: Verso, 2000), p. 29.
6. Vasconcelos, «El Teatro al Aire Libre de la Universidad Nacional», *El Universal Ilustrado*, 250 (1922), p. 23.
7. Vasconcelos, *El desastre*, p. 251.
8. Secretaría de Educación Pública, *El Estadio Nacional: xxv Aniversario* (México: Secretaría de Educación Pública, 1949), n/p.
9. Juan Galindo, «El enredo ocasionado por la intervención de manos en el Estadio Nacional», *Excélsior* (27 de abril de 1924), pp. 3, 7.
10. Vasconcelos, *El desastre*, p. 253.
11. Vasconcelos, *La raza cósmica*, en *Obras Completas*, vol. 2 (México: Libreros Mexicanos Unidos, 1959), p. 926.
12. *Ibid.*, p. 940
13. Vasconcelos, *Indología*, en *Obras completas*, vol. 2, p. 1293.
14. *Ibid.*, pp. 1299-1301.
15. Vasconcelos, *La raza cósmica*, p. 936.
16. *Ibid.*, p. 936.
17. Vasconcelos, *Indología*, p. 1288.
18. Fraser, *Building the New World*, p. 24.
19. Vasconcelos, *Discursos 1920-1950* (México: Ediciones Botas, 1950), p. 115.
20. Vasconcelos, *Indología*, p. 1269.
21. Vasconcelos, «El teatro al aire libre», p. 23.
22. Vasconcelos, *El desastre*, p. 252.
23. Una crónica detallada de la inauguración del Estadio Nacional aparece en los siguientes artículos: «Un poema de sol, de color, de ritmo y de entusiasmo, fue la inauguración del gran Estadio Nacional, a la que concurrieron ayer

no menos de sesenta mil personas» (*Excélsior*, 6 de mayo de 1924, II, p. 1);
«Con un grandioso festival se inauguró ayer el Estadio Nacional» (*El Universal*, 6 de mayo de 1924, II, p. 1). Vasconcelos describe la inauguración en sus memorias (*Desastre*, 252), así como en *Indología*, p. 1269ss.

24. Kyn Taniya [Luis Quintanilla], «Estadio», *El Universal Ilustrado*, 494 (28 de octubre de 1926), p. 40.

25. Irene Matthews, *Nellie Campobello: la centaura del Norte* (México: Cal y Arena, 1997), p. 73.

26. Siegfried Kracauer, *The Mass Ornament: Weimar Essays*, trad. al inglés Thomas Y. Levin (Cambridge: Harvard University Press, 1995), p. 75.

27. *Ibid.*, pp. 77, 75.

28. *Ibid.*, p. 75.

29. *Ibid.*, p. 77.

30. Kyn Taniya, «Estadio».

31. Kracauer, *The Mass Ornament*, p. 78.

32. *Ibid.*, p. 85.

33. Elias Canetti, *Crowds and Power*, trad. al inglés Carol Stewart (Nueva York: Farrar, Straus and Giroux, 1984).

34. Richard D. Mandell, *The Nazi Olympics* (Urbana: University of Illinois Press, 1987), p. 38.

35. Albert Speer, *Inside the Third Reich*, trad. al inglés Richard y Clara Winston (Nueva York: Simon and Schuster, 1970), p. 80.

36. *Ibid.*, p. 68.

37. *Ibid.*, pp. 68-70.

38. Antonio E. Méndez Vigatá, «Politics and Architectural Language», en Edward R. Burian, ed., *Modernity and the Architecture of Mexico* (Austin: University of Texas Press, 1997), p. 69.

39. Vasconcelos, *El Desastre*, pp. 248-249.

40. Speer, *Inside the Third Reich*, p. 68.

41. Vasconcelos, *El Desastre*, p. 253.

42. *Ibid.*

43. Vasconcelos, *El Proconsulado*, en *Memorias*, II, p. 892.

44. Vasconcelos, *El Desastre*, p. 436.

45. Itzhak Bar-Lewaw, *La revista* Timón *y José Vasconcelos* (México: Edimex, p. 1971).

46. «Hay que hacer limpieza», *Timón*, 8 (13 de abril de 1940): 44; p. 220.

47. «Judaísmo vs. catolicismo: 15 millones contra 2,000 millones», *Timón*, 12

48. José Vasconcelos, Editorial, *Timón*, 15 (1 de junio de 1940), p. 5.

49. José Vasconcelos, «La inteligencia se impone» *Timón*, 16 (8 de junio de 1940), p. 9.

50. José Joaquín Blanco, *Se llamaba Vasconcelos* (México: Fondo de Cultura Económica, 1981), pp. 171-172.

51. Frédéric Rouvillois, «Utopia and Totalitarianism», en *Utopia: The Search for the Ideal Society in the Western World* (Nueva York: New York Public Library, 2000), p. 316.

52. Citado en Raymond H. Anderson, «Czeslaw Milosz, Poet and Novelist Who Wrote of Modern Cruelties, Dies at 93», *New York Times*, 15 de agosto de 2004, p. 41.

53. Walter Benjamin, «The Work of Art in the Age of Its Technological Reproducibility (tercera version)», en Howard Eiland y Michael W. Jennings ed., *Selected Writings: Vol. 4*, (Cambridge: Harvard University Press, 2002), p. 269.

54. *Ibid.*, p. 262, n. p. 47.

55. *Ibid.*

56. Kracauer; *The Mass Ornament*, p. 77.

Epílogo

1. «Piscinas de natación de concreto armado», *Cemento* 38 (noviembre de 1930), pp. 5-20.

2. Susan Buck-Morss, *Dreamworld and Catastrophe: The Passing of Mass Utopia in East and West* (Cambridge: MIT Press, 2000), pp. ix-x.

Máquinas de vanguardia: Tecnología, arte y literatura en el siglo XX
se terminó de imprimir en el mes de octubre de 2014
en los talleres de Offset Rebosán,
Av. Acueducto 115, Col. Huipulco Tlalpan
C. P. 14370, México, D.F.